Die Grenzgänger

Matthias Blum · Andreas Hölscher
Rainer Kampling (Hrsg.)

Die Grenzgänger

Wie illegal kann ein Mensch sein?

Leske + Budrich, Opladen 2002

Gedruckt auf säurefreiem und alterungsbeständigem Papier.

Die Deutsche Bibliothek – CIP-Einheitsaufnahme
Ein Titeldatensatz für die Publikation ist bei
Der Deutschen Bibliothek erhältlich

ISBN 978-3-8100-3351-2   ISBN 978-3-322-93256-3 (eBook)
DOI 10.1007/978-3-322-93256-3

© 2002 Leske + Budrich, Opladen

Das Werk einschließlich aller seiner Teile ist urheberrechtlich geschützt. Jede Verwertung außerhalb der engen Grenzen des Urheberrechtsgesetzes ist ohne Zustimmung des Verlages unzulässig und strafbar. Das gilt insbesondere für Vervielfältigungen, Übersetzungen, Mikroverfilmungen und die Einspeicherung und Verarbeitung in elektronischen Systemen.

Satz: Verlag Leske + Budrich, Opladen

Inhalt

Vorwort 7

Politische Hinführungen/Zugänge

Steffen Angenendt und Imke Kruse
Irreguläre Wanderungen und internationale Politik 11

Klaus J. Bade
Die ‚Festung Europa' und die ‚illegale Migration' 25

Stefan Telöken
Der UNHCR und die Weltflüchtlingsproblematik 37

Albert Maximilian Schmid
Asyl im Spannungsverhältnis zwischen dem ethisch Gebotenen
und rechtlich Möglichen 45

Historische und ethische Reflexionen

Uwe Puschner
Rasse und Religion
Die Grundlagen der völkischen Weltanschauung 57

Ottmar Fuchs
Die Menschenwürde der Anderen 79

Albert-Peter Rethmann
Zwangsweise Rückführung
Abschiebungspraxis und Abschiebungsrecht in Deutschland
aus ethischer Sicht 119

Ausblicke aus kirchlicher Sicht

Bischof Wolfgang Huber
Kein Mensch ist illegal
Der Auftrag der Kirchen gegenüber Menschen ohne Aufenthaltsstatus ... 137

Georg Kardinal Sterzinsky
Der Schutz der Menschenwürde ist Verpflichtung
aller staatlichen Gewalt. ‚Leben in der Illegalität –
Eine humanitäre und pastorale Herausforderung 153

Autoren 167

Vorwort

Seit Jahren steigt die Zahl von Menschen, die sich unerlaubt auf dem Gebiet der Europäischen Union aufhalten und die gewöhnlich als „Illegale" bezeichnet werden. Während selbst beim Thema „Migration" die negative Hochkonjunktur nur mühsam durch die Diskussion um die Arbeit der im Sommer 2000 vom Bundesminister des Inneren eingesetzten Unabhängigen Kommission „Zuwanderung" abgebaut werden kann, löst das Thema der „Illegalität" erst recht und immer noch Bedrohungsszenarien aus. Das weltweit wachsende Phänomen der „Illegalität" wird in der politischen Diskussion wenn überhaupt nur am Rand behandelt und in der allgemeinen Öffentlichkeit herrschen gemeinhin Kriminalisierungen und Stigmatisierungen vor. Das Thema der „Illegalität" ist jedoch längst kein Randthema mehr sondern ein Kernproblem europäischen Migrationsgeschehens. Angesichts des Leids und Elends, in dem viele „Illegale" leben, stellt sich um so mehr für Staat und Gesellschaft die Frage, wie verantwortungsbewusst mit dieser Problematik umzugehen ist. Den Kirchen ist die Problematik, die sich aus dem Status vermeintlich aufenthaltsrechtlicher Illegalität ergibt, aus ihrer pastoralen Praxis schon seit Jahren bekannt. Gerade diese Praxisarbeit macht jedoch deutlich, wie notwendig eine offensive gesellschaftliche Auseinandersetzung mit dem Problemkomplex der „Illegalität" ist.

Die Beiträge dieses Buches, die auf eine Universitätsringvorlesung zurückgehen, die im Sommersemester 2001 unter dem Titel „Menschen – Kirchen – Illegale" in Zusammenarbeit mit dem Institut für Lehrerfortbildung des Erzbistums Berlin am Seminar für Katholische Theologie der Freien Universität Berlin gehalten wurde, bieten neben einer historischen Annäherung nicht nur einen differenzierten Zugang zum Problemkomplex der „Illegalität" von Menschen ohne Aufenthaltsstatus, sondern zeigen auch neue Perspektiven und Lösungsansätze für Politik und Gesellschaft auf.

Matthias Blum, Andreas Hölscher, Rainer Kampling

Politische Hinführungen/Zugänge

Steffen Angenendt und Imke Kruse

Irreguläre Wanderungen und internationale Politik

Irreguläre Wanderungen nehmen weltweit zu, und in vielen Staaten dominiert das Thema mittlerweile die migrations- und asylpolitische Debatte. Es ist allerdings in erster Linie ein Thema der wirtschaftlich besser entwickelten Staaten, und zwar insbesondere derjenigen, die über ein großzügiges System der sozialen Sicherung und einen reglementierten Arbeitsmarkt verfügen. Dabei werden irreguläre Einwanderer meist ausschließlich als Problem der inneren Sicherheit wahrgenommen, selten dreht sich die Debatte um die Ursachen der Wanderung oder um das Schicksal der Menschen. Kaum jemand versetzt sich in ihre Lage und versucht zu verstehen, welche Zwänge zum Verlassen des Heimatlandes geführt haben, oder wie groß ihre Hoffnung ist, im Zielland ein besseres und sichereres Leben zu finden – selbst um den Preis der Irregularität. Es wird auch selten thematisiert, dass irreguläre Einwanderer in der Regel keine Rechte besitzen und häufig der Willkür von Arbeitgebern und Behörden ausgeliefert sind.

Dabei ist der politische Umgang mit irregulären Einwanderern selbst in den Industriestaaten durchaus unterschiedlich: In einigen Ländern werden irreguläre Einwanderer zwar nicht offiziell, aber doch stillschweigend geduldet, weil sie einen ökonomischen Beitrag leisten, auf den aus Rentabilitätsgründen viele Arbeitgeber und aus Standorterwägungen auch viele Politiker nicht verzichten wollen. Auch haben sie in einigen Ländern einen Anspruch auf soziale und medizinische Grundversorgung, womit signalisiert wird, dass ihre Anwesenheit zumindest aus pragmatischen Erwägungen akzeptiert wird. Einige europäische, asiatische und nordamerikanische Länder führen zudem in unregelmäßigem Abstand Massenlegalisierungsaktionen für irreguläre Einwanderer durch.

Die meisten Industriestaaten reagieren jedoch auf die Zunahme der irregulären Einwanderung mit verschärften Sicherheitsbestimmungen, technischer Aufrüstung, einer Aufstockung des Grenzpersonals und Personenkontrollen im Inland – denn „irregulär" ist nicht nur, wer unerlaubt die Grenze überschritten hat, sondern auch, wer nach Ablauf seiner Aufenthaltsgenehmigung als befristete Arbeitskraft oder als Tourist nicht ausgereist ist.[1] Eine Folge ist, dass die Schleusung von Menschen zugenommen hat, was wiederum zu einer Verschärfung der Kontrollen geführt hat.[2] Die Spirale dreht sich weiter: Mittlerweile müssen immer mehr irreguläre Migranten die Hilfe professioneller Schleuser in Anspruch nehmen, und es sind Netzwerke entstanden, die der transnationalen organisierten Kriminalität zuzurechnen sind. Es wird geschätzt, dass jedes Jahr allein 700 000 bis 2 Millionen Frauen und Kinder international geschleust werden.[3] Ein lukratives Geschäft, mit dem weltweit ein Umsatz von 7 Milliarden US-Dollar pro Jahr erzielt wird.[4]

Die Verhinderung von irregulärer Migration ist aber nicht nur für die Staaten wichtig, weil ein Versagen bei der Grenzkontrolle in der Öffentlichkeit Zweifel an der staatlichen Handlungsfähigkeit weckt. Sie ist auch für den

---

1 Die Organisation für wirtschaftliche Zusammenarbeit und Entwicklung (OECD) unterscheidet sechs Formen der Irregularität: 1. eine irreguläre Beschäftigung bei ansonsten regulärer Einreise und regulärem Aufenthalt, weil beispielsweise die Beschäftigung gegenüber den Behörden nicht angegeben wurde oder die Aufenthaltserlaubnis keine Arbeitsgenehmigung enthält; 2. die irreguläre Beschäftigung bei irregulärem Aufenthalt (aufgrund einer abgelaufenen Aufenthaltserlaubnis) nach regulärer Einreise; 3. der irreguläre Aufenthalt nach regulärer Einreise, der aber nicht zur Beschäftigung genutzt wird; 4. die irreguläre Beschäftigung bei irregulärem Aufenthalt nach irregulärer Einreise (weil falsche Personaldokumente vorgelegt wurden, keine Kontrolle an der Grenze stattgefunden hat oder weil es eine geschleuste Einreise war); 5. der irreguläre Aufenthalt nach irregulärer Einreise, der aber nicht zur Beschäftigung genutzt wird; 6. die irreguläre Beschäftigung bei einem trotz irregulärer Einreise regulärem Aufenthalt (aufgrund einer Regularisierungsaktion oder einer sonstigen Legalisierung des Aufenthalts, beispielsweise nach Eheschließung mit Einheimischen). Vgl. hierzu die Grafik III.1 in OECD, SOPEMI Report 1999, Paris 1999, S. 232

2 Im Sprachgebrauch der internationalen Organisationen wird zwischen „smuggling" und „trafficking" unterschieden: „Trafficking in persons means the recruitment, transportation, transfer, harboring or receipt of persons, either by the threat or use of abduction, force, fraud, deception or coercion, or by the giving or receiving of unlawful payments or benefits to achieve the consent of a person having the control over another person." (Revised Draft Protocol to Prevent, Suppress and Punish Trafficking in Persons especially Women and Children, Supplementing the United Nations Convention against Transnational Organized Crime, 23. November 1999, UN-Generalversammlung (A/AC/254/4/Add.3/Rev.4). „Smuggling of migrants shall mean the intentional procurement for profit for illegal entry of a person into and/or illegal residence in a State of which the person is not a national or permanent resident." (Revised Draft Protocol against Smuggling in Migrants by Land, Air and Sea, Supplementing the United Nations Convention against Transnational Organized Crime, 23. November 1999, UN-Generalversammlung (A/AC/254/4/Add.1/Rev.3). Diese Unterscheidung, die für die Arbeit der internationalen Organisationen sinnvoll ist, lässt sich nicht ohne weiteres ins Deutsche übertragen. Im folgenden wird lediglich der Begriff „Schleusung" verwendet.

3 International Organization for Migration (IOM), World Migration Report 2000, S. 46.

4 Harald W. Lederer, Axel Nickel, Illegale Ausländerbeschäftigung in der Bundesrepublik. Eine Expertise im Auftrag der Friedrich-Ebert-Stiftung, Bonn 1997, S. 45

Erhalt des internationalen Systems des Flüchtlingsschutzes notwendig. Wenn die Öffentlichkeit in den betreffenden Staaten den Eindruck gewinnt, die Regierung könne die Einwanderung nicht mehr kontrollieren, macht sich eine Abwehrhaltung gegenüber allen Formen von Einwanderung breit, auch gegenüber Flüchtlingen. Damit verlieren alle Versuche, eine geregelte Einwanderung von gesellschaftlich und wirtschaftlich benötigten Migranten und die Gewährung von Schutz für politisch Verfolgte zu ermöglichen, ihre Legitimität.

Grundsätzlich gilt, dass die Reduzierung von irregulärer Einwanderung nicht mehr im nationalen Rahmen, sondern nur noch in zwischenstaatlicher und internationaler Kooperation erfolgen kann. Dieser Zusammenhang von irregulärer Einwanderung und internationaler Politik ist Gegenstand des vorliegenden Beitrages: Wie umfangreich sind die irregulären Wanderungen in den verschiedenen Weltregionen? Welche Ursachen haben diese Wanderungen? Was sind die Gründe für die politischen Schwierigkeiten, die Staaten mit diesen Wanderungen haben? Welche Bemühungen um zwischenstaatliche und internationale Kooperation gibt es? Welche politischen Handlungsempfehlungen können daraus abgeleitet werden?

Der Umfang der irregulären Wanderungen

Irreguläre Einwanderungen sind statistisch nicht erfasst. Gewisse Hinweise ergeben sich aber beispielsweise aus Kriminalstatistiken oder aus Statistiken über die irreguläre Beschäftigung von Ausländern.[5] Aber auch diese Statistiken werden nicht in allen Ländern in gleicher Weise geführt, so dass die Vergleichbarkeit gering ist.[6]

Unstrittig ist, dass irreguläre Wanderungen in allen Industrieländern stark zunehmen. Es wird geschätzt, dass sich derzeit weltweit zwischen einem Achtel und einem Viertel der Migranten und Flüchtlinge in irregulären Wanderungssituationen befinden. In den USA soll die irreguläre Einwanderung inzwischen rund ein Drittel der legalen Einwanderung ausmachen, in Europa fast die Hälfte.[7] Irreguläre Beschäftigte sind dort in fast allen Wirtschaftsbereichen zu finden.

---

5   Zu den methodischen Problemen der Schätzung der irregulären Einwanderung vgl. OECD 1999, S. 241-251
6   Die im Folgenden genannten Zahlen müssen deshalb mit Vorsicht betrachtet werden. Sie sind – selbst wenn sie von Regierungen oder internationalen Organisationen stammen – oft auf methodisch fragwürdige Weise zustande gekommen und reflektieren häufig eher politische Interessen als die tatsächliche Lage. Sie können daher lediglich grundsätzliche Entwicklungstrends und Dimensionen der irregulären Migration aufzeigen.
7   Vgl. Bimal Ghosh, Huddled Masses and Uncertain Shores: Insights into Irregular Migration. A Synoptic Overview, Genf 1998

Aus China werden jährlich schätzungsweise 200 000 Menschen in andere Länder geschmuggelt, davon wahrscheinlich mehr als 100 000 Menschen in die USA.[8] Der größte Teil von ihnen kommt aus der Provinz Fujian. Sie überweisen einen beträchtlichen Teil ihrer Einkommen in ihre Heimat: Allein in den Kreis Changle (Provinz Fujian) fließen auf diesem Weg jährlich geschätzte 100 Millionen US-Dollar. In Malaysia sollen derzeit 800 000 irregulären Migranten leben,[9] viele davon aus Indonesien. Ähnlich hoch sind die Schätzungen der irregulären Einwanderung in Thailand, wo vier Fünftel dieser Menschen aus Myanmar stammen.

Australien hatte bislang aufgrund seiner geografischen Lage nur begrenzt mit irregulärer Migration zu tun. Ende 1997 hielten sich ca. 51 000 „visa overstayers" in Australien auf, 76 Prozent davon waren als Besucher ins Land gekommen. In den Jahren 1998 und 1999 stieg die Zahl der irregulären Einwanderer aber stark an.

In der Republik Südafrika lebten im Jahr 1997 schätzungsweise 3,5 Millionen Menschen ohne Aufenthaltserlaubnis. Zwischen 1992 und 1996 wurden 181 230 irreguläre Einwanderer in ihre Heimatländer zurückgeführt, 75 Prozent von ihnen nach Mosambik.

In der Gemeinschaft Unabhängiger Staaten (GUS) wird die Zahl irregulärer Einwanderer auf 700 000 bis 1 Million Personen geschätzt. Die ukrainische Regierung schätzt, dass sich auf ihrem Gebiet rund 600 000 Ausländer unerlaubt aufhalten, von denen die meisten aus Afghanistan, Sri Lanka, Bangladesh und Pakistan stammen. In Zentral- und Osteuropa sind viele Länder in den letzten Jahren zu Transitländern auch für irreguläre Wanderungen geworden. Die meisten unerlaubten Grenzübertritte wurden zwischen der Tschechischen Republik und Deutschland festgestellt, 1998 etwa 44 000. Zunehmend werden professionelle Schleuserorganisationen für den Grenzübertritt aus ostmitteleuropäischen Staaten genutzt, und insbesondere das Schleusen von Frauen und Mädchen zur sexuellen Ausbeutung in Westeuropa hat in den neunziger Jahren stark zugenommen.

Insgesamt lebten 1998 in Europa schätzungsweise 3 Millionen Menschen ohne Aufenthaltserlaubnis, davon 500 000 in Frankreich, 235 000 in Italien und in Spanien 150 000 Menschen. Die Zahl der Personen, die in die EU eingeschleust wurden, hat in den neunziger Jahren stark zugenommen: Noch im Jahr 1993 wurde sie auf weniger als 50 000 Menschen geschätzt, im Jahr 1999 bereits auf das Zehnfache.

In die Vereinigten Staaten kommen jährlich schätzungsweise 300 000 irreguläre Einwanderer. 1996 beispielsweise griff der Immigration and Natu-

---

8 Die folgenden Angaben beruhen – soweit nicht anders angegeben – auf Schätzungen von IOM (World Migration Report, fortlaufend) und der OECD (SOPEMI Report, fortlaufend).

9 Vgl. auch die Übersicht im Asia Migration Atlas des Scalabrini Migration Centers in Quezon City (Internet: http://www.scalabrini.asn.au/atlas/data/Asia2.htm).

ralization Service (INS) 1,6 Millionen irregulär im Land lebende Ausländer auf, die meisten von ihnen nahe der Grenze zu Mexiko. Im selben Jahr schätzte der INS die Zahl der Irregulären im Land auf 5 Millionen, von denen 2,7 Millionen aus Mexiko, 335 000 aus El Salvador, 165 000 aus Guatemala und 120 000 aus Kanada stammten.

Ursachen irregulärer Wanderungsbewegungen

Die wichtigsten Triebkräfte für die Zunahme irregulärer Wanderungen sind wirtschaftlicher, demografischer und geopolitischer Natur.

Wirtschaftliche Globalisierung

Die wirtschaftliche Globalisierung hat seit dem Zweiten Weltkrieg insbesondere durch den Abbau der internationalen Handelshemmnisse eine beispiellose Dynamik erhalten, die sich in der Liberalisierung der Handelspolitik, der Deregulierung und der weltweiten Integration der Güter- und Finanzmärkte, dem Ausbau der internationalen Transport- und Kommunikationsinfrastrukturen und der Zunahme der politischen Integrationsbewegungen zeigt.

Irreguläre Wanderungen sind auf vielfältige Weise mit der Globalisierung verbunden.[10] Einerseits beeinflusst die Globalisierung die irregulären Wanderungen, indem in einigen Weltregionen neue Beschäftigungsmöglichkeiten und ein zusätzlicher Arbeitskräftebedarf entstehen, der dort häufig nicht mehr selbst gedeckt werden kann. In anderen Weltregionen stagniert die Wirtschaftsleistung, und ein zunehmender Teil der Bevölkerung findet keine Arbeit. So gibt es in den Industrieländern einen unterschiedlich großen, aber volkswirtschaftlich durchaus relevanten informellen Wirtschaftssektor, dessen Wirtschaftsleistung auf durchschnittlich 16 Prozent des Bruttosozialproduktes geschätzt wird.[11]

Umgekehrt beeinflusst die irreguläre Einwanderung auch die wirtschaftliche Entwicklung. Eine umfangreiche Beschäftigung von preiswerten ausländischen Arbeitskräften kann die Modernisierung von Unternehmen verhindern, indem sie als Ersatz für Investitionen in technologische Produktivitätssteigerungen dienen. Die irreguläre Einwanderung kann aber auch dazu führen, dass bestimmte Produktionen und Dienstleistungen, die sonst im ko-

---

10 Vgl. Steffen Angenendt, Globalisierung und Wanderungsbewegungen: Zusammenhänge, Probleme und Handlungsmöglichkeiten, in: Christoph Butterwegge (Hrsg.), Flucht, Migration und Zuwanderungspolitik im Zeitalter der Globalisierung, Opladen 2000, S. 32-46
11 Vgl. Gosh 1998 (Anm. 4)

stengünstiger produzierenden Ausland erbracht würden, in dem betreffenden Land bleiben.

Auf dem Arbeitsmarkt sind irreguläre Einwanderer vor allem eine Konkurrenz für niedrig qualifizierte einheimische Arbeitskräfte, wobei in einigen Ländern eher der landwirtschaftliche Sektor, in anderen eher der Dienstleistungssektor betroffen ist. Trotzdem wird in manchen Ländern für einen großzügigen Umgang mit irregulären Einwanderern plädiert, weil diese leistungs- und aufstiegsorientiert seien, zur gesamtgesellschaftlichen Wertschöpfung beitrügen und sich durch die zusätzliche Konkurrenz auf dem Arbeitsmarkt betriebliche Kostenvorteile ergäben. Umstritten ist, wie sich der Zuzug von irregulären Einwanderern auf den Sozialstaat auswirkt. Da diese nicht sozialversicherungspflichtig beschäftigt sind, werden die Erträge ihrer Beschäftigung privatisiert, die Kosten jedoch vergemeinschaftet. Allerdings tragen sie durch die von ihnen gezahlten Verbrauchsabgaben auch zur volkswirtschaftlichen Wertschöpfung bei.

Zu erwarten ist, dass die fortschreitende wirtschaftliche Globalisierung sowohl die Nachfrage nach als auch das Angebot an irregulären Arbeitskräften weiter erhöhen wird.

Demografische Entwicklung

Die weltweite demografische Entwicklung kann in zwei grundlegende Trends unterschieden werden: die demografische Alterung und Schrumpfung der Bevölkerung in den Industriestaaten einerseits und der zurückgehende, aber immer noch deutliche Geburtenüberschuss in vielen Entwicklungsländern andererseits.

In den Industrieländern nimmt die Zahl der Geburten ab. Die langfristigen Folgen sind dramatisch: Die geburtenschwachen Jahrgänge werden – bei gleicher Geburtenhäufigkeit – noch weniger Neugeborene pro Jahrgang als die Vorgeneration haben, und damit wird die Geburtenzahl weiter zurückgehen. Zudem nimmt die Sterblichkeit in den Industriestaaten ab. Die durchschnittliche Lebenserwartung hat sich seit Ende des 19. Jahrhunderts mehr als verdoppelt und steigt weiter an. Beide Entwicklungen werden die Altersstruktur der Bevölkerung in diesen Staaten grundlegend verändern: Der Anteil jüngerer Menschen wird ab- und der Anteil älterer Menschen zunehmen. Auf irreguläre Einwanderung kann sich diese Entwicklung als Anziehungsfaktor auswirken, weil die betroffenen Staaten künftig unter anderem einen erheblichen Mehrbedarf an personenbezogenen Dienstleistungen haben werden. So wird der Bedarf an Hilfs- und Pflegepersonal in privaten Haushalten stark zunehmen, und ein erheblicher Teil dieser Arbeitskräfte wird irregulär beschäftigt werden, weil sich viele Familien eine legale Beschäftigung von Pflegekräften nicht leisten können oder wollen. In demografischer Hinsicht erfüllen irreguläre Einwanderer die gleiche Funktion wie legale

Irreguläre Wanderungen und internationale Politik 17

Einwanderer: Auch sie können helfen, die Folgen des demografischen Wandels abzumildern.

In den Entwicklungsländern hingegen fördert die demografische Entwicklung die Auswanderung auch von Menschen, die keine Erlaubnis zur Einwanderung in die Zielländer haben. Die durchschnittliche Kinderzahl pro Frau sinkt zwar weltweit, in den ärmsten Ländern jedoch verläuft der Geburtenrückgang nur langsam. Hier wird die Bevölkerung im erwerbsfähigen Alter mittelfristig schätzungsweise um 50 Millionen Menschen pro Jahr zunehmen, und zwar am stärksten dort, wo sich die Wirtschaft nur langsam entwickelt. Afrika wird das größte relative Bevölkerungswachstum haben. Die Bevölkerung wird von derzeit 818 Millionen auf 1,8 Milliarden Menschen im Jahr 2050 zunehmen. Die größte absolute Zunahme wird jedoch in Asien stattfinden, von derzeit 3,7 Milliarden auf 5,3 Milliarden Menschen.[12] Es ist nicht zu erwarten, dass die zusätzlich benötigten Arbeitsplätze auch nur annähernd geschaffen werden können. Die jüngeren Generationen werden mit dem Wissen um diese fehlenden Arbeitsmarktchancen aufwachsen.[13]

Mit den sinkenden Geburtenraten ist in vielen Gesellschaften, auch in den Entwicklungsländern, eine veränderte Rolle der Frau verbunden. Die Zahl der Frauen, die einer bezahlten Arbeit außerhalb des Haushalts nachgehen, ist im letzten Jahrzehnt stark angestiegen und ihr Beitrag zur finanziellen Versorgung der Familien ist gewachsen. Dies zeigt sich auch am Anteil der weiblichen Arbeitsmigranten, der in einigen Weltgebieten mittlerweile deutlich größer ist als der Anteil der männlichen Migranten sowie am wachsenden Anteil von Frauen unter den irregulären Wanderern. Diese Feminisierung der Wanderungsbewegungen, die auch für Fluchtbewegungen gilt, ist insbesondere in Süd- und Südostasien zu finden, wo die privaten Haushalte in den wirtschaftlich besser entwickelten Staaten in großer Zahl irreguläre Arbeitsmigrantinnen für häusliche Dienstleistungen beschäftigen.

---

12 Population Reference Bureau (PRB), 2001 World Population Data Sheet (Internet: www.prb.org)

13 Diese Entwicklung ist beispielsweise in Nordafrika zu beobachten. Dort wird die Bevölkerung bis zum Jahr 2050 um 65 Prozent zunehmen. Selbst noch nach dem niedrigsten Szenario der ILO wird erwartet, dass das Migrationspotenzial, also der Überhang an Arbeitskräften gegenüber dem Bedarf im Land, in den nächsten Jahren deutlich zunehmen und die reguläre und irreguläre Einwanderung vor allem in die EU wachsen wird. Vgl. Donatella Giubilaro, Les migrations en provenance du Maghreb et la pression migratoire: Situation actuelle et prévisions, Genf (ILO) 1997, S. 102-104, sowie St. Angenendt, Sonia Benyoussef, Wanderungsbewegungen aus Nordafrika. Herausforderungen und Handlungsmöglichkeiten für die Europäische Union, in: Martin Hoch, Andreas Jacobs, Carlo Masala (Hrsg.): Hannibal ante portas? Analysen zur Sicherheit an der Südflanke Europas, Baden-Baden 2000, S. 122-142

Weltpolitische Veränderungen

Nach dem Ende des Kalten Krieges und der politischen Teilung Europas sind neue Formen der Migration von Ost- nach Westeuropa entstanden. Mit der Öffnung der Grenzen nach 1989 nahm der Handels- und Arbeitstourismus sprunghaft zu. Die ökonomisch besser gestellten osteuropäischen Staaten sind heute Herkunfts- und Transitländer für reguläre und irreguläre Wanderungen nach Westeuropa sowie Zielländer für Einwanderer aus anderen osteuropäischen Staaten.

Das Ende des Ost-West-Gegensatzes hat auch zur Auflösung staatlicher Strukturen geführt, häufig verbunden mit Bürgerkriegen und Massenfluchtbewegungen, welche die entsprechenden Regionen zu destabilisieren drohen. Beispiele hierfür waren die Kriege und Bürgerkriege in der Golfregion, im Gebiet der ostafrikanischen Großen Seen, im ehemaligen Jugoslawien, in Zentralafrika und im südlichen Afrika. Die internationale Gemeinschaft hat in den neunziger Jahren solche Massenfluchtbewegungen, die in der Regel mit umfangreichen irregulären Wanderungen verbunden sind, erstmals als Herausforderung für die internationale Sicherheit betrachtet und zur Verhinderung von grenzüberschreitenden Fluchtbewegungen mit humanitären Interventionen reagiert.[14]

Die geopolitischen Veränderungen haben sich zudem auf die Bereitschaft der Staaten ausgewirkt, Flüchtlinge aufzunehmen. Während des Kalten Krieges war die Flüchtlingspolitik ein außenpolitisches Instrument und ein Mittel im Kampf gegen den ideologischen Gegner. Nach dem Ende des Kalten Krieges hat dieser ideologische Aspekt des Flüchtlingsschutzes seine Bedeutung verloren und die Bereitschaft, Schutz zu gewähren, hat abgenommen. Auch dies hat zur Zunahme der irregulären Einwanderung beigetragen.

Schließlich haben die weltpolitischen Veränderungen auch die Entwicklung neuer Lösungsansätze für internationale Flüchtlingskrisen ermöglicht. Es wurden beispielsweise Instrumente für den vorübergehenden Schutz erprobt. Einige Industrieländer führten neue Regelungen für die befristete Aufnahme von Flüchtlingen ein. Außerdem wurden neue Schutzvorkehrungen in Konfliktgebieten getroffen und in einigen Ländern, beispielsweise in Kuba und Vietnam, so genannte Ausreiseprogramme (Orderly Departure Programmes, ODP) entwickelt, bei denen die (geringe) Aussicht auf eine legale Ausreise in die USA und andere Industriestaaten als Ventil für befürchtete irreguläre Wanderungsbewegungen wirken sollte.

Insgesamt waren diese neuen Instrumente unterschiedlich wirkungsvoll; als problematisch haben sich nach den Erfahrungen mit den Schutzzonen in

---

14 Vgl. Alan Dowty und Gil Loescher, Refugee Flows as Grounds for International Action, in: International Security, 1/1996, S. 43-71; Barry Posen, Can Military Intervention Limit Refugee Flows?, in: Rainer Münz und Myron Weiner (Hrsg.), Migrants, Refugees, and Foreign Policy, Oxford 1997

Irak und in Bosnien-Herzegowina insbesondere Vorkehrungen zur Gewährung von Schutz in den Krisengebieten selbst erwiesen. Allerdings haben die geopolitischen Veränderungen auch Rückführungsprogramme ermöglicht, und einige der seit Jahrzehnten andauernden Fluchtsituationen konnten beendet werden.

Probleme des politischen Umgangs mit Irregulären

Die Staaten und die internationale Gemeinschaft haben ihre politischen und institutionellen Zuständigkeiten für internationale Wanderungsbewegungen danach geordnet, ob die Wanderungen freiwillig oder unter Zwang erfolgen, ob es sich also um Migranten oder Flüchtlinge handelt.

Für Flüchtlinge gibt es eine völkerrechtliche Definition. Sie ist Bestandteil der Genfer Flüchtlingskonvention, der bislang 137 Staaten beigetreten sind.[15] Die Konvention verpflichtet die Unterzeichnerstaaten nicht, einem Flüchtling individuelles Asyl zu gewähren, sondern lediglich dazu, ihn nicht in ein Land auszuweisen oder zurückzuweisen, in dem sein Leben oder seine Freiheit gefährdet wäre („Refoulement-Verbot"). Im Rahmen der Vereinten Nationen wurde für die Betreuung von Flüchtlingen das Amt des Hohen Flüchtlingskommissars (UNHCR) geschaffen. Die Organisation hat die Aufgabe, die Zahl der Unterzeichnerstaaten zu vergrößern und für die Einhaltung der Prinzipien des Flüchtlingsschutzes zu sorgen. In den letzten zehn Jahren hat sich die Arbeit von UNHCR grundlegend gewandelt: Während die Organisation früher hauptsächlich als Finanzier von Hilfseinsätzen anderer Organisationen auftrat, ist sie inzwischen selbst operativ tätig, insbesondere in der humanitären Hilfe und der Repatriierung von Flüchtlingen.

Für Migranten gibt es keine vergleichbaren völkerrechtlichen Definitionen und Regelungen. Die organisatorische und technische Unterstützung bei der Bewältigung von Wanderungsbewegungen untersteht der 1951 gegründeten IOM. Sie organisiert im Auftrag ihrer 86 Mitgliedstaaten unter anderem die Anwerbung und Betreuung von qualifizierten Arbeitskräften und bietet Regierungen und Nichtregierungsorganisation Foren für die Diskussion migrationspolitischer Strategien. Seit einiger Zeit leistet IOM auch humanitäre Hilfe in Massenfluchtsituationen und unterstützt die freiwillige Rückkehr von Flüchtlingen und Vertriebenen. Die 1919 gegründete Internationale Arbeitsorganisation (International Labour Organization, ILO) ist unter anderem für die Förderung der Gleichbehandlung von Einheimischen und Arbeitsmigranten sowie für die Koordinierung der Migrationspolitik zwischen Staaten,

---

15 Vier der 137 Staaten haben das Protokoll von 1967 nicht unterzeichnet, durch welche die ursprünglich auf Vorgänge vor dem Jahr 1951 beschränkte Stichtagsregelung aufgehoben wurde. Damit ist die Konvention für sie weitgehend folgenlos.

Arbeitgebern und Gewerkschaften zuständig.[16] Die Vereinten Nationen haben 1990 die „Internationale Konvention zum Schutz der Rechte aller Wanderarbeiter und ihrer Familienangehörigen" verabschiedet. Diese hat zum Ziel, irreguläre Wanderungsbewegungen zu verhindern, soll aber zugleich die Rechte derjenigen, die sich in irregulären Situationen befinden, verbessern. Insbesondere die Industriestaaten haben sich bislang gescheut, die damit verbundenen Verpflichtungen einzugehen.[17]

Trotz der klaren völkerrechtlichen Unterscheidung zwischen Migranten und Flüchtlingen wird diese in der Praxis immer schwieriger: Migranten verlassen nicht immer freiwillig ihre Heimat, sondern sehen sich aus wirtschaftlicher Not dazu gezwungen. Flüchtlinge sind häufig nicht politisch verfolgt, sondern fliehen vor allgemeiner Gewalt oder der Zerstörung ihrer wirtschaftlichen Lebensgrundlagen. Aufgrund dieser Entwicklung fallen immer weniger Flüchtlinge unter den Schutz der Genfer Konvention, und es entsteht eine Schutzlücke. Eine Unterscheidung zwischen beiden Gruppen wird auch dadurch erschwert, dass sie sich ähnlicher Netzwerke bedienen und vermehrt die Hilfe von Fluchthelfern und Schleppern in Anspruch nehmen, um restriktive Einwanderungsregelungen der Zielländer zu umgehen.

Um die Gefahr des Missbrauchs des Asylrechts zu senken, haben viele Industriestaaten in den neunziger Jahren den Zugang zu den Asylverfahren erschwert, unter anderem durch eine Einführung der Visumpflicht für Reisende aus bestimmten Ländern, durch Konzepte wie „sichere Drittstaaten" und „sichere Herkunftsländer", durch die Stationierung von Beamten auf Flughäfen wichtiger Herkunftsländer und durch Sanktionen für Unternehmen, die Passagiere ohne gültige Personaldokumente befördern. Dies hat die Zahl der Asylsuchenden in den betreffenden Ländern erheblich verringert,

---

16 Zur Gleichbehandlung hat die ILO bislang zwei Empfehlungen und vier Konventionen verabschiedet, zur Migrationspolitik jeweils sieben Empfehlungen und Konventionen. Die wichtigsten waren die Konvention Nr. 97 von 1949, die den nach dem Zweiten Weltkrieg in Europa überschüssigen Arbeitskräften eine Beschäftigung in anderen Weltgebieten erleichtern sollte, und die Konvention Nr. 143 von 1975, die angesichts der damaligen wirtschaftlichen Rezession die Kontrolle der Arbeitskräftewanderungen verbessern und irreguläre Migration verhindern sollte. Verabschiedet wurden zudem zahlreiche allgemeine Konventionen über Arbeitsstandards. Vgl. zur Übersicht ILO, Migrant Workers. International Labour Conference, 87th Session 1999, Genf 2000

17 Die Konvention tritt in Kraft, wenn sie von 20 Staaten ratifiziert worden ist. Bis zum 20.9.2001 wurde sie erst von 10 Staaten unterzeichnet und von 16 ratifiziert (vgl. Internet: http://www.unhchr.ch/pdf/report.pdf). Zahlreiche weitere UN-Konventionen könnten eine mittelbare Wirkung auf die Rechte von Arbeitsmigranten haben, wenn sich eine entsprechende Staatenpraxis herausbilden würde. Hierzu gehört die International Convention on the Elimination of all Forms of Racial Discrimination, die mittlerweile von 158 Staaten ratifiziert wurde. Sie sieht allerdings in ihrem Artikel 1.2 vor, dass sich sie sich nicht auf Diskriminierungen erstreckt, die sich auf eine Unterscheidung zwischen Bürgern und Nicht-Bürgern des betreffenden Staates beziehen.

allerdings auch zu einer Zunahme der irregulären Einwanderung geführt. Der Missbrauch von Asylverfahren zu Einwanderungszwecken hat in den meisten Aufnahmeländern zur Folge, dass die Unterstützung der Bevölkerung für die Asylgewährung abnimmt. Zudem rücken Arbeitsverbote und die Inhaftierung abgelehnter Asylbewerber diese Menschen in der Wahrnehmung der Einheimischen in die Nähe von Kriminellen.

Diese Entwicklung ist besonders problematisch, weil der internationale Flüchtlingsschutz in den reichen Industrieländern funktionieren muss. Werden hier die Standards aufgeweicht, kann auch von den armen Ländern, die bislang die Mehrzahl der Flüchtlinge aufgenommen haben, nicht mehr verlangt werden, diese Last zu tragen.

Migrations- und Asylpolitik bedingen sich gegenseitig. Eine klare und den humanitären Verpflichtungen entsprechende Asylpolitik ist die Voraussetzung dafür, dass eine im gesamtgesellschaftlichen Interesse liegende Migrationspolitik von der Bevölkerung akzeptiert wird. Und die Möglichkeit einer geregelten Einwanderung trägt dazu bei, dass weniger Einwanderungswillige das Asylrecht ungerechtfertigt in Anspruch nehmen. Asyl und Migration sind Bereiche, die getrennt geregelt, aber in ihrer Wechselwirkung bedacht werden müssen.

Regionale Kooperation und irreguläre Wanderungen

Obwohl die Staaten höchst unterschiedlich von irregulären Wanderungen betroffen sind, nimmt die Kooperation in diesem Politikbereich weltweit zu. In manchen Regionen ist sie sogar zu einer Triebkraft regionaler politischer Integration geworden.

Dies gilt insbesondere für die Europäische Union (EU), in der die politische Integration seit der Unterzeichnung des Schengener Abkommens von 1985 über den Abbau der Personenkontrollen an den Binnengrenzen von der Notwendigkeit vorangetrieben wird, gemeinsame Regeln zur Kontrolle der Außengrenzen finden zu müssen.[18] Der Maastrichter Vertrag über die Europäische Union von 1992 enthielt zahlreiche migrations- und asylpolitische Vorgaben. Mit dem Amsterdamer Vertrag von 1997 wurden wesentliche Bereiche der Asyl- und Einwanderungspolitik in die gemeinschaftliche Zusammenarbeit überführt. Innerhalb von fünf Jahren müssen gemeinsame Verfahren für die Personenkontrolle an den EU-Außengrenzen und die Erteilung von kurzfristigen Visa entwickelt werden. Ferner müssen gemeinsame Maß-

---

18 Zur Politik der EU vgl. Steffen Angenendt, Die Europäische Union als Einwanderungsgebiet, in: Werner Weidenfeld (Hrsg.), Europa-Handbuch, Bonn 2001 (2. Aufl.)

nahmen gegen die irreguläre Einwanderung sowie zur Rückführung Ausreisepflichtiger erarbeitet werden.[19]

In der Nordamerikanischen Freihandelszone (NAFTA) sind gemeinsame Regelungen für die Freizügigkeit hoch qualifizierter Arbeitskräfte gefunden worden, und es gibt Bemühungen über eine Erleichterung für andere Arbeitsmigranten, was die irreguläre Einwanderung aus Mexiko erheblich reduzieren würde. Zudem treffen sich seit 1996 auf Initiative der mexikanischen Regierung zehn Staaten Nord- und Zentralamerikas, die so genannte „Puebla Group", regelmäßig zu regionalen Migrationkonferenzen. Die Teilnehmer haben 1997 in Panama einen Aktionsplan verabschiedet, der Gespräche über die Verhinderung irregulärer Wanderungen, die Standards des Flüchtlingsschutzes und die Rückkehrförderung von Migranten und Flüchtlingen vorsieht, außerdem eine gemeinsame Ausbildung der Beamten von Migrations- und Grenzbehörden und gegenseitige Unterstützung beim Aufbau entsprechender Verwaltungsstrukturen. Die Organisation für Asiatisch-Pazifische Wirtschaftliche Zusammenarbeit (APEC) hat Verhandlungen über eine Vereinheitlichung der Visumpolitik der Mitgliedstaaten und über gemeinsame Standards für Grenzkontrollen begonnen. Auch in Afrika gab es in den letzten Jahren mehrere Versuche, im Rahmen der regionalen Integrationsverbände, insbesondere der Südafrikanischen Entwicklungsgemeinschaft (SADC), der Wirtschaftsgemeinschaft Westafrikanischer Staaten (ECOWAS) und des Common Market for Eastern and Southern Africa (COMESA), Regelungen für die Personenfreizügigkeit und damit Verfahren gegen irreguläre Wanderungen zu finden.

Neben dieser durch regionale Integration beeinflussten migrations- und asylpolitischen Harmonisierung gibt es zahlreiche andere Initiativen zur zwischenstaatlichen Abstimmung der Wanderungspolitik. Diese Zusammenarbeit geht von den Regierungen, der UN oder internationalen Organisationen wie der International Organization for Migration (IOM) aus.

Ein Beispiel für eine von Regierungen initiierte migrationspolitische Kooperation ist die Budapester Gruppe. Sie entstand im Kontext der zu Beginn der neunziger Jahre stark angewachsenen Ost-West-Wanderungen und beruhte auf der Erkenntnis der EU-Staaten, dass eine enge Zusammenarbeit mit den ostmitteleuropäischen Staaten nötig sei. Die Gruppe wurde 1993 insbesondere zur Bekämpfung der irregulären Wanderungsbewegungen gegründet. Ihr gehörten hochrangige Verwaltungsbeamte aus 38 Staaten an. Der Beitrag der Budapester Gruppe zur gegenseitigen Information und politischen Ab-

---

19 Zum Überblick über die zwischenstaatlichen Aktivitäten in der EU zur Bekämpfung des Schlepperwesens vgl. John Morrison, Beth Crosland, The Trafficking and Smuggling of Refugees: The End Game of European Asylum Policy?, New Issues in Refugee research, UNHCR Working Paper Nr. 39, Genf 2001, S. 11-13 (Internet: http://www.unhcr.ch/evaluate/reports/traffick.pdf)

stimmung wurde von den beteiligten Staaten als wertvoll eingeschätzt, kritisiert wurden aber die langwierigen Entscheidungsverfahren.

Die seit den sechziger Jahren geschlossenen Abkommen zwischen der Europäischen Gemeinschaft und den Maghreb-Ländern sind Beispiele für eine multilaterale Kooperation zur Bewältigung von Wanderungsbewegungen. Sie beinhalteten Anti-Diskriminierungsvorschriften für nordafrikanische Arbeitskräfte hinsichtlich ihrer Arbeitsbedingungen, Löhne und sozialen Absicherung, mithin Regelungen zur Verhinderung irregulärer Beschäftigung. Die im Juli 2000 von der EU beschlossene „Gemeinsame Strategie für den Mittelmeerraum" sieht eine umfangreiche migrations- und asylpolitische Zusammenarbeit der Mitgliedstaaten vor. Geplant ist unter anderem die Vereinfachung und Beschleunigung der Visumerteilung, die Förderung der rechtmäßigen Arbeitsmigration, die Bekämpfung von irregulärer Einwanderung und Menschenhandel, der Abschluss von Rückübernahmevereinbarungen, die Schaffung wirksamer Grenzkontrollsysteme, unter anderem durch den Austausch von Beamten, sowie die Förderung der gesellschaftlichen Integration von rechtmäßig in der EU lebenden Migranten.

Auf Initiative von UNHCR und IOM wurden in Südostasien die Asia-Pacific Consultations (APC) eingerichtet, die dem Austausch der Regierungen über migrationspolitische Fragen dienen sollen. Ferner gibt es seit 1996 den von IOM geförderten „Manila-Prozess", bei dem sich die Regierungen über irreguläre Wanderungsbewegungen informieren sowie seit 1999 den „South America Migration Dialogue", in dessen Rahmen sich neun südamerikanische Staaten ebenfalls über die irregulären Wanderungsbewegungen in der Region austauschen.

Perspektiven und politischer Handlungsbedarf

Irreguläre Migration ist ein weltweites Phänomen, das im Zuge wirtschaftlicher Globalisierung, demografischer Entwicklungen, steigender Vernetzung, verbesserter Transportwege und der abnehmenden Unterscheidbarkeit der Migrationsformen zugenommen hat und auch künftig weiter zunehmen wird. Irreguläre Wanderungsbewegungen sind in einer demokratischen Welt mit durchlässigen Grenzen nicht gänzlich zu verhindern. Ziel muss aber – gerade mit Blick auf die inhumane Lebenssituation der betroffenen Menschen – deren Reduzierung sein.

Einzelne Staaten sind dazu aber nicht fähig, eine internationale Kooperation ist notwendig. Sie muss über bloße sicherheitspolitische Aspekte der Grenzsicherung und Kriminalitätsbekämpfung hinausgehen und auch die Bekämpfung der Wanderungsursachen zum Ziel haben. Hierzu gehört, die menschenrechtliche und wirtschaftliche Situation in den Herkunftsländern zu verbessern und humanitäre Hilfe sowie Entwicklungshilfe zu leisten. Zudem müssen sich die Staaten auf neue Formen der Verfolgung einstellen, die beispielsweise die Anerkennung nichtstaatlicher und geschlechtsspezifischer Verfolgung als Asylgrund erfordern. Hier ist eine Weiterentwicklung der international verwendeten Flüchtlingsdefinition nötig.

Wenn die entwickelten Länder ihre Grenzen für einen – im Zuge der veränderten Fluchtursachen – zunehmend großen Teil der Flüchtlinge schließen, werden immer mehr schutzbedürftige Menschen irregulär Zugang suchen. Die Schaffung legaler Einwanderungswege, beispielsweise ein temporärer Zugang zum Arbeitsmarkt, kann den Migrationsdruck abbauen und die irreguläre Wanderung reduzieren helfen. Auch das Schlepperwesen lässt sich nur dann wirksam bekämpfen – und die irregulären Einwanderer vor Ausbeutung und Gewalt schützen – wenn legale Einwanderungswege für Migranten und Flüchtlinge eröffnet werden.

Verschiedene Länder haben in den vergangenen Jahren mit Regularisierungskampagnen auf die wachsenden irregulären Wanderungsbewegungen reagiert. Ziel war oft, die Nachfrage nach legalen Arbeitskräften in bestimmten Wirtschaftsbereichen zu befriedigen, und weniger, die Rechtlosigkeit der Menschen zu beseitigen. Der Erfolg solcher Legalisierungen ist umstritten, da sie nicht zu einem längerfristigen Abbau irregulärer Einwanderung geführt haben. Es muss aber über modifizierte Formen der Legalisierung nachgedacht werden, die beispielsweise denjenigen Migranten einen regulären Status verleihen, die bereits über einen sehr langen Zeitraum in der Irregularität leben.

Grundsätzlich darf bei den Maßnamen gegen irreguläre Einwanderer nicht nur der Kontrollaspekt im Vordergrund stehen. Ebenso wichtig ist es, ihre Lebenssituation zu verbessern. Um kriminelle Schlepperorganisationen zu bekämpfen und um Menschen aus dem oft jahrelangen Zugriff dieser Organisationen zu befreien, müssen Irreguläre beispielsweise das Recht erhalten, entgangenen Arbeitslohn einzuklagen. Außerdem müssen ihnen grundlegende Menschenrechte gewährleistet werden: das Recht auf medizinische Hilfeleistung, das Recht auf Bildung ihrer Kinder und der Schutz vor krimineller Gewalt. Zudem müssen humanitäre Organisationen, die irregulären Einwanderern Unterstützung leisten, die Zusage erhalten, hierfür nicht strafrechtlich belangt zu werden.

Klaus J. Bade

Die ‚Festung Europa' und die ‚illegale Migration'

Die Rede von der ‚illegalen Migration' erscheint manchen als terminologische Stabilisierung einer Fehleinschätzung: zum einen, weil die meisten derer, die illegal, d.h. ohne Aufenthaltstitel, in Europa leben, nicht ‚illegale Migranten' in dem Sinne sind, dass sie illegal die europäischen Außengrenzen oder nationale Grenzen überschritten hätten; zum anderen, weil Illegalität in diesem Sinne kein kriminelles, sondern ein aufenthaltsrechtliches bzw. arbeitsrechtliches Delikt ist.

Ich gehe trotzdem von diesem im öffentlichen Diskurs missverständlichen Begriff aus; denn ich ziehe es vor, Inhalte von Beschreibungsformen zu differenzieren bzw. zu korrigieren, statt in einem Missverständnis der Intentionen ‚politischer Korrektheit' mit kalligraphischem Eskapismus in terminologische Ersatzlösungen zu flüchten – die gerade die Abwehrhaltungen ausblenden, die aus den euphemistisch umgangenen Beschreibungsformen sprechen.

1. Entwicklungslinien

Der Titelbegriff ‚Illegalität' umschreibt ein nicht nur europaweit, sondern im Globalisierungsprozess weltweit wachsendes Phänomen und Problem. Dennoch ist der Begriff in Deutschland noch mehr als denunziatives und kriminalisierendes Hieb- und Stichwort denn als politisches Aufgabenfeld bekannt.

Stigmatisierende Beschreibungen im Umgang mit Migration sind oft Ausdruck von Bedrohungsvorstellungen und Feindbildern, von Angstvisionen und Abwehrhaltungen, die so alt sind wie die Geschichte der Wanderungen selbst. Hinter der Angst vor dem Fremden stand und steht die Angst um das Eigene – um Arbeitsplatz und soziale Lage, aber auch um jene kulturelle Identität, bei der es meist um kulturalistisch bzw. nativistisch umschriebene Abwehrhaltungen geht. Ökonomische, soziale und kulturelle Ängste aber sind immer ernst zu nehmen, weil sie verhaltensbestimmende Beschreibungsformen gesellschaftlicher Realitäten sind.

In Europa war im letzten Drittel des 20. Jahrhunderts ein doppelter Wandel in den Abwehrhaltungen gegenüber dem Phänomen und Problem Migration zu beobachten:

Es gab einerseits, besonders in Staaten ohne koloniale Vergangenheit, einen von innen nach außen rückenden Wandel von kulturalistischen Fremdheitszuschreibungen, z.B. in Deutschland von Italienern über Türken zu Schwarzafrikanern – und damit zugleich von Menschen, nach denen Europa als Helfern suchte, zu solchen, die in Europa Hilfe suchten, d.h. von der Anwerbung von ‚Gastarbeitern' zur Zuwanderung von Asylsuchenden und anderen Flüchtlingen.

Es gab andererseits einen Wandel in den Bedrohungsvisionen, besonders von einer zunächst als migratorische Masseninvasion vorgestellten ‚neuen Völkerwanderung' in den 1980er und 1990er Jahren zum kriminalisierten Schreckbild einer über wuchernde mafiotische Strukturen einsickernden ‚illegalen Einwanderung' zahlloser einzelner Migranten nach Europa.

Auch die Migrationspolitik zielte nicht auf das, was Historiker der Zukunft aus der Distanz von Jahrzehnten einmal als die migratorische ‚Realität' des späten 20. und frühen 21. Jahrhunderts beschreiben werden. Auch sie antwortete vielmehr, wie anders, ganz wesentlich auf in öffentlichen und politischen Migrationsdiskursen umlaufende, durch populistische Rhetorik bzw. Publizistik stabilisierte Beschreibungen und bzw. auf die aus solchen sozialen Konstruktionen abgeleiteten migratorischen Visionen. Sie zeigten ein Europa unter wachsendem Wanderungsdruck, seit der Öffnung des Eisernen Vorhangs nicht mehr nur aus dem Süden, sondern nun auch aus dem Osten.

Mit der fortschreitenden Entgrenzung Europas nach innen wuchs seine Abgrenzung gegen unerwünschte Zuwanderungen von außen. Der Weg zum gemeinsamen Asyl- und Einwanderungsrecht der EU ist zwar auch heute noch weit. Aber schon in den 90er Jahren bestimmten vielfältige Reglementierungen, Beschränkungen und Verbote die Muster der legalen Zuwanderung aus Drittstaaten nach Europa.[1]

Innerhalb dieser legalen Muster dominieren heute vier Formen der erwünschten oder doch tolerierten Zuwanderung: 1. Familiennachzug, 2. traditionell privilegierte Migrationsbeziehungen (z.B. postkoloniale Migration, Minderheitenwanderungen); 3. Arbeitswanderungen; 4. die Zuwanderung von Asylsuchenden und anderen Flüchtlingen.

In der ‚Festung Europa' gibt es mithin durchaus Zugänge für eine große Zahl von erwünschten oder doch tolerierten Migranten. Es gibt aber zugleich auch den Ausschluss einer unvergleichbar größeren Zahl von unerwünschten Migranten. Als Kehrseite der Abschottung Europas gegen unerwünschte Zuwanderungen haben sich im Grenzfeld zwischen Legalität, Illegalität und Kriminalität neue Zuwanderungs- und Aufenthaltsformen etabliert.

---

1 Hierzu und zum folgenden ausführlicher: Bade 2000, S. 378–452; für Belege (die in Bade 2000 stark gekürzt werden mussten) s. Bade 2001a, S. 19–47

Die wichtigste Erscheinungsform beginnt mit der legalen Einreise, z.B. als Tourist, als Saisonbeschäftigter, als Geschäftsreisender, Asylsuchender oder Flüchtling. Die Illegalisierung beginnt mit der Arbeitnahme ohne Arbeitserlaubnis und mit dem Überschreiten der Aufenthaltsfrist (‚overstayers' im anglophonen, ‚sans papiers' im frankophonen Bereich). Oder sie beginnt mit dem ‚Abtauchen' nach dem Eintreffen der Ablehnung des Asylgesuchs, der Ausreiseaufforderung oder der Ankündigung von aufenthaltsbeendenden Maßnahmen, vulgo ‚Abschiebung' genannt. Darüber hinaus gibt es eine große Vielfalt von „mobilen Migrationsmustern".[2]

Weniger bedeutend, aber aufsehenerregender und nicht selten überschätzt ist die illegale heimliche Zuwanderung oder der Grenzübertritt mit gefälschten Papieren, gefolgt von illegalem Inlandsaufenthalt und illegaler Arbeitnahme, unangemeldet oder registriert aufgrund gefälschter Papiere. In diesem Bereich operieren auch die zumeist international organisierten, oft über mafiotische Netze verbundenen Schlepperorganisationen, die die Hauptprofiteure der Abgrenzung Europas gegen unerwünschte Zuwanderungen sind. Hier gibt es auch fließende Grenzen zum illegalen Kontrakthandel, zu modernen Formen der Schuldknechtschaft und zum Menschenhandel als international organisiertem Kapitalverbrechen, z.B. in Gestalt des Frauenhandels.

Viel wird in der Öffentlichkeit diskutiert über diese ‚illegale Einwanderung' über europäische Grenzen: Auch nur annähernd zuverlässige Zahlen gibt es nicht, weil die Statistik nicht den Erfolg, sondern nur den Misserfolg, d.h. die Aufgriffe im Grenzraum zählt. Schätzungen gehen meist von der aus der amerikanischen Praxis stammenden Annahme aus, dass auf einen Aufgriff zwei weitere nicht entdeckte, d.h. erfolgreiche Grenzüberschreitungen kommen („one is caught, two pass"), wobei umständehalber nicht zureichend geprüft werden kann, inwieweit solche Modelle auf Europa übertragbar sind.[3]

Nach dieser Schätzungsgrundlage wäre z.B. bei 1999 insgesamt ca. 260.000 Aufgriffen an den europäischen Außengrenzen davon auszugehen, dass sich, trotz ständig wachsender Grenzsicherungen, die Zahl der erfolgreichen illegalen Grenzübertritte bzw. Schleusungen von 1993 (ca. 50.000) bis 1999 (ca. 520.000) mehr als verzehnfacht hätte; anders gerechnet bzw. geschätzt hätte es 1999 ca. 780.000 Versuche des illegalen Grenzübertritts an den europäischen Außengrenzen gegeben, von denen nur ca. 260.000 scheiterten. Dabei sind indes einschlägige Mehrfachdelikte einzubeziehen, zumal Migranten mit zureichender finanzieller Ausstattung bzw. ‚Schleusungsgarantie' so oft an und über die Grenze gebracht werden, bis die Schleusung erfolgreich ist.

In Deutschland selbst wurden 1999 knapp 38.000 Personen beim Versuch, über die ‚grüne' Grenze einzureisen, abgewiesen. Ginge man von der gleichen Schätzungsgrundlage aus, dann wären in diesem Jahr ca. 76.000 Personen illegal eingereist. Bezöge man auch die an den regulären Grenzen

---

2 Cyrus 2000
3 Heckmann/Wunderlich 2001, S. 64

abgewiesenen rund 35.000 Ausländer ein, dann läge die Zahl der nicht erfassten, d.h. erfolgreichen illegalen Grenzübertritte 1999 sogar bei schätzungsweise 146.000, wobei allerdings, vom erwähnten Problem der Mehrfachzählungen abgesehen, zu berücksichtigen bleibt, dass Deutschland in der illegalen Migration nicht nur Zielland sondern auch Transitland (z.B. für die Niederlande) ist.

Schätzungen der Zahl illegaler Inlandsaufenthalte in Deutschland schwankten Ende der 1990er Jahre zumeist um die Marke von 500.000, reichten in Einzelfällen aber auch herab bis zu 100.000 (sicher zu niedrig) und auch herauf bis über 1 Million (möglicherweise zu hoch); allein für Berlin waren begründete Schätzungen von 50.000 - 100.000 im Gespräch. Konkret heißt das in aller Bescheidenheit: Man argwöhnt viel und weiß wenig.

Es gibt in Deutschland registrierte und nichtregistrierte aufenthaltsrechtliche Illegalität, die als solche, wie erwähnt, nichts mit Kriminalität zu tun hat und doch in der Öffentlichkeit oft damit verwechselt wird, insbesondere im Feindbild des ‚illegalen Einwanderers'. In den Bereich der registrierten Illegalität gehört vor allem der erhebliche und wachsende Teil der ausgewiesenen Personen, deren Ausweisung aber aus besonderen Gründen auf Zeit ausgesetzt worden ist (Duldung). Die nicht registrierte – also nur zu schätzende – aufenthaltrechtliche Illegalität hat viele Gesichter: Sie reicht, um nur einige Beispiele zu nennen, von der Fluchtmigration ohne Chance im Asylverfahren und dem ‚Abtauchen' nach der Ablehnung des Asylgesuchs bzw. der Ankündigung aufenthaltsbeendender Maßnahmen (Abschiebung) über die sozial motivierte illegale Zuwanderung (bes. illegale Familienzusammenführung) und die illegale Arbeitsmigration bis zur schlepperinduzierten Migration.

Hilfestellungen für illegale Inlandsaufenthalte bieten vor allem die durch Migration selbst entstandenen Netzwerke, in der Regel gegliedert nach Familien- oder Herkunftsgemeinschaften. Ohne ihre Hilfe ist ein längeres Überleben in der Illegalität kaum möglich.

Irreguläre oder illegale Arbeitswanderungen führen in die Schattenwirtschaft des stark expandierenden ‚informellen Sektors'. Er hat Schwerpunkte im Bau- und Baunebengewerbe, in den Reinigungs- und Pflegediensten, in ortsfesten saisonabhängigen Beschäftigungsbereichen und bei anderen Ersatz- und Zusatzbeschäftigungen der verschiedensten Art.

Am ‚informellen Sektor' partizipieren freilich einheimische Schwarzarbeiter in noch deutlich höherem Maße als im aufenthaltsrechtlichen Sinne illegale Ausländer. Dabei schließt der Begriff der ‚Einheimischen' indes auch viele Zuwanderer ein – von den Aussiedlern bis zu den einheimischen, aber nicht eingebürgerten Ausländern mit gesichertem Aufenthaltsstatus aus der seit den 1950er/60er Jahren zum Teil schon drei Generationen umfassenden Ausländerbevölkerung, zumal es gerade in Zuwandererenklaven oft fließende Grenzen zwischen Nachbarschaftshilfe und Schwarzarbeit gibt.

2. Herausforderungen

Blicken wir zuerst auf das – nicht zu unterschätzende, aber doch vielfach überschätzte – Problem der illegalen Zuwanderung und dann auf die Illegalität als aufenthaltsrechtliches bzw. arbeitsrechtliches Problem. Im ersten Fall geht es um Sicherung nach außen, im zweiten vor allem um Gestaltung im Innern, die mehr sein muss als Gefahrenabwehr:

Nötig sind operative Gesamtkonzepte europäischer und nationaler Migrationspolitik. Dabei sind Einwanderungsgesetzgebung und Einwanderungspolitik als möglichst transparenter Rahmen für geregelte Einwanderung auf Dauer oder Arbeitswanderung auf Zeit auch ein indirekter Beitrag zum Kampf gegen Schleuserkriminalität; denn reguläre Migranten brauchen keine Schleuser.

Nötig ist trotzdem auch weiterhin ein unausgesetzter direkter Kampf gegen Menschenschleusung und Menschenhandel, deren international vernetzte Organisationen deutlich zugenommen haben. Das reicht von Grenzschutz und Polizei über internationale Abstimmungen unter Einbeziehung der Ausgangsräume und Transitländer bis hin zu einem stärker koordinierten Einsatz der schon im Feld operierenden Nachrichtendienste.

Etatismus und Legalismus stehen dabei in Spannung zur Einsicht in die Grenzen der Gestaltbarkeit: Es sollte keine Illusionen darüber geben, dass etwa durch Migrationsgesetzgebung und die Bekämpfung von Schleuserorganisationen die illegale Migration regelrecht abzuschaffen sei. Illegale Einwanderung wird es, das ist eine historische Erfahrung aller Einwanderungsländer, immer geben. Und die Versuchung dazu wächst mit der Höhe des Zauns um das gelobte Land. Aber Einwanderungsgesetze verhindern immerhin, dass an legaler Zuwanderung Interessierte, die nicht zu den bevorzugten Gruppen zählen, in die Illegalität gedrängt werden.

Solange es freilich statt eines europäischen Migrationskonzepts nur eine negative Koalition der Abwehr gegen unerwünschte Zuwanderungen gibt, solange wirkt Europa selbst mit an der Illegalisierung der Zuwanderung von außen und am Feindbild der ,illegalen Einwanderung' im Innern. Das Gegenteil ist nötig: Wir brauchen einen Abbau der Feindbilder von den ,illegalen Einwanderern', bei denen ohnehin meist Täter und Opfer verwechselt werden, und eine Entkriminalisierung des Phänomens und Problems der Illegalität als aufenthalts- und arbeitsrechtlichem Problem.

Wir brauchen dazu politische Entscheidungen, legislative und administrative Maßnahmen, die aufenthalts- und arbeitsrechtliche Illegalität soweit wie möglich vermindern, die sicherstellen, dass in Deutschland die Arbeitskraft von Migranten ohne Aufenthaltstitel nicht ausgebeutet wird und die gewährleisten, dass die Inanspruchnahme von – auch in der Illegalität vorhandenen Rechten – nicht aus Furcht vor Entdeckung und Abschiebung unterbleibt.

Das gilt besonders für die Durchsetzung von Ansprüchen auf Lohn für tatsächlich geleistete Arbeit, für Ansprüche auf Leistungen des öffentlichen

Gesundheitswesens und für Ansprüche auf ungehinderten Schulbesuch für die Kinder. Und es gilt für die Schaffung von Rechtssicherheit, damit Menschen nicht kriminalisiert werden, die in Erfüllung ihrer beruflichen Aufgaben Migranten ohne Aufenthaltstitel in Notlagen helfen, wie z.b. Ärzte, Lehrer, Sozialarbeiter oder Seelsorger.

Wir brauchen ferner eine offene Diskussion über die lange tabuisierten Zusammenhänge der Entwicklung von regulärem Arbeitsmarkt und ‚informellem Sektor', von Sozialleistungen für Einheimische im Wohlfahrtsstaat, einheimischer Schwarzarbeit und illegaler Ausländerbeschäftigung. Deshalb muss in diesem Zusammenhang ausdrücklich auch von einheimischen Schwarzarbeitern die Rede sein – die man im Blick auf ihr arbeitsrechtliches Delikt ebenso gut ‚einheimische Illegale' nennen könnte:

Wenn wir bei den Konzepten für Zuwanderungspolitik nur über fachwissenschaftlich höchstqualifizierte Experten und hochqualifizierte Facharbeiter nachdenken und den Bereich der in starkem Maße auch von illegal beschäftigten Ausländern beiderlei Geschlechts übernommenen Niedriglohnarbeiten tabuisieren, dann beschleunigt das u.U. noch das weitere Wachstum der ‚Schattenwirtschaft', in der einheimische Schwarzarbeiter im Lohndumping durch illegal beschäftigte, ausgebeutete oder sich als Scheinselbständige selbst ausbeutende Ausländer noch unterboten werden.

Einheimische Schwarzarbeiter und illegal beschäftigte Ausländer unterscheiden sich in ihren Soziallagen mehrfach, wobei der Vergleich immer zu Ungunsten der Ausländer ausgeht: Illegal beschäftigte Ausländer sind nicht nur nicht versichert, sondern auch ohne jeden Sozialschutz, mitunter häufig hilflos vom Arbeitgeber abhängig und auf die verschiedenste Weise erpressbar. Mehr noch, sie verdienen auch nur einmal, nämlich für tatsächlich geleistete Arbeit. Einheimische Schwarzarbeiter hingegen sind mitunter eine durch das Sozialsystem geschützte besondere Spezies von ‚illegalen Doppelverdienern' – dort nämlich, wo unter Hinterziehung von Steuerabgaben und Sozialversicherungsbeiträgen ‚schwarz' rein netto verdient und zugleich Arbeitslosengeld oder Sozialhilfe bezogen wird, was, begründeten Schätzungen zufolge, nicht eben die Ausnahme ist.

Arbeitslosengeld oder Sozialhilfe mit Zusatzleistungen plus Schwarzarbeit aber ergeben gerade bei beruflich Unqualifizierten bzw. Un- oder Angelernten in der Arbeitslosigkeit zuweilen ebenso viel oder sogar mehr als ein zu versteuerndes und sozialversicherungspflichtiges Brutto-Einkommen für reguläre Arbeit, neben der zudem Schwarzarbeit in größerem Umfange schon aus Zeitgründen kaum mehr möglich ist.

Die Folgen sind – nicht nur in Deutschland, sondern z.B. auch in den Niederlanden – bekannt: Man sei, so kann man hören, schon aus familiären Rücksichten geradezu gezwungen, in der Kombination von Arbeitslosigkeit, Sozialleistungsbezügen und Schwarzarbeit zu bleiben und deshalb genötigt, vom Arbeitsamt angebotene Tätigkeiten mit Hilfe der notorischen und schwer nachweisbaren Ausweichstrategien zu umgehen. Insoweit wird der

‚informelle Sektor' indirekt durch ein bereichsweise hochtourig leer laufendes System von Sozialleistungen stabilisiert.

Wir müssen hier aus schmerzlichen Einsichten Folgerungen ziehen: Jenseits des Bereichs der aus Alters- oder Gesundheitsgründen tatsächlich nicht mehr Arbeitsfähigen brauchen wir ein nachhaltiges Ausschöpfen von Arbeitsmarktreserven im Bereich der Arbeitslosigkeit und von aus den verschiedensten Ursachen eingetretenen Fehlallokationen am Arbeitsmarkt. Warum sollte z.B. ein zum Taxi-Fahrer abgestiegener Facharbeiter oder gar Diplomingenieur – in jeder größeren Stadt gibt es dafür hinreichend Beispiele – nicht durch entsprechende Nach- bzw. Umschulung zum Abbau des vielbeklagten Fachkräftemangels beitragen können?

Nötig dazu sind gezielte, evaluierte bzw. kontrollierte Umschulungs- und Fortbildungsmaßnahmen, verbunden mit positiven Anreizen, wie z.B. fördernden Ausgleichszahlungen, im Falle von Arbeitslosigkeit auf Grund unzureichender oder nicht mehr zureichender Qualifikation aber auch mit spürbaren Sanktionen bei mehrfacher Nichtakzeptanz entsprechender Qualifikationsangebote. Qualifikation und Vermittlung gehören dabei zusammen. Umschulungsinstitutionen, die nicht nachweislich vermittlungstauglich qualifizieren, sollten nicht länger mit staatlichen Subventionen rechnen dürfen.

Aktive Beschäftigungspolitik muss es Arbeitgebern erleichtern, auch umgeschulte Langzeitarbeitslose einzustellen. Hilfreich sind dazu möglicherweise z.B. jene Lohnzuschüsse auf Zeit, die einmal ‚Kombi-Lohn' genannt und dann nach einiger öffentlicher Empörung bis auf weiteres in Versuchsprojekten versteckt wurden.

Arbeitsfähigen und Arbeitswilligen, die ohne Vorsatz durch das Schleppnetz der Qualifizierungsmaßnahmen rutschen, mithin unzureichend qualifiziert bleiben und deshalb nur für jene Niedriglohnbereiche an oder unterhalb der Schwelle von Arbeitslosengeld bzw. Sozialhilfe taugen, sollte die Übernahme solcher Tätigkeiten durch geeignete Maßnahmen erleichtert werden.

Ein Weg wären finanzielle Ausgleichszahlungen über die Höhe von Arbeitslosengeld bzw. Sozialhilfe hinaus, was wenigstens die soziale Wiedereingliederung über Arbeit sichern würde. Das wäre eine ‚warme' wohlfahrtsstaatliche Lösung. Eine ‚kalte' marktwirtschaftliche Lösung wäre die Aufhebung von Beschränkungen, z.B. von Steuervergünstigungen bei ‚Mehrfachjobs' im Niedriglohnbereich, was indes, wie das amerikanische Beispiel zeigt, viele Schattenseiten hat. Eine dem wohlfahrtsstaatlichen Selbstverständnis der Republik entsprechende Lösung wird in der Mitte zu suchen sein.

Wer solche oder andere Reformen im Innern nicht will und zugleich die selbstverschuldete Ersatzlösung einer weiteren Expansion der Schattenwirtschaft einschließlich der illegalen Ausländerbeschäftigung stigmatisiert oder gar kriminalisiert, der lebt in einer Dunkelkammer zwischen Wohlfahrtstraum und Marktdiktat.

Einheimische Schwarzarbeit und illegale Ausländerbeschäftigung aber sind durchaus nicht vorwiegend oder gar nur Sache von unzureichend qualifizierten An- und Ungelernten. Auf dem ‚schwarzen' bzw. illegalen Arbeitsmarkt ist vielmehr ein hohes Maß an Qualifikation abrufbar, vom kleingewerblichen bzw. handwerklichen bis hin zum Dienstleistungsbereich.

Gegenüber der Kombination von Schwarzarbeit und Missbrauch des Sozialsystems bei einheimischen Arbeitslosen könnten die genannten und andere Hilfsmaßnahmen Wege bzw. Rückwege in reguläre Beschäftigung und damit zur wirtschaftlichen und sozialen Wiedereingliederung über Arbeit eröffnen.

Im Bereich der vielgeschmähten und doch in wichtigen Arbeitsmarktsegmenten alltäglichen illegalen Ausländerbeschäftigung hilft das nicht weiter, weil hier erst einmal Wege zu regulärer Beschäftigung geöffnet werden müssten. Geeignet wären dafür Maßnahmen zur Legalisierung illegaler Arbeitsaufenthalte, wie man sie in Frankreich oder Italien als ‚Regularisation' kennt. Sie sollten m.E. aber in aller Regel nur auf Zeit und in Abhängigkeit von Arbeitsverträgen wirken; denn eine indirekte Prämierung von Illegalität durch die generelle Akzeptanz illegaler Wege zu unbefristeten Aufenthalts- und Arbeitsgenehmigungen würde, jedenfalls hierzulande, Einwanderungsgesetzgebung und Einwanderungspolitik ad absurdum führen und deren Akzeptanz bei der einheimischen Bevölkerung nur umso mehr erschweren.

Auch eine befristete Legalisierung illegaler Beschäftigungsverhältnisse setzt flexible Bestimmungen und entsprechende Handlungsspielräume voraus; denn ohne sie würden viele Arbeitgeber bei einer Legalisierung nicht mitgehen, sofern es bei den illegalen Beschäftigungsverhältnissen nicht nur um aufenthaltsrechtliche Probleme geht.

Viele illegal beschäftigte Ausländer sind in Deutschland – im Gegensatz zu England, Frankreich oder den USA – nicht illegale Einwanderer mit dauerhafter Bleibeabsicht, sondern temporäre Arbeitswanderer beiderlei Geschlechts, die mit dem Ziel ins Land kommen, in möglichst kurzer Zeit und unter Vernachlässigung der Arbeitsbedingungen Ersparnisse für bestimmte Zwecke im Herkunftsland zu erwirtschaften.

Wenn aber ausländische Arbeitswanderer hierzulande auf Zeit Arbeitsplätze übernehmen wollen, die ohnehin besetzt werden müssen, aber mit einheimischen oder anderen EU-europäischen Kräften nicht besetzt werden können, weil man sich den oben genannten Herausforderungen bzw. Zugeständnissen nicht stellen will, dann ist es scheinheilig, nach dem Motto zu handeln, dass nicht sein kann, was nicht sein darf. Nichts anderes nämlich bedeutet es, die Illegalen betrieblich oder privat de facto auszubeuten, sie aber appellativ zu stigmatisieren und zu kriminalisieren, statt anzuerkennen, dass sie eine Systemlücke füllen, die anderweitig nur durch Systemveränderung verkleinert werden kann. Ganz zu schließen ist sie ohnehin nie.

Aber Illegalität ist in ihren Ursachen nicht etwa nur ein wirtschaftliches oder arbeitsmarktpolitisches, sondern auch ein humanitäres Problem, weil die

Abschottung Europas im Wanderungsgeschehen auch viele schutzbedürftige Flüchtlinge trifft. Nötig sind deshalb transparente, trennscharfe und doch zugleich pragmatisch-flexible Gesamtkonzepte für Asyl- und Flüchtlingspolitik auf europäischer und nationaler Ebene.

Nötig ist in den Ausgangsräumen zugleich eine Bekämpfung der Ursachen unfreiwilliger Wanderungen, soweit sie denn überhaupt bekämpfbar sind, durch entwicklungsorientierte Migrationspolitik oder migrationsorientierte Entwicklungspolitik. Dabei geht es nicht nur um den gezielten und vor allem kontrollierten Einsatz von Geld. Es geht nötigenfalls auch um rechtzeitige – besser als bisher koordinierte – friedensichernde Interventionen unter dem Dach der Vereinten Nationen oder anderer multinationaler Organisationen. Das zeigt ein Blick nach Mazedonien, wo im Juni 2001 nicht auszuschließen war, dass Skopje ein zweites Sarajewo würde.

Fazit: Illegalität ist ein alltäglicher, nicht länger politisch zu tabuisierender und vor allem nicht a priori zu kriminalisierender Problembereich der Migration, zumal es bei den ‚Illegalen' in aller Regel nicht um kriminelle, sondern um aufenthaltsrechtliche und arbeitsrechtliche Delikte geht.

Nicht nur gegenüber der zur umfassenden Regelung anstehenden regulären Einwanderung, auch gegenüber ihrer illegalen bzw. irregulären Kehrseite sind Gestaltungskonzepte notwendig, die nicht nur aus Verboten und Strafen bestehen, sondern auch pragmatische Lösungen einschließen sollten. Dabei sollte man das Gesamtproblem der Illegalität, aus dem hier nur einige Segmente ausgeleuchtet werden konnten, pragmatisch differenzieren und auf dieser – dann kleinteiligeren und weniger monströs wirkenden – Grundlage nach geeigneten Lösungsansätzen suchen.

Das gilt, um einige Beispiele zu nennen, etwa für die Zerlegung des Problemfeldes in Fluchtmigration (Überprüfung/Reform der Aufnahmebedingungen), sozial motivierte Migration wie z.B. illegale Familienzusammenführung (Einbeziehung sozialer Kontakte in die Zuwanderungsregelungen), illegale Arbeitsmigration (Einbeziehung der Grundproblematik des informellen Arbeitsmarktes in die Lösungskonzepte), schlepperinduzierte Migration/Menschenhandel (Grenzsicherung, Täterverfolgung, Opferschutz, begrenzte Legalisierungsangebote) u.a.m.

Wird das Thema ‚Illegalität' trotz aller Appelle – wie z.B. der Bischofskonferenz, des Jesuit Refugee Service, des Rates für Migration, aber auch einiger Hinweise im Bericht der Unabhängigen Kommission Zuwanderung – politisch nicht rechtzeitig verantwortungsvoll und pragmatisch aufgegriffen, dann könnte es im Parteienkonflikt zu einem denunziativen Nebenkriegsschauplatz zu Lasten hilfloser Dritter werden.

Insgesamt gilt auch hier, was gegenüber der nun endlich anstehenden umfassenden Regelsysteme für Einwanderungsgesetzgebung und Einwanderungspolitik gilt: Nötig sind nicht nur Gestaltungsbereitschaft, klare Konzepte und politische Werbung um deren Akzeptanz. Nötig ist auch die Werbung um eine pragmatische Einsicht in die Grenzen der Gestaltbarkeit – damit nicht am Ende überzogene Hoffnungen in Frustrationen und Aggressionen umschlagen, die für die demagogischen großen Vereinfacher willkommene Morgengaben sind.[4]

Literatur

Alt, Jörg: Illegal in Deutschland – Forschungsbericht zur Lebenssituation ‚illegaler' Migranten in Leipzig, Karlsruhe 1999
Alt, Jörg: ‚Illegale' in Deutschland – Anregungen zu einem angemesseneren Umgang mit einem brisanten Problem. In: Zeitschrift für Ausländerrecht und Ausländerpolitik (ZAR), H. 2 (2001) S. 65-70
Alt, Jörg/Fodor, Ralf: Rechtlos? Menschen ohne Papiere, Karlsruhe 2001
Bade, Klaus J.: Europa in Bewegung. Migration vom späten 18. Jahrhundert bis zur Gegenwart, München 2000
Bade, Klaus J.: Einwanderungskontinent Europa: Migration und Integration am Ende des 20. Jahrhunderts. In: ders. (Hg.), Einwanderungskontinent Europa: Migration und Integration am Beginn des 21. Jahrhunderts (Beiträge der Akademie für Migration und Integration, H. 4), Osnabrück 2001a, S. 19-47
Bade, Klaus J.: Seid nicht zu euphorisch: Auch wachsende Zuwanderung wird die deutsche Gesellschaft nicht von ihrem Reformzwang befreien – 15 Thesen. In: DIE ZEIT, 3.5.2001, 2001b, S. 18
Bales, Kevin: Die neue Sklaverei, München 2001
Bührle, Cornelia: Kirchenasyl- und Illegalitätsarbeit. Eine Chronik ausgewählter Ereignisse. In: Rainer Kampling (Hg.), Deus semper maior. Vom Bleibenden in den Zeiten. Eine Festschrift für Georg Kardinal Sterzinsky, Berlin 2001, S. 36-59
Bundesnachrichtendienst: Illegale Migration nach Europa, Pullach (vgl. Matthias Gebauer/Christoph Mestmacher/Hans-Ulrich Stoldt, Zuwanderung: Wer zahlt, kommt rein. In: Der Spiegel, 30.4.2001, S. 22-25)
Cyrus, Norbert: Im menschenrechtlichen Niemandsland. Illegalisierte Zuwanderung in der Bundesrepublik Deutschland. In: Katja Dominik u.a. (Hg.), Angeworben, eingewandert, abgeschoben. Ein anderer Blick auf die Einwanderungsgesellschaft Bundesrepublik Deutschland, Münster 1999, S. 205-231
Cyrus, Norbert: Mobile Migrationsmuster. Zuwanderung aus Polen in die Bundesrepublik Deutschland. In: Berliner Debatte – Initial, 5/6.2000, S. 95-103
Cyrus, Norbert: Schattenwirtschaft und Migration – Ethnologische Annäherungen an ein offenes Geheimnis. In: Frank Gesemann (Hg.), Migration und Integration in Berlin, Opladen 2001
Die deutschen Bischöfe/Kommission für Migrationsfragen: Leben in der Illegalität – eine humanitäre und pastorale Herausforderung, hg. v. Sekretariat der Deutschen Bischofskonferenz, Bonn, 21.5.2001
Eichenhofer, Eberhard: Migration und Illegalität (IMIS-Schriften, Bd. 7), Osnabrück 1999
Erzbischöfliches Ordinariat Berlin (Hg.): Illegal in Berlin – Momentaufnahmen aus der Bundeshauptstadt (Betrifft: migration, Nr. 4), 1999
Friedrich Ebert Stiftung (Hg.): Neue Formen der Arbeitskräftezuwanderung und illegale Beschäftigung. Gesprächskreis Arbeit und Soziales, Nr. 76, Bonn 1997
Heckmann, Friedrich/Wunderlich, Tanja: Transatlantische Tagung zum internationalen Menschenschmuggel – Tagungsbericht. In: Zuwanderung und Asyl (Schriftenreihe

---

4 Vgl. Bade 2001b

des Bundesamtes für die Anerkennung ausländischer Flüchtlinge, Bd. 8), Nürnberg 2001, S. 55-89

Jordan, Bill/Vogel, Dita/Estrella, Kylza: Leben und arbeiten ohne regulären Aufenthaltsstatus. Brasilianische MigrantInnen in London und Berlin. In: Hartmut Häußermann/Ingrid Oswald (Hg.), Zuwanderung und Stadtentwicklung (Leviathan, Sonderh. 17), Opladen, 1997, S. 215-231

Lederer, Harald/Nickel, Axel (1997): Illegale Ausländerbeschäftigung in der Bundesrepublik Deutschland, Bonn (Forschungsinstitut der Friedrich Ebert Stiftung) 1997

Malgorzata, Irek: Der Schmugglerzug. Warschau – Berlin – Warschau. Materialien einer Feldforschung, Berlin 1998

Morokvasic, Mirjana: Pendeln statt auswandern. Das Beispiel der Polen. In: dies./Hedwig Rudolph (Hg.), Wanderungsraum Europa. Menschen und Grenzen in Bewegung, Berlin 1994, S. 166-187

Schneider, Friedrich/Ernste, Dominik: Schattenwirtschaft und Schwarzarbeit. Umfang, Ursachen, Wirkungen und wirtschaftspolitische Empfehlungen, München 2000

Senatsverwaltung für Arbeit, Soziales und Frauen (Hg.): Berliner Bericht zur Bekämpfung der Schwarzarbeit 1999/2000, Berlin (Senatsverwaltung)

Vogel, Dita: Soziale Sicherung und illegaler Aufenthalt. Eine explorative Studie am Beispiel brasilianischer Zuwanderer in Berlin. ZES-Arbeitspapier Nr. 13, Bremen (Zentrum für Sozialpolitik) 1996

Wilpert, Czarina: Migration and Informal Work in the New Berlin: New Forms of Work or New Sources of Labour? In: Journal of Ethnic and Migration Studies 2 (1998) S. 269-274

Stefan Telöken

Der UNHCR und die Weltflüchtlingsproblematik

Das menschliche Drama von Flucht und Vertreibung hat auch 50 Jahre nach Gründung des Hohen Flüchtlingskommissariats der Vereinten Nationen (UNHCR) nichts von seiner traurigen Aktualität verloren. Gewiss gibt es höchst unterschiedliche Gründe, warum Menschen ihre Heimat verlassen müssen. Kaum bestreitbar ist jedoch die Tatsache, dass die Flüchtlingstragödien der letzten fünf Jahrzehnte untrennbar mit massiven und gezielten Menschenrechtsverletzungen in vielen Staaten der Welt verbunden sind.

Flucht ist für Millionen von Menschen immer noch die einzig verbleibende Alternative, die Überlebensstrategie, auf die erst zurückgegriffen wird, wenn alle anderen Möglichkeiten ausgeschöpft sind. Dies gilt vielleicht mehr denn je für die letzten Jahre mit ihrer Vielzahl von kriegerischen Auseinandersetzungen, die das traditionelle Völkerrecht und die herkömmlichen rechtlich-diplomatischen Instrumente der internationalen Friedenssicherung in Frage stellen. Damit hat auch unser Amt die größten und schwierigsten Bewährungsproben in seiner Geschichte zu bestehen.

Wo die Medien, wie z.B. über die Massenvertreibung der Kosovo-Albaner berichteten, zeigt sich die Welt über das Schicksal von Flüchtlingen und Vertriebenen berührt, oft erschüttert. Diese Anteilnahme fehlt jedoch weitgehend jenen, deren Elend uns nicht via Satellit und Fernsehschirm in die Wohnzimmer gebracht wird.

Derzeit werden weltweit 25 größere Bürgerkriege und eine Vielzahl weiterer schwelender Konflikte gezählt. Die meisten Konflikte, die die Kriegsschwelle überschritten haben, sind eher unbekannt oder sogar vergessen und mit ihnen Millionen von Flüchtlingen und Vertriebenen, die oft nicht einmal von der ohnehin schon knapp bemessenen internationalen Hilfe erreicht werden. Sie bleiben zumeist angewiesen auf die Unterstützung und Solidarität der sie aufnehmenden Staaten und deren Bevölkerung.

Am schlimmsten trifft es dabei jene, denen es nicht gelingt, aus ihrem Heimatland zu fliehen, sondern die eingekesselt zwischen den Fronten der Brutalität eines Bürgerkrieges ausgesetzt sind. Ihre Situation bleibt auch dann prekär, wenn ein Waffenstillstand ausgehandelt werden konnte. Dies gilt für

Menschen in Armenien und Aserbaidschan oder in Georgien und Tadschikistan ebenso wie für jene in Angola, Sudan, Sierra Leone, Kongo, aber auch in Kolumbien und anderswo.

Niemand weiß genau, wie viele Menschen in diesem Jahr als Vertriebene im eigenen Land ihr Leben fristen müssen, doch nach ernst zu nehmenden Schätzungen sind es mindestens 20 Millionen, vielleicht 25 Millionen weltweit. In der aktuellen offiziellen UNHCR-Statistik werden über 21 Millionen Flüchtlinge, Vertriebene und Menschen in flüchtlingsähnlichen Situationen aufgeführt.

Wer heute von Kriegen spricht, meint fast ohne Ausnahme bewaffnete Konflikte, die sich innerhalb von Staatsgrenzen abspielen. Auch wenn deren Anlässe vielfältig und deren Ursachen komplex sind, die kämpfenden Parteien definieren sich zumeist über ihr Bekenntnis zu einer bestimmten Religion oder Volksgruppe. Politisch divergierende Auffassungen stehen hingegen nicht mehr so im Vordergrund wie noch zu Zeiten des Kalten Krieges.

Das Kernmandat von UNHCR bezieht sich auf den internationalen Rechtsschutz von Flüchtlingen. Als Magna Charta des internationalen Flüchtlingsrechts gilt dabei die Genfer Flüchtlingskonvention, die im Jahre 1951 von einer Bevollmächtigtenkonferenz verabschiedet wurde. Bis heute sind diesem Abkommen 140 Staaten beigetreten. In der Präambel der Konvention wird UNHCR ausdrücklich die Aufgabe zugewiesen, die Durchführung der internationalen Abkommen zum Schutz der Flüchtlinge zu überwachen.

Neben dem internationalen Flüchtlingsschutz gehört es laut UNHCR-Satzung zur Aufgabe des Amtes, dauerhafte Lösungen für Flüchtlinge vorzubringen. Dazu gehören alternativ die freiwillige Rückkehr in das Heimatland, die Integration im Erstasylland oder die Weiterwanderung in ein Drittland.

Darüber hinaus hat der UNHCR in den letzten Jahrzehnten jedoch verstärkt auch Aufgaben einer humanitären Hilfsorganisation übernommen.

Die Organisationsstruktur von UNHCR und damit wohl auch ein Teil seines Selbstverständnisses hat mit der Entwicklung bzw. der dramatischen Ausweitung der Flüchtlingsproblematik Veränderungen erfahren müssen. Dies wird besonders augenfällig im Bereich der *humanitären Hilfe*.

Luftbrücken und Hilfskonvois haben in den letzten Jahren das Bild von UNHCR in der Öffentlichkeit geprägt. Und längst sind die Empfänger der Hilfslieferungen nicht mehr nur Flüchtlinge, die internationale Grenzen überquert haben. Auch Binnenvertriebene oder ehemalige Flüchtlinge, die in ihre Heimat zurückkehren konnten, wurden oder werden von UNHCR unterstützt, darüber hinaus auch Zivilbevölkerungen, die, wie z.B. über vier Jahre hinweg die Einwohner des belagerten Sarajevos, unmittelbar unter der Zerstörungsgewalt des Krieges leiden müssen.

Um diesen Aufgaben gerecht werden zu können, ist UNHCR selbstverständlich auf die partnerschaftliche Zusammenarbeit mit anderen Institutionen, Organisationen und Regierungseinrichtungen angewiesen. Hierzu zählen weltweit rund 500 Nichtregierungsorganisationen, zudem das IKRK und andere UN-Organisationen wie das Welternährungsprogramm (WFP) und UNICEF.

Bei einigen der größten Hilfseinsätze der vergangenen Jahre hat UNHCR im Auftrag der internationalen Staatengemeinschaft eine federführende Funktion übernommen. Bekannteste Beispiele sind die Ruanda-Hilfe und die Hilfsaktionen im ehemaligen Jugoslawien, vor allem in Bosnien und Herzegowina. Beide Einsätze haben dazu beitragen können, Hunderttausenden von Menschen das Leben zu retten. Dennoch wäre es vermessen, sie ohne wenn und aber als erfolgreich zu bezeichnen.

Humanitäre Hilfe ist in den letzten Jahren oft Bestandteil umfassender Maßnahmen, die auf den Erhalt des Friedens bzw. dessen Wiederherstellung abzielen. Dies steigert ihren Stellenwert, vergrößert zugleich aber auch ihre Abhängigkeit vom Erfolg bzw. Scheitern politischer Initiativen.

In diesem Zusammenhang gibt es immer wieder Kritik, die bei jeder neuen Krise mehr oder minder intensiv geäußert wird. Sie betrifft zum Beispiel die Effizienz der Hilfe und damit die Verwendung von Spendengeldern. Ein zweiter Einwand kommt von Politikbeobachtern, aber auch in kritischer Selbsteinschätzung von Hilfsorganisationen selbst: Humanitäre Hilfe diene zu oft als Alibi für den fehlenden politischen Willen der internationalen Staatengemeinschaft, Konflikte mit dem notwendigen Nachdruck zu lösen.

Das moralische Dilemma der humanitären Hilfe wird offenkundig in dem Vorwurf, nicht nur die zivilen Opfer von Konflikten, sondern auch deren Kombattanten profitierten von der Arbeit der Hilfsorganisationen. Damit würden die Hilfsorganisationen unfreiwillig dazu beitragen, Konflikte zu verlängern und Diktaturen an der Macht zu halten.

Mit all diesen Vorwürfen wird natürlich auch UNHCR immer wieder konfrontiert. Dies gilt in jüngster Zeit vor allem für unsere Hilfseinsätze im Rahmen umfassender UN-Operationen wie zum Beispiel in Bosnien und Herzegowina, aber ebenso und auf besonders dramatische Weise für die Versorgung der ruandischen Hutu-Flüchtlinge im ehemaligen Zaire, von der gleichzeitig bewaffnete Extremisten profitierten. Damals wurden die Schuldigen nicht von den Unschuldigen getrennt.

Die Verantwortung für dieses Versagen, dass mit dem Rückzug der UN-Truppen aus Ruanda im April 1994 seinen Anfang nahm, kann gewiss nicht der humanitären Hilfe angelastet werden. Mit dessen Konsequenzen mussten jedoch die Hilfsorganisationen allein fertig werden.

Die Tragödien im ehemaligen Jugoslawien und Zentralafrika haben aller Welt vor Augen geführt, dass humanitäre Hilfe dazu benutzt werden kann, ein Vakuum im politischen Handeln auszugleichen. Vielleicht hat die humanitäre Hilfe dazu beitragen können, einen zeitlichen Spielraum zu schaffen für die Entwicklung politischer Initiativen. Ersetzen kann sie diese jedoch nicht.

Humanitäres Handeln rettet Menschenleben. Diese unbestreitbare Tatsache ist von existenzieller Bedeutung. Doch Schutz bedeutet mehr als unmittelbare Überlebenshilfe. Der Anspruch, Menschen zu schützen, impliziert die Aufgabe, für die Betroffenen Perspektiven zu entwickeln. Humanitäres Handeln reicht nicht aus, um die tieferliegenden Ursachen von Konflikten – fundamentale soziale, ökonomische und politische Probleme – zu lösen.

Eine Binsenweisheit – gewiss. Dennoch muss man darauf immer wieder hinweisen. Denn in den meisten Konfliktherden dieser Welt bleibt – wenn überhaupt gehandelt wird – die humanitäre Hilfe die einzige spürbare Reaktion der internationalen Staatengemeinschaft für die Betroffenen.

Allerdings wird auch das humanitäre Engagement mit unterschiedlicher Intensität betrieben. Ganz gleich, ob man vornehmlich private Spenden erhält oder wie UNHCR sich durch freiwillige Beiträge von Staaten beziehungsweise zwischenstaatlichen Institutionen finanziert: Das Ausmaß der humanitären Hilfe hängt davon ab, inwieweit ein öffentliches oder nationales Interesse an einem solchen Engagement besteht.

Mit anderen Worten: Es ist ungleich leichter, Gelder für einen Einsatz im Kosovo zu erhalten, als den Versuch zu wagen, für Flüchtlinge und Vertriebene in Westafrika ein umfangreiches Hilfsprogramm zu finanzieren. In den vergessenen Konflikten dieser Welt können die Not leidenden Opfer oftmals nicht einmal mit einem Minimum dessen rechnen, was für die Kosovo-Flüchtlinge getan wurde und wird.

Es ist schwierig, dieses Ungleichgewicht zugunsten einer gerechteren Relation bei der Verteilung der Mittel zu verschieben. Dazu bedarf es letztendlich einer Neuorientierung in der Gewichtung bei der Suche nach dauerhaften Lösungen von Konflikten. Ganze Regionen politisch aufzugeben, bedeutet auch den Handlungsspielraum für die humanitäre Hilfe immer weiter schrumpfen zu lassen.

Allerdings wäre es zu einfach, ausschließlich fehlende internationale Unterstützung dafür verantwortlich zu machen, dass in vielen innerstaatlichen Konflikten die humanitäre Hilfe nicht den eigentlich notwendigen Umfang erreicht. Denn es gehört zu den bitteren Erfahrungen der letzten Jahre, dass die Helfer selbst zunehmend schutzlos sind und Opfer von gezielten Übergriffen bis hin zu Entführungen und Mordanschlägen werden.

Die Voraussetzung für humanitäres Handeln, der Respekt vor der Unabhängigkeit und Unparteilichkeit derjenigen, die sie vor Ort leisten wollen und müssen, ist immer weniger gewährleistet. Dies gilt zum Beispiel für den Nordkaukasus und insbesondere für den Konflikt in Tschetschenien, wo eine Vielzahl von Mitarbeiterinnen und Mitarbeiter internationaler Hilfsorganisationen Opfer von Überfällen, Mordanschlägen und Entführungen wurden. Wie sollen unter solchen Umständen die Hoffnungen der betroffenen Not leidenden Menschen und anderswo die Erwartungen einer mitfühlenden Öffentlichkeit erfüllt werden?

Humanitäre Hilfe ist ein notwendiges Element zur Bewältigung jener spezifischen Aufgabe, für die UNHCR ins Leben gerufen wurde. Aber wir müssen uns über die direkte Versorgung mit lebensrettenden Hilfsgütern hinaus um den Schutz von Flüchtlingen kümmern und bestrebt sein, eine dauerhafte Lösung für ihre Probleme zu erreichen.

Schutz heißt, zunächst die Rechte von Flüchtlingen zu definieren, dafür einzustehen und zu sichern. Die Institution des Asyls ist dabei unverzichtbar, Prinzipien können nicht zur Disposition stehen. Doch um Flüchtlingsrechten in der Realität Geltung zu verschaffen, muss man schwierige Diskussionen über die Modalitäten ihrer Anwendung führen.

Schutz bedeutet aber auch dafür zu sorgen, Flüchtlingen ihr Schicksal zu erleichtern, ihnen dabei zu helfen, ein selbstständiges Leben führen zu können, sicherzustellen, dass dort, wo sie aufgenommen werden, keine feindseligen Einstellungen ihnen gegenüber entstehen. Besondere Aufmerksamkeit verdienen dabei die besonders schutzbedürftigen Gruppen unter den Flüchtlingen – Frauen und Kinder, aber auch ältere Menschen, die zumeist in diesem Zusammenhang vergessen werden.

Lösungen für Flüchtlinge zu finden, heißt darüber hinaus, in oftmals sehr schwierigen Situationen realistische Perspektiven anbieten zu können. Zunehmend werden wir vor diese Aufgabe gestellt von Menschen, die in ihrem Heimatland konkret bedroht, aber noch nicht geflohen sind.

So bitten uns regelmäßig Angehörige von Minderheiten, die in ihrem Heimatland von ethnischer Vertreibung bedroht sind, sie in sichere Gebiete zu bringen. Was können wir in solch einem Fall tun? Können wir ein solches Ansinnen einfach ignorieren, weil sich sonst die Urheber von Vertreibung ermutigt fühlen könnten? Oder ist es nicht das erste Gebot, Menschenleben zu retten? Diese Fragen spiegeln das Dilemma wider, in dem man sich befindet, wenn es konkret darum geht, Prinzipien des humanitären Völkerrechts und des Flüchtlingsschutzes in unübersichtlichen Konfliktsituationen anzuwenden.

Noch bedrückender war die Situation im Kongo in den Jahren 1996/97, als wir die Wahl hatten, entweder die Arbeit einzustellen, oder unter der Aufsicht von Rebellen, denen Tausende von ruandischen Flüchtlingen zum Opfer fielen, den Einsatz fortzuführen. Das einzige, was UNHCR den Flüchtlingen anbieten konnte, war die Rückführung in ihr Heimatland – alles andere als eine sichere Perspektive. Aber was war die Alternative? Für die meisten Flüchtlinge nur der Tod in den Regenwäldern.

Diese fürchterliche Situation macht deutlich, auf welch schmalem Grat UNHCR oft gehen muss, um überhaupt etwas für Flüchtlinge tun zu können. Die Präsenz vor Ort, der Zugang zu den Flüchtlingen und Vertriebenen bleibt aber Voraussetzung, um zumindest ausloten zu können, welche Optionen vorhanden sind.

Angesichts dieser schwierigen Probleme mag es geradezu anmaßend klingen zu behaupten, UNHCR könne sich dennoch nicht damit zufrieden geben, humanitäre Hilfe zu leisten und das Elend lediglich notdürftig zu verwalten. Wir wollen und müssen jedoch zumindest versuchen, unserem Satzungsauftrag gerecht zu werden, für Flüchtlingsprobleme dauerhafte Lösungen zu finden, d.h. Zukunftsperspektiven für Flüchtlinge zu ermöglichen.

Die freiwillige Rückkehr von Flüchtlingen in ihr Heimatland gilt heute für die meisten Flüchtlinge als die gemeinhin realistischste Lösung für ihre Probleme. Seit der Gründung von UNHCR im Jahre 1951 konnte UNHCR über 30 Millionen Flüchtlingen bei der Rückkehr in ihre Heimat helfen. Weitgehend unbekannt ist, dass in den letzten Jahren bis zu zehn Millionen Flüchtlinge aus Staaten wie Afghanistan, Mosambik, Kambodscha, Irak, Äthiopien und El Salvador freiwillig in ihr Heimatland zurückgekehrt sind. Namibia, Südafrika und Nicaragua sind weitere Beispiele dafür, wie die Rückkehr von Flüchtlingen als integrativer Bestandteil eines Friedensprozesses gestaltet wurde und damit auch oftmals zu dessen Gelingen beitragen konnte.

Dass die Waffen schweigen, ist sicherlich eine notwendige Voraussetzung für eine Rückkehr in Sicherheit und Würde. In der Realität sind Flüchtlinge jedoch oftmals bereits auf dem Heimweg, noch ehe sich die Lage grundlegend stabilisiert hat. Oder wir erleben umgekehrt – wie im Fall der ruandischen Flüchtlinge –, dass die durch Hetzpropaganda verängstigten Menschen nicht bereit waren, in ihr Heimatland zurückgehen.

Flüchtlinge kehren oftmals in Gebiete zurück, deren Infrastruktur vom Krieg weitgehend zerstört ist. Es klafft eine große Lücke zwischen der kurzfristigen Unterstützung für Rückkehrer, wie sie bestenfalls UNHCR zu leisten vermag, und dem enormen Entwicklungsbedarf in den Gebieten, in die Flüchtlinge zurückkehren. Inwieweit die freiwillige Rückkehr von Flüchtlingen als Lösung tatsächlich dauerhaft ist, wird davon abhängen, ob es gelingt, auf diese längerfristigen Erfordernisse einzugehen.

Humanitäre Hilfe und freiwillige Rückkehr sind zwei wesentliche Elemente einer internationalen Flüchtlingspolitik, die darauf ausgerichtet ist, den Schutz von Menschen vor Gewalt, Verfolgung und Unterdrückung auch auf deren Heimatländer zu beziehen.

Prävention wäre jedoch die wirksamste Form des Schutzes für Menschen, denen ein Flüchtlingsschicksal droht. Der Begriff wird allerdings oft missverstanden. Prävention meint nicht, Flüchtlinge an der Flucht zu hindern, sondern die Fluchtursachen anzugehen. Sie geht damit weit über humanitäre Hilfe hinaus.

Präventives Handeln erfordert damit sowohl humanitäre als auch politische Initiativen, die darauf abzielen, den Zusammenbruch des nationalen Schutzsystem in einem Staat abzuwenden. Konkrete, präventive Ansätze im Zusammenhang mit Flüchtlingskrisen werden heute mit einer Mischung von Hoffnung und Skepsis betrachtet. So hat z.B. die Idee, sichere Zonen inmitten gefährdeter Gebiete zu schaffen, auf den ersten Blick viel für sich. Aber die damit verbundenen Gefahren sind ebenfalls zu beachten. Solche Zonen können zur Gettobildung beitragen oder auch indirekt Massenvertreibungen begünstigen.

Wie die Flüchtlingsproblematik in Zukunft aussehen wird, hängt maßgeblich davon ab, inwieweit in den „Problemstaaten" dieser Welt der demokratische Reformprozess zur Sicherung von Menschen- und Minderheitenrechten eingeleitet bzw. fortgeführt wird, inwieweit dort auch durch eine wirtschaftliche Erholung jenen Kräften der Nährboden entzogen werden kann, die den Menschen in ihrem Land vorgaukeln, die Lösung von sozialen Problemen und Spannungen liege in der Ausgrenzung und Stigmatisierung der jeweils anderen Volksgruppe. Massenarmut, explosives Bevölkerungswachstum und ökologische Zerstörung sind dabei ihre besten Verbündeten. Die Flüchtlingsproblematik war und ist letzten Endes ein Symptom für den Zustand dieser Welt.

Albert Maximilian Schmid

Asyl im Spannungsverhältnis zwischen dem ethisch Gebotenen und rechtlich Möglichen[1]

1. In der öffentlichen Diskussion um das Thema Asyl, eingebettet in den umfassenderen Themenkomplex Zuwanderung, bildet das Spannungsfeld zwischen dem, was ethisch geboten erscheint und dem, was im Rahmen der geltenden Rechtsordnung zulässig ist, einen wesentlichen Kern, um den sich die wechselseitigen Argumente drehen. Auch die von Seiten der Bundesregierung eingesetzte Kommission „Zuwanderung" unter dem Vorsitz von Frau Prof. Dr. Süßmuth war in Wahrnehmung ihrer verantwortungsvollen Aufgabe diesem Spannungsverhältnis ausgesetzt.

Um das Spannungsverhältnis in angemessener Weise aufzuzeigen, ist hierzu folgende These aufzustellen: Der Verfassungsgeber hat 1949 mit der Begründung des Grundrechtes auf Asyl die Spannung zwischen ethischem Prinzip einerseits und verfassungsrechtlichem Prinzip andererseits – soweit es die Rechtslage angeht – im Sinne einer ethischen Grundentscheidung bereits aufgelöst. Das Spannungsverhältnis besteht allerdings weiter bei der täglichen Anwendung der entsprechenden gesetzlichen Regelungen auf den Einzelfall, sich konzentrierend in dem Bemühen um Einzelfallgerechtigkeit.

Der weit gehende Rechtsanspruch für politische Verfolgte, wie ihn das Grundgesetz vorsieht, reicht weit über die völkerrechtliche Schutzgewährung, die andere Staaten kennen, hinaus. Zu unterscheiden ist zwischen der völkerrechtlichen Schutzgewährung, die nur die Verpflichtung des Staates gegenüber anderen Staaten sieht, politisch Verfolgten Schutz zu gewähren, und der Gewährung eines Individualanspruchs auf Asyl an jeden einzelnen Betroffenen. Der Anspruch, der sich mit der Formulierung „Politisch Verfolgte genießen Asylrecht" in Artikel 16 a Absatz 1 des Grundgesetzes (GG) verbindet, wird Verfolgten nicht in Form einer institutionellen Garantie gewährt, sie genießen vielmehr Asylrecht in Form eines einklagbaren Grund-

---

[1] Aufzeichnung nach dem frei gehaltenen Vortrag am 28. Mai 2001 in Berlin, im Rahmen der Vortragsreihe „ Menschen – Kirchen – Illegale" des Seminars für Katholische Theologie der FU Berlin und des Instituts für Lehrerfortbildung im Erzbistum Berlin.

rechtsanspruchs. Mit dieser Formulierung geht das deutsche Rechtssystem weit über Formulierungen hinaus, wie sie die meisten rechtsstaatlich verfassten Länder kennen. Auf der anderen Seite werden internationale Standards in die Interpretation dieses Grundrechts mit einbezogen.

Vor 50 Jahren – zwei Jahre nach Inkrafttreten des Grundgesetzes – wurde die Genfer Flüchtlingskonvention verabschiedet, die dann 1953 in nationales Recht transformiert wurde. Die Genfer Flüchtlingskonvention spricht in ihrem Artikel 1 A Nr. 2 ebenfalls vom Tatbestand der politischen Verfolgung. Es ist heute unbestritten, dass die beiden Begriffe, so wie sie in Art. 16 a GG und in der Genfer Flüchtlingskonvention verwendet werden, gleich zu interpretieren sind. Dies gilt ebenso für die Verfolgungsgründe, aus denen § 51 Absatz 1 des Ausländergesetzes (AuslG), in Anlehnung an das Abschiebungsverbot des Artikels 33 Absatz 1 der Genfer Flüchtlingskonvention, die Abschiebung verbietet. Stets hebt die politische Verfolgung auf die selben Merkmale ab, nämlich Rasse, Religion, Nationalität, Zugehörigkeit zu einer bestimmten sozialen Gruppe und politische Überzeugung. Voraussetzung für eine Zuerkennung des Grundrechtes auf Asyl im Einzelfall und um jemanden als Flüchtling nach der Genfer Flüchtlingskonvention behandeln zu können, ist demnach die Anknüpfung von Verfolgungshandlungen an eines dieser asylrechtlich geschützten persönlichen Merkmale. Allgemeine Notsituationen wie Naturkatastrophen, Krieg- oder Bürgerkriegssituationen sind als Gründe für eine Asylgewährung dagegen ausgeschlossen, die Schutzgewährung erfolgt in diesen Fällen auf anderer Rechtsgrundlage.

Eine gewisse deutsche Besonderheit besteht im internationalen Vergleich darin, dass politische Verfolgung nur dann angenommen wird, wenn sie von einem Staat ausgeht oder einem Staat zuzurechnen ist; Frankreich und auch die Schweiz vertreten ebenfalls diese Auffassung. Den Staat oder ein diesem vergleichbares Machtgebilde, den Quasi-Staat als Träger der Verfolgungsmaßnahmen legt die höchstrichterliche Rechtsprechung dem Begriff der politischen Verfolgung zu Grunde. Es gibt dafür eine geschichtliche Erklärung. 1948/49, als der erste Entwurf zum Grundgesetz verfasst wurde, konnte man sich, in Erinnerung an die Nazi-Diktatur und erste Erfahrungen mit kommunistischen Regimen, politische Verfolgung nur als eine solche vorstellen, die von einem Staat ausgeht. Diese historische Erklärung für das deutsche Verständnis von politischer Verfolgung wird mancherorts nicht verstanden und in ihren Konsequenzen vielerorts auch nicht geteilt.

2. Zunächst sollen kurz die Rechtsfolgen einer Entscheidung nach Art. 16 a GG und § 51 AuslG beschrieben werden. Wenn jemand Asyl begehrt, dann erfolgt bei Vorliegen der jeweiligen Voraussetzungen entweder eine Flüchtlingsanerkennung nach der Genfer Flüchtlingskonvention oder die Anerkennung als Asylberechtigter. Die Rechtsfolgen sind in geringem Maße unterschiedlich. Der Schutz/Rechtsstatus des Asylberechtigten ist stärker als der des Flüchtlings nach der Genfer Flüchtlingskonvention. Der Schutz nach der

Genfer Flüchtlingskonvention besteht in einer Aufenthaltsbefugnis. Die Aufenthaltsbefugnis ist immer auf zwei Jahre befristet, sie kann jedoch verlängert werden und nach acht Jahren in eine unbefristete Aufenthaltserlaubnis übergehen. Jemand, der als Asylberechtigte oder Asylberechtigter anerkannt ist, kann dagegen von vornherein unbefristet in der Bundesrepublik bleiben.

Es sind noch einige Unterschiede zu nennen, die mit dem Anspruch auf soziale Transferleistungen zu tun haben, beispielsweise Kindergeld und Eingliederungshilfe. Aber wesentliche Unterschiede, was den Status als Asylberechtigter oder den Status eines Flüchtlings nach der Genfer Flüchtlingskonvention angeht, bestehen ansonsten nicht.

3. Die Frage, ob das deutsche System des Flüchtlingsschutzes im Vergleich zu anderen Staaten eine Art von Schutzlücke hat, wie manchmal im Hinblick auf die deutsche Auffassung von der Staatlichkeit der Verfolgung behauptet wird, kann mit nein beantworten werden. Denn neben diesen beiden Elementen, dem Art. 16 a GG und § 51 AuslG, kennt das deutsche Rechtssystem noch einen subsidiären Schutztatbestand, der in § 53 AuslG beschrieben wird. § 53 Abs. 6 AuslG fragt nicht danach, ob politische Verfolgung vorliegt, oder von wem eine Rechtsbeeinträchtigung ausgeht, sondern fragt einfach nur, ob eine solche Beeinträchtigung vorliegt und diese in erheblichem Maße gegeben und demgemäß Schutz zu gewähren ist. § 53 Abs. 6 AuslG ist ein Auffangnetz, das der deutsche Gesetzgeber für alle jene gespannt hat, bei denen zwar die engeren Voraussetzungen der politischen Verfolgung oder der Staatlichkeit einer menschenrechtswidrigen Behandlung nicht vorliegen, denen aber dennoch aus bestimmten Gründen Schutz gewährt werden soll, z.B. bei Bürgerkriegssituationen oder Traumatisierung. Es kommt hier also nicht auf eine Staatlichkeit der Urheberschaft an. [2]

Am Beispiel Afghanistan soll die Qualität von Staatlichkeit näher beleuchtet werden. In Afghanistan bestehen keine intakten staatlichen Strukturen, es gibt dort aber bestimmte Gebiete, bei denen man davon ausgehen muss, dass dort eine Herrschaftsmacht besteht. Diese Gebiete haben zwar nicht im deutschen Sinne staatsrechtliche Qualität: Staatsgebiet, Staatsmacht, Staatsvolk, aber sie haben wohl eine quasi-staatliche Qualität. Die Frage, ob die Taliban in Afghanistan als staatsähnliche Herrschaftsorganisation angesehen werden können, hatte das Bundesverwaltungsgericht ursprünglich verneint. Es war der Auffassung, dass eine Herrschaftsorganisation nur dann staatsähnlich und damit zu politischer Verfolgung fähig sei, wenn sie auf einer organisier-

---

2 In seiner Entscheidung auf Anhörung vom 07.03.2000 des Antrages Nr. 43844/98, T. I./.UK spricht der EGMR zwar von einer „offensichtlichen Schutzlücke", weil nach deutscher Rechtsprechung unter Art. 3 EMRK grundsätzlich keine Gefährdungen durch nichtstaatliche Kräfte fielen, jedoch werde die Schutzlücke - zumindest zu einem gewissen Grad - durch die Anwendung von § 53 Abs. 6 AuslG geschlossen (s. EE-Brief 04/00, S. 4f. mit einer Anmerkung von Dr. R. Bell zur Entscheidung des EGMR).

ten, effektiven und nach innen und außen stabilisierten territorialen Herrschaftsmacht beruht. Das Fehlen des Merkmals der Staatlichkeit schloss damit die Annahme politischer Verfolgung in Afghanistan bis dahin aus.

Dagegen beurteilt sich nach der Entscheidung des Bundesverfassungsgerichts vom August letzten Jahres die Frage, ob nach dem Fortfall der bisherigen Staatsgewalt von einer Bürgerkriegspartei politische Verfolgung ausgehen könne, neu.[3] Unter Berücksichtigung des Schutzzwecks des Asylrechts richtet sich dies maßgeblich danach, ob die Bürgerkriegspartei „nach innen" zumindest in einem Kernterritorium ein Herrschaftsgefüge von gewisser Stabilität tatsächlich errichtet hat. Auf Grund dieser Grundsatzentscheidung ist nunmehr auch das Bundesverwaltungsgericht der Ansicht, dass, je länger sich ein Machtgebilde hält, es desto eher als dauerhafte, zu politischer Verfolgung fähige Gebietsgewalt angesehen werden muss. Allein wegen eines andauernden Bürgerkriegsgeschehens könne die Annahme politischer Verfolgung nicht praktisch auf unabsehbare Zeit ausgeschlossen sein.[4] Auf Grund der Entscheidung des Bundesverwaltungsgerichts müssen sich das Bundesamt für die Anerkennung ausländischer Flüchtlinge (Bundesamt) und die Gerichte die Frage noch einmal stellen, wie die Verhältnisse in Afghanistan konkret zu bewerten sind.

Des Weiteren ist das Beispiel des Nordens von Sri Lanka zu nennen. Auch dort bestehen keine staatlichen Strukturen und auch hier ist die Frage zu stellen, ob nicht eine Art von Quasi-Staatlichkeit gegeben ist, von der dann politische Verfolgung ausgehen kann. Hier greifen Rechtsfragen und tatsächliche Fragen ineinander, und es ist keine klare dogmatische Position gegeben.

Das Prinzip der Staatlichkeit der politischen Verfolgung ist nicht nur wegen der deutschen Rechtskultur gut begründet, sondern darf auch nicht in Zweifel gezogen werden. Darüber hinaus bestehen weit gehende Schutzgewährungsmechanismen, beispielsweise in der Form des § 53 Abs. 6 AuslG. Es ist deshalb von der deutschen Geschichte her gut vertretbar, am Staatlichkeitsbegriff grundsätzlich festzuhalten.

4. An dieser Stelle sollen einige Anmerkungen zum Stichwort geschlechtsspezifische Menschenrechtsverletzungen folgen. Hier geht es vor allem um das Leid von Frauen, überwiegend von Frauen, die Genitalverstümmelung, Vergewaltigung usw. erleiden mussten. Wenn dieses Leid in Zusammenhang mit politischer Verfolgung steht, dann ist selbstverständlich, dass Schutz nach Maßgabe von Art. 16 a GG und nach Maßgabe von § 51 AuslG, als der innerstaatlichen Konkretisierung der Genfer Flüchtlingskonvention, gewährt wird. Aber nicht in allen Fällen besteht dieser Zusammenhang. Vor allem in Bürgerkriegssituationen, wie es sie z.B. im ehemaligen Jugoslawien gegeben hat, fehlt es an der politischen Komponente. In dieser Situation – nach der

---

3 BVerfG, Beschlüsse vom 10.08.2000, 2 BvR 260/98 u.a. (s. EE-Brief 09/00, S. 3)
4 BVerwG, Urteile vom 20.02.2001, 9 C 20.00 u.a. (s. EE-Brief 03/01, S. 5)

dogmatischen Ausgangsüberlegung „Staatlichkeit von politischer Verfolgung nicht gegeben" – ist zu fragen, welcher Schutz dennoch gewährt werden kann. Hier greift die bereits angesprochene Bestimmung des § 53 Abs. 6 AuslG. In bestimmten Fällen kann hiernach, ohne auf die juristischen Feinheiten einzugehen, ausreichend Schutz gewährt werden.

Worin liegt hier die eigentliche Problematik? Die eigentliche Problematik liegt hier nicht in der deutschen Rechtskonstruktion, die eigentliche Problematik liegt vielmehr im Tatsächlichen.

Es stellt sich dabei die Frage,

– wie beispielsweise das Vorliegen einer geschlechtsspezifischen Beeinträchtigung erkannt werden kann,
– wie der Dolmetscher/die Dolmetscherin dies vermittelt,
– wie sich die betroffene Person – überwiegend Frauen, aber es wurde auch schon bei Männern erlebt – im Rahmen der Anhörung einlässt,
– wie Gutachter so eingebunden werden können, dass ihre Standards auch vor Gericht Bestand haben, etc.

Ein häufiges Problem ist das von Traumatisierungen. Das Bundesamt hat hierzu in diesem Jahr eine Tagung durchgeführt. Vertreten waren psychosoziale Einrichtungen, u.a. das Zentrum für Folteropfer in Berlin oder Refugio in München sowie viele auf diesem Gebiet fachkompetente Personen und Organisationen. Dieser Personenkreis beklagte nicht rechtliche Defizite, sondern faktische Schwierigkeiten im Umgang mit der Verfolgungsproblematik. Die Vorträge betrafen die Problematik der Traumatisierung von Flüchtlingen im interkulturellen Kontext, die Feststellung sowie die Möglichkeiten der Behandlung von Traumatisierten in psychologischer und medizinischer Hinsicht, daraus folgende Konsequenzen im Rahmen des Ausländerrechts sowie die Einführung in den neuesten wissenschaftlichen Stand zur Thematik der traumatischen Erinnerungen.

Deutlich wird an dieser Stelle die Bedeutung einer möglichst guten Aufklärung und eine möglichst vernünftige, einfühlsame Kommunikation mit den Schutzsuchenden. Das Bundesamt setzt deshalb seit Jahren entscheidungsbefugte Mitarbeiter und Mitarbeiterinnen als Sonderbeauftragte ein.[5] Die Sonderbeauftragten wurden in psychologischer und rechtlicher Hinsicht speziell geschult. Daran sind Mitarbeiterinnen und Mitarbeiter des UNHCR als Dozenten beteiligt und es erfolgt ein regelmäßiger Erfahrungsaustausch mit psychologischen Facheinrichtungen. Allerdings war festzustellen, dass mit einer entsprechenden Sensibilisierung der Mitarbeiterinnen und Mitarbeiter des Bundesamtes das Problem nicht in seiner ganzen Dimension erfasst war, sondern eine große Schwierigkeit auch die Kommunikation über den Dolmetscher und die Dolmetscherin darstellt.

---

5   Zum Einsatz der sonderbeauftragten Einzelentscheider/-innen s. z. B. auch BT-Drs. 13/9715 (dort unter IV.) und BT-Drs. 1058 (dort unter 6. und 9.).

Zur Verdeutlichung sei ein Beispiel genannt, das für viele steht. Eine Frau hat in ihrer Anhörung davon gesprochen, dass sie einen großen Sturm erlebt hätte. Dieses wurde in einem Protokoll auch so niedergeschrieben. Dieser Begriff wurde meteorologisch gedeutet und hat dann dazu geführt, dass es Zweifel hinsichtlich der Glaubwürdigkeit gab, da es in dieser Gegend zu dieser Zeit überhaupt keine Stürme gibt. Es war aber eine Umschreibung für eine Vergewaltigung. Das war nicht das Unvermögen des Dolmetschers/der Dolmetscherin an dieser Stelle, sondern es war eine bewusst gewählte Umschreibung der Frau, die sich zu dem Zeitpunkt noch nicht in der Lage sah, die Geschehnisse beim Namen zu nennen. Einige Zeit später hat sie sich dann klarer ausgedrückt, dann konnten ihre Ausführungen verstanden werden. Das hat dazu geführt, dass seitens des Bundesamtes jetzt großer Wert auf die Schulung von Dolmetscherinnen gelegt wird. Es ist mehr damit getan, die Vertragsdolmetscher in diesem Sinne fortzubilden, als irgendeinen Rechtssatz in abstrakten Begriffen zu formulieren.

Nach der deutschen Rechtsordnung ist es so, dass jemand, der sich auf politische Verfolgung beruft oder der eine Menschenrechtsbeeinträchtigung behauptet, alles möglichst früh im Verfahren vortragen muss. Verspätetes Vorbringen, gesteigertes Vorbringen, so heißen die Termini, darf dann nur noch im Ausnahmefall verwertet werden. In Fällen geschlechtsspezifischer Menschenrechtsverletzungen, die häufig zu Traumatisierungen führen, ist es den Opfern oft eben nicht möglich, sich bereits bei erster Gelegenheit umfassend zu äußern. Wenn sich dann jemand nach zwei bis drei Wochen äußert, dann kann dieser Person entgegen gehalten werden, gesteigertes oder verspätetes Vorbringen sei irrelevant. Auch hier musste ein Weg gefunden werden, wie mit diesem Phänomen umzugehen ist. Nicht die Frage nach einer Korrektur des Gesetzes, sondern nach einer vernünftigen, einfühlsamen Auslegung des Gesetzes wurde gestellt. Konkret heißt dies, in Fällen, denen eine Traumatisierung zu Grunde liegt, auch ein späteres Vorbringen im Verfahren entsprechend zu berücksichtigen. Der Lösungsansatz für die meisten der hier aufgeworfenen Fragen liegt nicht in der Kodifizierung, sondern in der vernünftigen Auslegung des Gesetzes, des vernünftigen In-Einklang-Bringens von einem durch Leid geprägten Lebenssachverhalt mit überwiegend unbestimmten Rechtsbegriffen.

Es sei noch einmal betont, dass hier größtmögliche Aufklärung, größtmögliche Fachkompetenz und Annahme von externem Rat sowie die Fähigkeit zur Kommunikation mit der betroffenen Person gefordert sind. Diese Dinge sind entscheidend: Sorgfältigste Aufklärung und angemessene Kommunikation. Ähnliches könnte am Beispiel unbegleiteter Minderjähriger, die hierher kommen, deutlich gemacht werden.

5. Diese Aspekte sind noch einzuordnen in die gegenwärtige migrationspolitische Diskussion. Gegenwärtig findet in Deutschland erstmals eine Diskussion statt, die die verschiedenen Bereiche von Migration nicht nur nebeneinander

stellt, sondern Interdependenzen zwischen diesen verschiedenen Bereichen erkennt. Die Kommission von Frau Prof. Dr. Süßmuth hat im Auftrag von Innenminister Schily den Versuch unternommen, den Zusammenhang zwischen verschiedenen Bereichen herzustellen und doch notwendige Unterscheidungen walten zu lassen. Deshalb ist es gut, die Migrationspolitik mit der Frage nach den Fluchtursachen zu beginnen. Fluchtursache ist nicht nur die politische Verfolgung. Die politische Verfolgung in bestimmten Ländern hat tieferliegende Fluchtursachen und es gibt neben politischer Verfolgung auch andere Fluchtursachen, sodass diese Frage umfassend zu stellen ist. Der große Vorzug der Arbeit dieser Kommission besteht darin, die verschiedenen Bereiche von Migration und deren unterschiedliche Ursachen nicht etwa streng getrennt nebeneinander zu stellen, sondern von einem ganzheitlichen Ansatz her anzudenken.

In diesem Zusammenhang soll noch auf statistische Aspekte eingegangen werden. Die Zahlen, die in der öffentlichen Diskussion wahrgenommen werden, berücksichtigen in aller Regel nur den Zuzug in die Bundesrepublik Deutschland bzw. nach Westeuropa, nicht aber die Weiterwanderung aus der Bundesrepublik Deutschland in andere Teile Westeuropas oder der Welt.

In den 90-er Jahren hatte die Bundesrepublik Deutschland eine Zuwanderung von ca. 8,8 Millionen Menschen. Ca. 20% davon, also etwa 1,9 Millionen Personen, haben sich auf Asyl berufen. Etwa 5,8 Millionen sind weitergewandert, nur etwa 3 Millionen blieben hier. In dieser Zahl sind an die 2 Millionen Aussiedler aus der ehemaligen Sowjetunion enthalten. Das heißt, ohne die Aussiedler ergibt sich eine Nettozuwanderung von 1 Million Menschen in diesem Zeitraum.

6. Da sich die Veranstaltungsreihe auch mit Illegalen in Deutschland beschäftigt, hierzu einige knappe Sätze, wenn auch dieses Thema nicht in den Aufgabenbereich des Bundesamtes fällt. Die in diesem Zusammenhang genannten Zahlen bewegen sich in einer Größenordnung von 500.000 – 1,5 Millionen Illegalen. Es kann folgende These aufgestellt werden: Je zügiger ausländer- und asylrechtliche Verfahren durchgeführt werden und mit positiven und negativen Entscheidungen enden, umso geringer stellt sich das Potenzial der Illegalität dar. Umgekehrt: Je länger Verfahren dauern, umso mehr werden sie zu einer faktischen Brücke in die Illegalität.

7. Die Bereiche Asyl, Flüchtlingsschutz und subsidiärer Schutz – also Asylrecht nach Art. 16 a GG, Flüchtlingsschutz entsprechend der Genfer Flüchtlingskonvention, subsidiärer Schutz, wie ihn das Ausländerrecht kennt – sind in ihrer jeweils eigenen Qualität weiterhin nicht nur zu erkennen und zu pflegen, sondern auch in ihren Zusammenhängen mit anderen migrationspolitischen Bereichen, mit Wanderungsbewegungen aus anderen Gründen als politischer Verfolgung, zu sehen. Dieser Zusammenhang ergibt sich daraus, dass eine hohe Ablehnungsquote hinsichtlich Art. 16 a GG und § 51 AuslG besteht, auch wenn darauf hinzuweisen ist, dass die Quote der positiven Fest-

stellungen bei § 51 AuslG gegenwärtig steigt. Es kann wohl auch in der Zukunft mit einer relativ hohen Ablehnungsquote gerechnet werden, was zeigt, dass sehr viele Menschen den Weg nach Deutschland suchen, sich dabei auf Asyl berufen, aber in Wahrheit aus anderen Gründen hierher kommen wollen. Aber der Zugang über Asyl ist an bestimmte Voraussetzungen geknüpft. Aus dieser Erfahrung der asylrechtlichen Praxis entstand die Diskussion, wie man den Personen gerecht werden kann, die aus anderen, als aus asylrechtlichen Gründen hierher kommen wollen.

Diesen Menschen gerecht werden heißt nicht nur, ihnen irgend einen anderen Status zu verschaffen, sondern gerecht werden heißt auch, dass negative Entscheidungen mit der Durchsetzung einer Rückkehrpflicht verbunden sein müssen. Auch das ist eine Form des Gerechtwerdens.

Diesen Zusammenhang zwischen dem Asylrecht, Tatbeständen der politischen Verfolgung und Migration aus anderen Gründen einerseits zu sehen und gleichzeitig die notwendige Unterscheidung des Tatbestandes Recht auf Asyl und Schutz von Flüchtlingen zu erkennen, dieses beides zusammenzubringen, das macht eine Spannung aus, die gegenwärtig die politische Auseinandersetzung mit kennzeichnet und die auch die Verwaltungspraxis im Einzelfall mitbestimmt.

Aber auch hier gilt zweierlei:

a) Aufklärung, sorgfältigstes Erkennenwollen der Gründe und die Beweggründe in vernünftiger Kommunikation festzustellen und
b) dann in Entscheidungsformen, die rechtsstaatlichen, verfassungsrechtlich garantierten Standards entsprechen, bringen.

Dabei kann an dieser Stelle die Wertung getroffen werden, dass der rechtliche Maßstab allgemein anerkannten ethischen Grundsätzen entspricht. Diesem Maßstab gerecht zu werden, ist eine Herausforderung und stellt sich dem Bundesamt jeden Tag in derzeit über 120.000 Entscheidungen pro Jahr.

Betont sei hier – gerade weil es selbstverständlich ist -, dass es im Bundesamt keine Vorgaben irgendeiner Spruchpraxis oder Anerkennungsquote, die steigen oder fallen müsste, gibt. Ziel des Verwaltungshandels ist es vielmehr, im Einzelfall so gerecht wie nur möglich zu entscheiden.

8. Bei Schwierigkeiten mit der Sachverhaltsaufklärung im Asylverfahren wird gelegentlich auf das Beispiel Kanada verwiesen. Dort gibt es keine Pflicht zum Erscheinen zu einer persönlichen Anhörung, sondern es wird regelmäßig in einem schriftlichen Verfahren über Asyl entschieden. Aber es gibt einen sehr umfassenden Befragungsbogen mit 16 Seiten, der sehr verständlich ist und den Asylbewerbern überreicht wird, die dann schriftlich darlegen, auf welchen Grund sie sich berufen. Im Bundesamt wurde diese Verfahrensweise sehr sorgfältig daraufhin geprüft, was man daraus lernen kann. Im Bereich möglicher geschlechtsspezifischer Verfolgung wurde bereits eine Konsequenz daraus gezogen. Dort werden Frauen im Verfahren

Asyl im Spannungsfeld

früh darauf hingewiesen, dass sie bei Vorliegen eines solchen Tatbestandes die Möglichkeit haben, sich einer besonders geschulten entscheidungsbefugten Mitarbeiterin, möglichst mittels einer Dolmetscherin anzuvertrauen. Das ist eine konkrete Auswirkung im Bemühen, die Verwaltungspraxis innerhalb des rechtlichen Rahmens in der ethisch gebotenen Weise zu gestalten.

Sollte trotz dieses frühen Hinweises an die Asylantragstellerinnen ein entsprechender Sachverhalt erst in der Anhörung, z.B. durch einen Einzelentscheider erkenn- oder deutbar werden – durch Andeutungen, emotionale Ausbrüche oder Blockade/Schweigen der Antragstellerin – ist seit August 2000 konkret geregelt, dass eine sonderbeauftragte Entscheiderin hinzugezogen wird, die dann nach Beratung und Abstimmung ggf. das Verfahren übernimmt. Die Rolle der Sonderbeauftragten im Bundesamt wurde bereits dargestellt.

Im Asylverfahren geht es darum, in einer vernünftigen Zeit eine qualitativ hochwertige Entscheidung zu treffen. Die Entscheidungen des Bundesamtes stoßen häufig auf Kritik. Es ist zu hoffen, dass diese Kritik weiter abnimmt und zwar deshalb abnimmt, weil die Entscheidungen besser werden. Die Unabhängige Kommission „Zuwanderung" weist darauf hin, dass sie einen Zusammenhang sieht zwischen der Qualität der Entscheidungen des Bundesamtes, positiven Entscheidungen wie negativen Entscheidungen, und z.B. der Dauer gerichtlicher Verfahren. Verwaltungsgerichte sagen, sie müssten häufig deshalb noch einmal nachprüfen, weil bestimmte Prüfungen im Bundesamt nicht stattgefunden hätten. Durch eine lange Verfahrensdauer verfestige sich allmählich der Aufenthalt und dann könne auch ein illegaler Aufenthalt entstehen, da werde eine Brücke geschlagen zur Illegalität. Es liegt in unser aller Interesse, eine solche Brücke nicht zu schaffen und deshalb sehr qualitätvolle Aufklärung zu betreiben und qualitätvolle Entscheidungen auf diese Weise zügig zu Stande zu bringen.

9. Zum Stichwort Härtefälle: Bei dem Asylrecht handelt es sich um einen Rechtsanspruch, da geht es nicht um Gnade, sondern da geht es bei Vorliegen entsprechender Voraussetzungen um das Respektieren eines Rechtsanspruches, der sich aus der Verfassung herleitet. Das ist konstitutiv.

Härtefallkommissionen, die es in einigen Bundesländern gibt, schalten sich meistens nach einer asylrechtlich getroffenen Entscheidung ein, wenn es um den Vollzug ausländerrechtlicher Maßnahmen, beispielsweise um Abschiebung, geht. In Nordrhein-Westfalen existiert eine Härtefallkommission, in anderen Bundesländern gibt es diese Härtefallkommissionen nicht. Hierzu sei angemerkt, dass 80% der Entscheidungen des Bundesamtes angefochten werden, 90% von diesen angefochtenen Entscheidungen aber durch die Gerichte bestätigt werden. Wenn von einem Rechtsanspruch auszugehen ist, der zu dem Zeitpunkt, zu dem die Härtefallkommission tätig wird, bereits nach rechtsstaatlichen Grundsätzen gerichtlich geprüft wurde, dann bleibt für eine Ermessensentscheidung beim Asylrecht für eine solche Kommission eigentlich kein Raum. Dies betrifft nicht die Entscheidung der Länder im Rahmen ihrer eigenen Zuständigkeit. Dort können beratende Kommissionen die Verwaltungspraxis befruchten.

10. Abschließend soll noch auf den Begriff der inländischen Fluchtalternative eingegangen werden. Was besagt dieser? Er drückt aus, dass, wenn jemand in seinem Heimatland an einem anderen Ort Schutz finden kann, diesem Menschen in Deutschland das Recht auf Asyl nicht zusteht. Ein Grundgedanke, der auch bei einer sog. externen Fluchtalternative, der sicheren Drittstaatenregelung, eine Rolle spielt. Wer politisch verfolgt ist, muss die erste Schutzmöglichkeit nutzen, die sich ihm bietet. Wenn man zum Beispiel erkennt, dass es eine inländische Fluchtalternative gibt, dann wird das dem Asylbegehrenden entgegengehalten werden müssen. Damit man zu einer solchen Feststellung zutreffend gelangen kann, ist es stets wichtig, genaue Erkenntnisse über die tatsächliche Lage in dem jeweiligen Herkunftsland zu haben. Das Bundesamt verfügt über ein Informationszentrum Asyl, das die relevanten Daten sammelt und analysiert und das hohen Ansprüchen genügt. Es ist immer der Vorwurf erhoben worden, das Bundesamt würde sich nur auf Auskünfte staatlicher Stellen stützen, beispielsweise auf die Lageberichte des Auswärtigen Amtes, deren Qualität übrigens nicht zu unterschätzen ist. Tatsächlich informiert sich das Bundesamt aus allen verfügbaren Quellen, dabei wird nicht unterschieden, ob dies staatliche oder Nicht-Regierungsorganisationen sind. In einem das Bundesamt beratenden Expertenforum wirken externe Fachleute mit, die z.B. bei amnesty international und anderen fachlich einschlägigen Organisationen tätig sind. Die 20 – 25 Mitglieder des Gremiums sind völlig unabhängig und sollen kritische Beiträge und Erkenntnisse zum Informationszentrum Asyl vermitteln.

11. Zusammenfassend sei festgestellt, dass das Bundesamt sich des Spannungsverhältnisses zwischen dem ethisch Gebotenen und dem rechtlich Möglichen bei seiner Aufgabenerfüllung stets bewusst ist. Die aufgezeigten Maßnahmen, die fortgeführt und – dort wo möglich erweitert werden – sind Beleg für das ständige Bemühen, dem im alltäglichen Verwaltungshandeln gerecht zu werden.

Historische und ethische Reflexionen

Uwe Puschner

Rasse und Religion
Die Grundlagen der völkischen Weltanschauung

Welchen Gegenwartsbeitrag kann ein Historiker zum Themenkomplex „Menschen – Kirchen – Illegale" leisten, der sich mit Rasse und Religion als den Grundlagen der völkischen Weltanschauung auseinandersetzt? Diese Frage lässt sich anhand eines *Zeitenwende* überschriebenen, im ersten Quartal 2000 erschienenen Artikels aus einer der zahlreichen, der extremen Rechten zugehörigen Zeitschrift beantworten, wo es unter anderem heißt: „Das seßhafte Volk steht im krassen Gegensatz zu den entwicklungsgeschichtlich zurückgebliebenen Wandervölkern, die gleichfalls im erblichen Verhaltensmuster gebunden sind. Da sie keine Heimat kennen, sehen sie folgerichtig die ganze Welt als ihren Weidegrund an. Eines von diesen überhebt sich sogar zum ‚auserwählten' Volk und versucht hiermit, seine Erbanlagen religiös zu versittlichen."[1]

Dieses Zitat birgt nicht nur antisemitische Stereotype, sondern zugleich eine Denkfigur, die Bestandteil eines rassistisch unterlegten Bedrohungsszenariums ist, das vor der die Volksgemeinschaft zerstörenden Macht der Globalisierung, vor den neuen, weltweiten Märkten und der „gelben Gefahr", der bevorstehenden Weltherrschaft Chinas warnt. Die vermeintliche Rettung aus diesen angeblichen Gefahren liegt nach Meinung des als „Staatspräsident" eines 1995 ausgerufenen „Freistaates Preußen" firmierenden rechtsextremen Autors in den Händen des deutschen Volkes, das allein aufgrund seiner „außerordentliche[n] Festigungsfähigkeit [...], seine[r] große[n] Standfestigkeit, seine[r] überragenden Fähigkeiten, sein[es] Leistungsvermögen[s] und auch [wegen] seine[r] beherrschende[n] geostrategische[n] Mittellage" dazu berufen sei. Deshalb sollten sich die „Völker Europas" unter Einschluss „des europäischen Teiles Nordamerikas" „unter dem Schirm" des wieder zu errich-

---

1   Henning, Rigolf: Zeitenwende. In: Der Preuße. Zeitung für Politik, Wirtschaft und Kultur 4 (2000) 1, S. 1-4, Zit. S. 1. – Der Beitrag fasst die seit kurzem im Druck vorliegenden Ergebnisse eines Forschungsprojektes über die völkische Bewegung vor dem Ersten Weltkrieg zusammen, weswegen im Folgenden nur Zitate belegt werden und für weitergehende Fragen wie insbesondere im Hinblick auf die Forschungsliteratur auf diese weiter unten genannte Studie verwiesen wird.

tenden Deutschen Reiches vereinigen.² Der Autor bedient sich zentraler Elemente der vor hundert Jahren formulierten völkischen Weltanschauung.³ Er verdeutlicht damit nicht nur die Langlebigkeit noch so absurder und von der Geschichte längst widerlegter radikaler Weltrettungskonzepte, sondern auch die Virulenz dieser Thematik in der Gegenwart.

1. Völkische Bewegung und Nationalsozialismus

Die völkische Bewegung gilt im Allgemeinen als „unmittelbares Vorspiel" des Nationalsozialismus.⁴ Sie wird in der Weimarer Republik verortet und damit beinahe ausschließlich im Kontext des Nationalsozialismus betrachtet. Das Erste ist falsch, für das Zweite spricht vieles, beides trifft aber nur einen

---

2   Henning: Zeitenwende, S. 3
3   Zur völkischen Bewegung u. Weltanschauung s. allgemein Mosse, George L.: Ein Volk – Ein Reich – Ein Führer. Die völkischen Ursprünge des Nationalsozialismus, Königstein/Ts. 1979 [Neuaufl. u. d. T.: Die völkische Revolution. Über die geistigen Wurzeln des Nationalsozialismus, Weinheim 1991], Hermand, Jost: Der alte Traum vom neuen Reich. Völkische Utopien und Nationalsozialismus, Frankfurt a.M. 1988, u. Breuer, Stefan: Grundpositionen der deutschen Rechten (1871-1945) (= Historische Einführungen, Bd. 2), Tübingen 1999, S. 80-89 u. 148-155, mit Fokussierung vornehmlich auf das wilhelminische Kaiserreich Handbuch zur „völkischen Bewegung" 1871-1918, hrsg. v. Puschner, Uwe/Schmitz, Walter u. Ulbricht, Justus H., München u.a. 1996, sowie Puschner, Uwe: Die völkische Bewegung im wilhelminischen Kaiserreich. Sprache – Rasse – Religion, Darmstadt 2001, mit Perspektivierung auf die völkischreligiöse Bewegung Actes du colloque organisé à Strasbourg par le Centre d'Études Germaniques les 21 et 22 janvier 2000 sous la direction scientifique de Louis Dupeux et Michel Fabréguet (= Revue d'Allemagne et des Pays de Langue allemande 32 [2000], H. 2), u. von Schnurbein, Stefanie/Ulbricht, Justus H. (Hrsg.): Völkische Religiosität und Krisen der Moderne. Entwürfe „arteigener" Religiosität seit der Jahrhundertwende, Würzburg 2001 (i.Dr.), zur Genese der Weltanschauung im 19. Jahrhundert Bernhard Giesen/Kay Junge u. Christian Kritschgau: Vom Patriotismus zum völkischen Denken. Intellektuelle als Konstrukteure der deutschen Identität, in: Berding, Helmut (Hrsg.): Nationales Bewußtsein und kollektive Identität. Studien zur Entwicklung des kollektiven Bewußtseins in der Neuzeit 2, Frankfurt a. M. 1994, S. 345-393, sowie Arvidsson, Stefan: Ariska idoler. Den indoeuropeiska mytologin som ideologi och vetenskamp (Stockhom/Stehag 2000), u. für den ideologiegeschichtlichen Kontext Mohler, Armin: Die Konservative Revolution in Deutschland 1918-1932. Ein Handbuch, Darmstadt 2., völlig neu bearb. u. erw. Fassung 1972 (unverändert. Nachdr. 1989), ders.: Die Konservative Revolution in Deutschland 1918-1932. Ergänzungsband, Darmstadt 1989, Hartung, Günter u. Orlowski, Hubert (Hrsg.): Traditionen und Traditionssuche des deutschen Faschismus, 4 Tagungsbde., Halle/Saale 1983, 1987, 1988 u. Poznán 1988, Breuer, Stefan: Grundpositionen der deutschen Rechten (1871-1945) (= Historische Einführungen, Bd. 2), Tübingen 1999, u. Handbuch der deutschen Reformbewegungen 1880-1933, hrsg. v. Kerbs, Diethart u. Reulecke, Jürgen, Wuppertal 1998
4   Meinecke, Friedrich: Die deutsche Katastrophe. Betrachtungen und Erinnerungen, Wiesbaden 2. Aufl. 1946, S. 42

Teil der Sache. Schon ein analytischer Blick in die völkische Weltanschauungsliteratur der Zwanziger Jahre lehrt, dass die Weimarer Perspektivierung viel zu kurz greift. Die völkische Bewegung ist eben kein „Erzeugnis der Nachkriegszeit", sondern hat ihre Anfänge „schon zwanzig, dreißig Jahre vor dem [Ersten] Weltkrieg".[5] Und die am häufigsten gestellte Frage zur völkischen Bewegung, die nach ihren Verbindungslinien, nach Kontinuitäten und Diskontinuitäten zum Nationalsozialismus, wird sich folglich erst dann beantworten lassen, wenn man eine andere Frage voranstellt und löst: Was nämlich ist die völkische Weltanschauung und was die völkische Bewegung selbst?

Wenn die völkische Bewegung – insbesondere nach dem Ersten Weltkrieg – solange unerforscht blieb, dann deshalb, weil sie sich dem Betrachter als ein schier undurchdringliches Dickicht unterschiedlichster Organisationen und Strömungen präsentiert. Darüber hinaus wurde und wird die völkische Bewegung häufig nicht als eigenständiges, vom Nationalsozialismus zu unterscheidendes Phänomen begriffen. Also: welche politischen Inhalte und Ziele, welche gesellschaftlichen Trägerschichten, welche politischen „Erfolge", welche Wirkungsgeschichte hatte die völkische Bewegung?

Die personellen, institutionellen und ideologischen Zusammenhänge und Verflechtungen von völkischer Bewegung und Nationalsozialismus sind deutlich sichtbar: Der Nationalsozialismus vereinnahmte das Adjektiv „völkisch", bediente sich vieler Elemente der völkischen Weltanschauung und griff auf ihre Symbole wie das Hakenkreuz zurück. Gleichzeitig waren die Beziehungen zwischen den Völkischen und den Nationalsozialisten spannungsreich und ihre grundlegende Rivalität trotz weltanschaulicher Nähe und sogar trotz zeitweiliger Kooperation schon für die Zeitgenossen unübersehbar.

Den Völkischen galt der Nationalsozialismus als „ein Glied der allgemeinen völkischen Bewegung".[6] Diese Einordnung wiesen die Nationalsozialisten entschieden zurück und behaupteten im Gegenteil, dass die „nationalsozialistische Bewegung" als „Vorkämpferin und damit als Repräsentantin" der völkischen Ideen zu gelten habe, da „erst die Arbeit der NSDAP" völkisch zu einem politischen Schlagwort und weltanschaulichen Kampfbegriff gemacht hätte.[7] In Zusammenhang mit dem Neuaufbau der NSDAP seit 1925 zog Hitler wiederholt mit beißendem Hohn über die Führer der völkischen Bewegung her. Er lehnte die diffuse „Sammelbezeichnung ‚völkisch'" ebenso ab wie die Repräsentanten der völkischen Bewegung, bei denen es sich um „phantastisch-naive Gelehrte, Professoren, Land-, Studien- und Justizräte" handele und um weltfremde „Wanderscholaren", die „von altgerma-

---

5 Gerstenhauer, Max Robert: Der völkische Gedanke in Vergangenheit und Zukunft. Aus der Geschichte der völkischen Bewegung, Leipzig 1933, S. 2
6 Fritsch, Theodor: Völkisch – oder national-sozialistisch? In: Hammer 1925, Nr. 544, S. 66-69, Zit. S. 68
7 Hitler, Adolf: Mein Kampf, 2 Bde. (in einem Bd.), München 78.-84. Aufl. 1933, S. 514-516

nischem Heldentum, von grauer Vorzeit, Steinäxten, Ger und Schild" schwärmten.⁸ Und er warnte besonders vor den „sogenannten religiösen Reformatoren auf altgermanischer Grundlage".⁹ In einer Ansprache vor den Kabinettsmitgliedern 1934 anlässlich des Jahrestages der Machtübertragung zählte Hitler schließlich „jenes Grüppchen völkischer Ideologen, das glaubt, die Nation wäre nur dann glücklich zu machen, wenn sie die Erfahrungen und die Resultate einer zweitausendjährigen Geschichte vertilgt, um im vermeintlichen Bärenfell aufs neue ihre Wanderungen anzutreten", zu den zahllosen „Feinden des neuen Regiments".[10]

Hitler, Goebbels oder Gregor Strasser schätzten vor allem die älteren völkischen Führungspersönlichkeiten aus der Vorkriegszeit als ernst zu nehmende politische Rivalen des Nationalsozialismus ein, da diese sich nicht in die nationalsozialistische Bewegung einfügen wollten und auf ihren Führungsansprüchen beharrten. Gerade in Anbetracht dieser potentiellen Konkurrenz griff die nationalsozialistische Führung zu einer Umarmungstaktik und hofierte Altvölkische als sogenannte völkische Vorkämpfer. Jüngere Vertreter der völkischen Bewegung wie Walter Darré, Heinrich Himmler und Alfred Rosenberg gehörten bereits zu Hitlers Paladinen, der sie wegen ihrer großgermanischen Reichsvisionen „auf bäuerlich- und religiös-germanischer Grundlage" allerdings als „spinnerige Jenseitsapostel" abtat.[11]

Auf Seiten der Völkischen kann man von keinem einheitlichen Verhalten zum Nationalsozialismus sprechen. Hier zeigten sich neben glühenden Anhängern auch einige, die nach anfänglicher Euphorie auf Distanz zum Nationalsozialismus gingen, kalt gestellt oder selbst zur Emigration gezwungen wurden. Dieser Befund verrät allerdings weniger über das schwierige und differenzierte Verhältnis zwischen Nationalsozialisten und Völkischen, als er vielmehr auf einen Generationenkonflikt innerhalb der völkischer Bewegung verweist. Die Altvölkischen gerieten nach dem Ersten Weltkrieg zusehends in das politische Abseits, was in Klagen über die „neuen Führer" zum Ausdruck kam, die nie von jenen sprächen, die ihnen den Boden bereitet und denen sie ihre Ideen [zu] verdanken hätten.[12]

---

8   Hitler: Reden, Schriften, Anordnungen. Februar 1925 – bis Januar 1933, hrsg. v. Institut für Zeitgeschichte, Bd. 1, München u.a. 1992, S. 3, u. ders.: Mein Kampf, S. 395f
9   Hitler: Mein Kampf, S. 397
10 Domarus, Max (Hrsg. u. Bearb.): Hitler. Reden und Proklamationen 1932-1945, Bd. 1, Würzburg 1962, S. 354
11 Hieronimus, Ekkehard: Von der Germanen-Forschung zum Germanen-Glauben. Zur Religionsgeschichte des Präfaschismus. In: Faber, Richard/Schlesier, Renate (Hrsg.): Die Restauration der Götter. Antike Religion und Neo-Paganismus, Würzburg 1986, S. 241-257, Zit. S. 241, u. Picker, Henry: Hitlers Tischgespräche im Führerhauptquartier, Frankfurt a. M. unver. Neuausgabe 1989, S. 44
12 Fritsch, Theodor: Neu-Christentum? – oder Deutscher Glaube? Offener Brief an Herrn Dr. Artur Dinter. In: Hammer 1930, Nr. 663, S. 53-59, Zit. S. 58

2. Zur Struktur der völkischen Bewegung

Diese Klagen verweisen auf Verwerfungen und Brüche innerhalb der völkischen Bewegung der Zwanziger Jahre, die sich in einem Führungs- und – was es noch zu untersuchen gilt – in einem Paradigmenwechsel manifestieren.

Auffallend gegenüber der Vorkriegszeit ist in den Zwanziger Jahren ein deutlich gewachsenes parteipolitisches und parlamentarisches Engagement der Völkischen, die nun in die Länderparlamente und in den Reichstag einzogen. Dennoch lehnte eine starke Fraktion in der völkischen Bewegung auch weiterhin Parteien als Organisationsform zur Verbreitung der völkischen Ideen mit der Begründung ab, dass es ihnen nicht um „Parteipolitik" zu tun sei, sondern um die „Erziehung des Volkes zum völkischen Bewußtsein".[13] Dass Parteien in den strategischen Überlegungen der Völkischen von nachgeordneter Bedeutung waren und die völkische Bewegung sich als ‚außerparlamentarische Kraft' verstand, hängt maßgeblich mit ihrer Entstehungsgeschichte zusammen und – im Verhältnis zum aggressiven, hierarchisch strukturierten Nationalsozialismus betrachtet – mit ihrer späteren organisatorischen Unterlegenheit.

Bei der völkischen Bewegung handelt es sich um eine Sammelbewegung, um ein geräumiges Sammelbecken für Lebens-, Kultur- und Gesellschaftsreformer, für Antiultramontanisten, Antisemiten, Rassenhygieniker u.v.a. mehr. Das gemeinsame politische Ziel, der kleinste gemeinsame Nenner war die rassisch und religiös determinierte „Wiedergeburt des deutschen Volkstums".[14] Der weltanschaulichen Breite der Gesamtbewegung entsprach die Vielgestaltigkeit ihrer Organisationen. Sie reichte von informellen Stammtischgemeinschaften und losen, um Zeitschriften gebildeten Gemeinden über die eingeschriebenen Vereine und Verbände bis hin zu den als Geistes- und Lebensbünden konstituierten sektiererischen Orden und Logen. Dieser Sammelbewegungscharakter hatte Rückwirkungen auf das diffuse Erscheinungsbild der völkischen Bewegung. Eine Vielzahl ambitionierter, häufig zerstrittener Führungspersönlichkeiten ließ nicht nur die Versuche zur Bildung einer völkischen Dachorganisation grundsätzlich scheitern, sondern bereits die im Vorfeld unternommenen, kurzzeitig erfolgreichen Anläufe zu einer Kartellbildung.

Im Bewusstsein dieser Defizite verfolgten die Völkischen lange vor dem Schlagwort vom ‚Marsch durch die Institutionen' eine Strategie der schleichenden Infiltration aller gesellschaftlichen Schichten und Gruppen. Organisationsgeschichtlich schlug sich das als ‚völkische Segmente' innerhalb der erwähnten Reformbewegungen nieder. Die völkische Bewegung erwies sich damit als – überaus erfolgreiche – ‚Trittbrettfahrerin'.

---

13 von Wolzogen, Hans Paul: Der Begriff Völkisch. In: Völkischer Beobachter v. 12.12.1925
14 Hunkel, Ernst: Deutschvölkische Arbeit. In: Heimdall 9 (1904), S. 122f., Zit. S. 122

Obwohl die völkische Bewegung am Vorabend des Ersten Weltkrieges nach realistischen Schätzungen eines Insiders in ihrem harten Kern höchstens zehn Tausend, überwiegend männliche Anhänger – darunter viele Lehrer, Journalisten, Schriftsteller, Freiberufler, (evangelische) Pfarrer und Beamte – zählte (für die Zwanziger Jahre liegen bislang keine seriösen Zahlenangaben vor), gelang es ihr, mit dieser Strategie der Infiltration und mit Hilfe einer großangelegten Propagandamaschinerie durch gut besuchte Vortragsveranstaltungen sowie durch die massenhafte Verbreitung von Flugblättern und Zeitschriften eine breite Öffentlichkeit mit der völkischen Weltanschauung zu befassen.

3. Grundelemente der völkischen Weltanschauung

Die völkische Weltanschauung war bereits vor dem Ersten Weltkrieg vollständig ausformuliert. Sie kann mit den Schlagworten ‚Rasse' und ‚Religion' als Achsen des weltanschaulichen Koordinatensystems der völkischen Bewegung abgesteckt und die völkische Rassenideologie als Generalschlüssel zum Verständnis von völkischer Weltanschauung und Bewegung bezeichnet werden.

Die Mehrzahl der sich der völkischen Sammlungsbewegung zurechnenden Organisationen forderte von ihren Mitgliedern das „Blutsbekenntnis", manche darüber hinaus zusätzlich eine als „Sippenpflege" bezeichnete Ahnenprobe. Die Rasse bestimmte gemäß der völkischen Heilslehre das Schicksal des einzelnen wie des Volkes. Im Falle der Deutschen hieß dies, „daß wir von heiliger deutscher Abstammung sind, von jenem Blute, aus dem das Heil der Welt erwachsen soll. Aus der großen Heimat gehn wir hervor als deutsche Menschen, und das ist unsere Aufgabe, daß wir diese Geburt erfüllen. [...] Wach auf, deutsches Volk, deine Heimat ist in Gefahr [...]! Wirf den Schlaf von den Augen, die Tat will getan sein! Sie wartet auf dich! Von Gott stammst du: richte dein Gesetz auf in der Welt! Das Gesetz deines Blutes! Das Gesetz deines Herzens! Die Freiheit und die Kraft deines Gottes!"[15]

Mit diesem religiös verbrämten Rassendogma ließen sich nach völkischer Auffassung Vergangenheit und Gegenwart ebenso erklären wie die Zukunft bestimmen. Da die Völkischen davon ausgingen, dass „Bluts- und Geschichtsgemeinschaften zugleich Staatsgemeinschaften bildeten"[16] und das angestrebte Gemeinwesen folglich auf rassischer Grundlage stehen, ein Rassestaat sein müsse, forderten sie „eine gründliche deutsche Erneuerung [...] im Dienste der eigenen Rasse".[17] Daraus resultierte ein umfangreiches

---

15 Hunkel, Ernst: Vom Deutschen Orden. In: Heimdall 19 (1914), S. 20
16 Was ist deutschvölkisch? In: Thüringer Landes-Zeitung v. 14.4.1914, Nr. 86
17 Dietwart [= Philipp Stauff]: Regierung und völkische Bewegung. In: Bismarck-Bund. Monatsschrift des Deutschen Bismarck-Bundes 10 (1912), S. 115-118, Zit. S. 117

sogenanntes Rassenerneuerungsprogramm, das die Schaffung des deutschvölkischen Menschen zum Ziel hatte, der hochgewachsen, langschädelig, blond und blauäugig zu sein hatte und aussehen sollte wie die nordischen Lichtgestalten des germanengläubigen Kultmalers Fidus – dessen weitverbreites, *Lichtgebet* tituliertes Gemälde war nicht nur die Ikone der Jugendbewegung, sondern mit dem als Lebensrune figurierenden Jüngling Symbol der völkischen Weltanschauung.

Wie alle Völkischen standen auch die Religionspropheten der Bewegung auf dem Boden von „Rasse und Blut" und propagierten unter Berufung auf Paul de Lagarde und Houston Stewart Chamberlain mit der sogenannten deutschen oder arteigenen Religion eine Rassereligion.[18] Die Religion ist der „archimedische Punkt" der völkischen Weltanschauung.[19] Sie lieferte nicht nur die Rechtfertigung der ebenso apokalyptischen wie fanatisch befolgten völkischen Erlösungslehre, sie gab den Völkischen überhaupt erst die Begründung für ihr antiegalitäres, rassistisches Denkgebäude, das in seinem Wesenskern davon ausging, „daß aus deutschem Blute das Heil der Welt komme".[20]

4. Die völkische Rassenideologie

Die völkische Rassenideologe fußt auf der Gedankenwelt Gobineaus und dem Sozialdarwinismus und ist von der zeitgenössischen Eugenik beeinflusst und behauptet einen fast irreversiblen Prozess der „Arierdämmerung",[21] womit in der völkischen Argumentation eine teils selbstverschuldete, teils durch Fremdeinflüsse bedingte Degeneration der Deutschen gemeint ist, die in pessimistischen Untergangsvisionen vom drohenden Rassentod mündet.

Die völkische Weltanschauung geht davon aus, dass die Arier die höchste aller Menschenrassen darstellen; unter den Ariern wiederum gilt die germanische beziehungsweise – wie es nach dem Ersten Weltkrieg hieß – die nordische Rasse als die am höchsten entwickelte und damit gleichzeitig als die am meisten gefährdete. Das Missbehagen, mit dem die Völkischen den Umbrüchen und Verwerfungen der Moderne in Wirtschaft, Gesellschaft und Kultur an der Jahrhundertwende und vor allem nach dem Ersten Weltkrieg begegneten, führten sie auf einen rassischen Entartungsprozess zurück, den sie als Folgen von Rassenmischung und fremdrassigen Einflüssen erklärten. Der Beginn dieses vorgeblichen Entartungsprozesses wird in die Antike

---

18 Fahrenkrog, Ludwig: Die Germanische Glaubens-Gemeinschaft. In: Allgemeiner Beobachter 3 (1913), S. 227-229, Zit. S. 229
19 Handbuch zur „völkischen Bewegung", S. XIX
20 Hunkel: Vom Deutschen Orden, S. 20
21 Der Begriff wird Otto Ammon zugeschrieben.

verlegt, als mit den über die Alpen vordringenden Römern Nichtgermanen, römische Zivilisation und Christentum – mit den Worten eines völkischen Parteigängers – „dem germanischen Baum den aufsteigenden Frühlingssaft" zu entziehen begannen.[22]

Abb. 1: Titelblatt des Organs der Deutschgläubigen Gemeinde aus dem Jahr 1997 mit der Jahreszählung nach Teutoburg

---

22 Zitat aus einem im Oktober 1911 in München-Pasing verfassten Briefes eines Parteigängers der völkischen Bewegung an seine Schwägerin; Original im Privatbesitz des Verfassers.

Der mit der deutschen Tacitus-Rezeption und der Formulierung der Germanenideologie seit dem Humanismus einhergehende, „antirömische Affekt" liegt dieser völkischen Anschauung zugrunde.[23] Der ‚antirömische Affekt' ist konstitutiv für die völkische Ideologie, in besonderer Weise für die völkisch-religiöse Bewegung. Für deren deutschchristliche oder pagane Propheten beginnt der völkische Gedanke mit der Reformation in Deutschland Platz zu greifen. Luther firmiert daher, selbst für entschiedene ‚Neuheiden', als deutschvölkischer Heros, dessen Leistung darin bestand, „das Germanentum von Roms Herrschaft" befreit zu haben.[24] Dieselbe Verehrung wie Luther und die Reformation genossen Arminius und die Varusschlacht. Bis heute bedienen sich die Deutschgläubigen einer mit der Schlacht im Teutoburger Wald einsetzenden Zeitrechnung.

Über die Verortung des antirömischen Affekts in den religiösen sowie kulturell ausgerichteten völkischen Subbewegungen hat er in Form des Antikatholizismus, fassbar im völkischen Segment der Los von Rom-Bewegung, einen festen Platz in der völkischen Rassenideologie gefunden. Sie konstruiert in einer rassisch interpretierten Einkreisungs- und Verschwörungsthese einen Pakt zwischen katholischer Kirche, Romanen und Slaven, der das Ziel verfolgt, „einen großen Ring, von der Adria anfangend über Österreich nach Polen auf der einen, über die Schweiz und Lothringen bis nach Belgien auf der anderen Seite um das [...] Deutsche Reich zu legen".[25] Damit nicht genug: der sich hier manifestierende Antislavismus ist Bestandteil einer perfiden völkischen Rassenapokalypse, die Antislavismus und Antisemitismus sowie – nach dem Ersten Weltkrieg – Antibolschewismus mit der sogenannten gelben Gefahr verschmilzt und einen Rassenkampf prophezeit. Die im Deutschen Reich ansässige jüdische und slavische Bevölkerung gilt in diesem Konstrukt als Vorhut der drohenden ‚gelben Gefahr'.

Diese Ausführungen deuten bereits auf Folgerungen hin, die im völkischen Lager aus dem pessimistischen Befund rassischer Entartung, Verfremdung und Überfremdung gezogen wurden. Die Völkischen wollten es von Beginn an nicht bei der „Arierdämmerung" bewenden lassen. Vielmehr formulierte man unter Rückgriff auf lebensreformerische und eugenische Forderungen ein alle Lebensbereiche erfassendes ‚Rassenerneuerungsprogramm'. Im 1913 publizierten *Arbeitsplan des Deutschbundes in der Rassenfrage* ist dieses beispielhaft zusammengefasst. Für den *Deutschbund*, einer der einflussreichsten Organisationen der völkischen Bewegung, war „die Erhaltung und Pflege der Rasse" von allen „völkischen Aufgaben" die „dringlichste".

---

23 von See, Klaus: Deutsche Germanen-Ideologie vom Humanismus bis zur Gegenwart, Frankfurt a.M. 1970, S. 9
24 Wachler, Ernst: Über die Zukunft des deutschen Glaubens. Ein philosophischer Versuch (= Irminsul. Schriftenreihe für Junggermanische [eddische] Religion und Weltanschauung, H. 44), Freiberg i. Sachsen 1930 (1. Aufl. Berlin 1901), S. 9
25 Wirth, Albrecht: Männer, Völker und Zeiten. Eine Weltgeschichte in einem Bande, Hamburg, Berlin 1912, S. 317 f

Neben Intensivierung der rassengeschichtlichen, ferner der rassenbiologischen und rassenhygienischen Forschung, der Anlage einer die gesamte Bevölkerung erfassenden Rassestatistik und einer umfassenden Aufklärungskampagne, die die Verbreitung und Verankerung der völkischen Rassenideologie im deutschen Volk zum Ziel hatte, verfolgte der ‚Rassenarbeitsplan' in erster Linie „praktische Maßnahmen". Abstinenz und die Unterstützung der Temperenz-Bewegung zählten dazu ebenso wie eine bewusste, insbesondere vegetarische Ernährung und körperliche Ertüchtigung durch Turnen und Sport sowie regelmäßige Aufenthalte in der freien Natur.[26]

Der Betonung der Natur und natürlicher Lebensweise in der völkischen Weltanschauung korrespondiert ein entschiedener Antiurbanismus. Die Stadt galt als ‚Rassengrab'. Die antiurbane völkische Argumentation lief darauf hinaus, dass die städtische Bevölkerung aufgrund der ungesunden Umwelt- und Lebensbedingungen nicht in der Lage sei, sich selbst zu erhalten, sondern dass sie den ständigen Zustrom von Menschen vom flachen Land benötige, der, wie es hieß, „physiologische[n] Vorratskammer der Rassenkräfte". Aus dieser Überzeugung, der rassenideologischen Wendung konservativer agrarromantischer Vorstellungen, resultierte ein Maßnahmenkatalog zur „Erhaltung einer möglichst zahlenmäßig starken und körperlich und sittlich gesunden Landbevölkerung als des Quells unserer Volkskraft, aus dem sich die Stadtbevölkerung immer wieder ergänzt".[27] Der Landflucht sollte durch innere Kolonisation, durch infrastrukturelle sowie natur- und heimatschützerische Maßnahmen gegengesteuert werden, des Weiteren durch eine landwirtschaftsfreundliche Politik sowie schließlich durch eine Bodenreform.

Ungeachtet der unverkennbaren agrargesellschaftlichen und ständestaatlichen Bestrebungen, der hymnischen Gesänge auf die Ursprünglichkeit des Landlebens und auf den Mythos vom ewigen Bauern und der wiederholten Aufrufe, die Großstädte zu verlassen und auf das Land zu ziehen, strebten die Völkischen keinen reinen Agrarstaat an, ebensowenig die völlige Reagrarisierung oder den Abriss von Industrieanlagen und Großstädten. Man suchte vielmehr im Sinne einer „alternativen Moderne" und im Gegensatz zu einer „Alternative zur Moderne" nach Kompromisslösungen zwischen den agrargesellschaftlichen Fundamenten der völkischen Weltanschauung und der industriell-kapitalistischen Wirtschaftsverfassung.[28] Die mittelständische Produktion hatte zwar grundsätzlich Vorrang vor der großindustriellen und großbetrieblichen, dennoch wäre es niemand eingefallen, erklärte ein völkischer Wortführer, die Schwerindustrie kleinbetrieblich oder mittelständisch

---

26 Arbeitsplan des Deutschbundes in der Rassenfrage. In: Bundesarchiv Berlin-Lichterfelde NL Friedrich Lange N 2165/17, p. 136
27 Arbeitsplan des Deutschbundes
28 Wenzel, Uwe Justus: „Konservative Revolution". Ideengeschichtliche Reminiszenzen aus Anlaß einer neuen Studie [Rolf Peter Sieferle, Die Konservative Revolution. Fünf biographische Skizzen, Frankfurt a.M. 1995]. In: Neue Zürcher Zeitung Nr. 28 v. 3.2.1996

organisieren zu wollen. Gleichwohl drang man darauf, unter dem Gesichtspunkt der ‚Rassenverbesserung' die weitere Expansion von Großindustrie und Großstädten einzudämmen.

An dieser Stelle wird besonders deutlich, wie wenig das häufig verwandte Etikett ‚Antimodernismus' die völkische Weltanschauung und Bewegung trifft, zumal die Völkischen keineswegs beabsichtigten, wie wiederholt insbesondere von Gegnern behauptet wurde, „eine Anzahl Jahrhunderte aus der Geschichte unseres Volkes einfach zu streichen und an den Anfang zurückzukehren, um dort die Fäden wieder anzuknüpfen."[29] Ihnen ging es vielmehr um eine sogenannte art- und rassebewusste Lebensauffassung und Lebensweise auf der Grundlage eines mit Hilfe der aus taciteischer *Germania* und isländischer *Edda* abgeleiteten Germanenideologie formulierten Normen- und Wertekanons.

Der weitgehend als perfider Antisemit und als „Vorplaner des Holocaust" bekannte Theodor Fritsch schlug bereits 1896 die Gartenstadt als Alternativkonzept zu den Entwicklungen der industriell-urbanen Gesellschaft und als Synthese zwischen Stadt und Land vor.[30] Zu dessen Ärger wurden diese Pläne nicht durch seine Publikationen populär, sondern durch Ebenezer Howards 1898 veröffentlichtes Buch *The Garden-City of Tomorrow*, dem – wie bei Fritsch – lebens- und bodenreformerische Theoreme zugrunde liegen; auf Howard gingen 1902 die Gründung der *Deutschen Gartenstadt-Gesellschaft* und die Gartenstadt-Bewegung zurück. Doch obwohl die in Deutschland entstandenen Gartenstädte sich weder mit Fritsch' Plänen deckten, erfreuten sie sich dennoch bei der völkischen Prominenz als Wohnorte größter Beliebtheit. Die Völkischen predigten das Land, wohnten aber in den (Garten-)Städten, denn ihre Klientel fanden sie vornehmlich im urbanen Raum.

Für die Mehrheit der Völkischen waren die Gartenstädte zwar „ein wichtiges Mittel deutscher Wohlfahrts- und Gesundheitspflege" im Kampf gegen den „Rassenverfall".[31] Gleichwohl hegten die völkischen Rassenzüchter Zweifel, dass „mit Gartenstädten, Obst- und Gemüsebau oder ähnlichen kleinen Mitteln" erfolgreich „Rassen-Ökonomie" betrieben und der ‚neue Mensch' geschaffen werden könnte.[32]

Was unter völkischer Rassenökonomie zu verstehen war, wie „Bevölkerungspolitik und Züchtungspolitik [...] nach den Lehren der Rassenpflege" betrieben werden sollte, fasst erschreckend prägnant und dicht der erwähnte ‚Rassenarbeitsplan' des *Deutschbundes* zusammen: „Auf der einen Seite ist die Ausmerzung der Minderwertigen anzustreben ([durch] Ausschluß der

---

29 Wollenhaupt, Ludwig: Vom deutschen Glauben. In: Deutschbund-Blätter 19 (1914) S. 74f., Zit. S. 74
30 Hartung, Günter: Vor-Planer des Holocaust. In: Wissenschaftliche Zeitschrift der Martin-Luther-Universität Halle-Wittenberg 41 (1992), S. 13-20.
31 Iro's Deutschvölkischer Zeitweiser 1913, S. 158f
32 Hentschel, Willibald: Rassen-Ökonomie. In: Hammer 1906, Nr. 91, S. 190-196

Geistes- und Nervenkranken, Geschlechtskranken usw. von der Nachzucht [und durch ein] ärztliches Zeugnis bei der Verehelichung). Auf der anderen Seite ist die Fortpflanzung der tüchtigen und edlen Volksbestandteile zu begünstigen [...], aber auch der schon sehr bedrohlichen Abnahme der Volksvermehrung überhaupt entgegenzuwirken ([etwa durch] stärkere Steuernachlässe für kinderreiche Familien, eine Wehrsteuer für Militärfreie, Besteuerung der Junggesellen, Säuglings- und Mutterschutz, Stillprämien und dergl[eichen])". Ferner wandte man sich gegen jede Art künstlicher Empfängnisverhütung und forderte demgegenüber die Errichtung einer Stiftung „zur Unterstützung rassisch wertvoller Nachkommenschaft", des Weiteren eine Partnerwahl, die unter dem Gesichtspunkt der „rassische[n] Tüchtigkeit" zu erfolgen hätte und schließlich – womit die antiemanzipatorische völkische Auffassung von der Rolle der Frau in der Gesellschaft beschrieben ist -, „daß die kinderreiche Mutter in der öffentlichen Meinung wieder den ihr gebührenden Ehrenplatz erhält."[33]

Für eine kleine Gruppe Völkischer gingen diese Pläne wie auch die lebensreformerischen Konzepte längst nicht weit genug. Das völkische Fernziel ‚Rassenreinheit' und das Idealbild vom hochgewachsenen, langschädeligen, langgesichtigen, blonden und blauäugigen völkischen Menschen der Zukunft, glaubten sie, ließe sich mit den geschilderten Maßnahmen kaum verwirklichen. Sie setzten auf eine planmäßige „germanische Rassenrein- und -hochzucht".[34]

Der Vordenker dieses Planes war der Biologe und Haeckel-Schüler Willibald Hentschel. In seiner erstmals 1904 veröffentlichten Programmschrift *Mittgart. Ein Weg zur Erneuerung der germanischen Rasse* entfaltete Hentschel nicht nur einen detaillierten Plan seiner rassezüchterischen Utopie, in Hentschels Mittgart-Projekt gipfelte der völkische Rassenwahn vom ‚neuen Menschen'. Mittgart stand als Chiffre für die Anlage asketisch-privateigentumsloser ländlicher Genossenschaftssiedlungen, sogenannter Menschengärten, in denen von Sachverständigen ausgewählte Frauen und Männer im Verhältnis von eins zu zehn Unterkunft finden sollten. Je einhundert Männer und tausend Frauen sollten dort grundsätzlich in getrennten Bereichen leben, auch während der temporär geschlossenen Ehen. Diese sollten mit Beginn der Schwangerschaft enden. Frauen durften nach zwei oder drei Jahren neuerlich eine Ehe eingehen. Die Erziehung der Kinder war analog zu den völkischen Bildungsgrundsätzen vornehmlich auf den Körper hin orientiert. Während die zu Hundertschaften zusammengefaßten Knaben in spartanischer Einfachheit erzogen werden sollten, wurden die Mädchen der mütterlichen Obhut überlassen. In Mittgart sollten nur die „zur Begründung einer neuen Geschlechtsfolge auserwählt[en]" Knaben und Mädchen verbleiben. Alle anderen, die als

---

33 Arbeitsplan des Deutschbundes
34 Gerstenhauer, Max Robert: Rassenlehre und Rassenpflege, hrsg. v. Deutschbund, Zeitz 2. Aufl. 1920, S. 48

rassisch „Minderwertige" bezeichneten, hätten „mit ihrem 16. Lebensjahr in die bürgerliche Welt [...] entlassen" werden sollen; dort sollten sie gemeinsam mit den für das Mittgart-Projekt nicht in Frage kommenden sogenannten Minusvarianten, die „zum Sterben verurteilte" Bevölkerung der Städte stellen. Hentschels Planspiele gingen von einem raschen Erfolg aus. Er rechnete mit dreihundert Mittgart-Siedlungen, die „einen jährlichen Zustrom von hunderttausend ungebrochenen Menschenkindern von hervorragenden Erbwerten in die Kulturstätten [...] und von Stund an einen Umschwung in der ganzen Breite des nationalen Erlebens bewirken" würden.[35]

Hentschels Vorhaben führte in den völkischen Reihen zu heftigen Kontroversen. Die Mehrheit zweifelte am Erfolg des Projekts, nämlich der allzu vagen Möglichkeit der Menschenzüchtung von „Langschädeln" mit echt „germanische[n] Eigenschaften".[36] Größere Schwierigkeiten bereitete den Völkischen die sogenannte Mittgart-Ehe, die den allgemeinen Moralvorstellung nicht nur der Völkischen zuwiderlief. Alle Kompromissvorschläge, etwa der, die ‚Mittgart-Ehe' nur für eine Übergangszeit zuzulassen, fanden ebenso wenig Zustimmung wie die Berufung auf die *Germania*, die ansonsten als sakrosankte Urkunde für die anzustrebenden völkischen Werte und Normen anerkannt wurde.

Neben finanziellen Schwierigkeiten war die ‚Mittgart-Ehe' der wichtigste Grund, dass Hentschels Pläne trotz mehrerer Versuche vor dem Ersten Weltkrieg Utopie blieben. Allerdings stießen Mittgart und die damit verbundenen völkischen Siedlungsprojekte wie die von 1909 bis kurz nach dem Ersten Weltkrieg bestehende Siedlung *Heimland* unweit von Rheinsberg bei den weiblichen Anhängern der quantitativ und ideologisch männerdominierten Bewegung auf entschiedene Ablehnung. Es gab aber auch Ausnahmen wie Margart Hunkel, die die „deutsche Gottesmutterschaft" beschwor[37] und 1917 die *Deutsche Schwesternschaft* ins Leben rief; sie wiederum war die Keimzelle der 1919 bei Sontra in Oberhessen gegründeten deutschgläubigen Freilandsiedlung *Donnershag*, wo der Züchtungsgedanke im Geiste Hentschels angeblich für kurze Zeit verwirklicht worden sein soll.

Obwohl die extremen völkischen Rassenerneuerungsvorhaben entweder noch im Planungsstadium oder an äußeren Bedingungen scheiterten, wäre es verfehlt, sie als fehlgeleitete Utopien nicht ernst zu nehmen. Denn den völkischen Weltanschauungspropheten und ihren Anhängern war es im Gegenteil tief ernst damit, dass „ein völkischempfindendes Volk nach Rassenreinheit

---

35 Hentschel, Willibald: Ist Mittgart „erdacht"? In: Hammer 1928, Nr. 636, S. 609-612, Zit. S. 611f., u. ders.: Mittgart. Ein Weg zur Erneuerung der germanischen Rasse, Leipzig 5. Aufl. 1916, Zit. S. 25f
36 Gerstenhauer: Rassenlehre, S. 49
37 Hunkel, Margart: Von deutscher Gottesmutterschaft (= Deutscher Glaube. Beiträge zur religiösen Erneuerung unseres Volkes, Bd. 5), Sontra 1919

strebt".[38] Man wollte in der Tat „einen eigenen, alle Herrlichkeit des Menschengeistes in sich beschließenden germanischen Adam dem allgemeinen [...] substituieren",[39] wie der Historiker Theodor Mommsen spöttisch und dabei den völkischen Fanatismus verkennend schrieb.

Das Ziel der Völkischen war die Schaffung eines ‚neuen', rassereinen Menschen – als solches Utopie und gegen alle Naturgesetze –, der mit seinesgleichen, also rassereinen deutsch-germanisch-arischen Individuen, das neue Volk eines vorwiegend agrarischen, berufsständisch verfassten, großgermanischen Reiches bilden und das sich dem Motto der völkischen Zeitschrift *Heimdall* gemäß von Skandinavien bis zur Adria, von Bologna bis zur Narwa und von Besançon bis zum Schwarzen Meer erstrecken sollte. Diese Vorstellungen dienten den Völkischen nicht nur zur Rechtfertigung ihrer antislavischen und antisemitischen Hetze der im Deutschen Reich ansässigen slavischen und jüdischen Bevölkerung, sondern auch zur Legitimation von Forderungen nach Lebensraum im Osten beziehungsweise den gleichermaßen gegen Slaven und Juden im Deutschen Reich sich richtenden Diskrimierungsforderungen, die von Entrechtung, Ausweisung und Umsiedlung über Deportation bis hin zu der an der Jahrhundertwende schon offen ausgesprochenen Vernichtung reichten.

5. Völkische Religion und Religiosität

Von Beginn an bestand bei den Völkischen Einigkeit darüber, dass die ‚Rassenfrage' nicht zum alleinigen Inhalt der völkischen Weltanschauung gemacht werden dürfe. Hier setzte ihre Beschäftigung mit der Religion ein. Religion und Religiosität galten als Triebfedern jedweden Denkens und Handelns in völkischem Geist. Das bedeutete keineswegs die Preisgabe des völkischen Rassedogma, sondern setzte dieses in der Konstruktion von der arteigenen Religion voraus: einer Religion, die der Rasse innewohnend und ihr angeboren ist.

Es gehört zu den Überzeugungen der völkischen Weltanschauung, dass verantwortungsvolles Handeln im Sinne der Rasse ein ethisch-religiöses, durch die Rasse bedingtes Handeln voraussetze. Wie einerseits der „Verlust der Religion im Volke" als Gefahr für den „gesellschaftlichen und staatlichen Bestand" und als signifikantes Indiz für die völkische These von Degeneration und Rassenverfall bewertet wurde, so war andererseits Religion Garant für die sittliche, völkische und damit auch für die rassische Wiedergeburt.[40] Da-

---

38 Girke, Georg: Rassen, Völker und Staaten. In: Deutschvölkische Hochschulblätter 4 (1913/14), S. 17-20
39 Mommsen, Theodor: Deutschland und England. In: Die Nation. Wochenschrift für Politik, Volkswirtschaft und Literatur 21 (1903), Nr. 2, S. 20f., Zit. S. 21
40 Zur Religions-Frage. In: Hammer 1910, Nr. 188, S. 197-201, Nr. 191, S. 281-284, hier S. 200f., Zit. S. 281

her war es höchste völkische Pflicht, dass – mit den Worten eines deutsch-christlichen Dorfschullehrers – „der alten Germanen strebende Enkel [...] sich vollsaugen [sollten] mit deutschem Geist voller Tatenkraft, Gottesbegeisterung und Opferwilligkeit."[41]

Völkische Religion war stets diesseitsorientiert. Insofern ist es eine konsequente Forderung, dass die „Seelenrettung zuerst bei der Leibesrettung" einsetzen müsse[42] – was sich auf das umfassende Rassenregenerationsprogramm bezog. Es bestand nämlich Einvernehmen darüber, dass die „natürlichen Weseneigenschaften und Anlagen" nur in einem reinrassigen Volk zu vollkommener Entfaltung gelangen könnten.[43] Der von den Völkischen propagierte und beschrittene Weg zur sogenannten deutschen Wiedergeburt musste daher zwingend von einer spezifisch ‚deutschen Religion' seinen Ausgang nehmen. Denn unter Berufung auf Houston Stewart Chamberlain sah man im Mangel einer arteigenen Religion die „größte Gefahr für die Zukunft der Germanen; das ist seine Achillesferse; wer ihn dort trifft, wird ihn fällen."[44]

Den verschiedenen arteigenen Religionsentwürfen ist ein Grundsatz gemein, den ein völkischer Ideologe formulierte, als er feststellte, er wolle „die wirkliche Religion, nicht bloß die Weltanschauung mit religiösen Elementen."[45] Die Ideologie hatte nach völkischer Anschauung keinen religiösen Charakter, war keine Ersatzreligion, keine politische Religion. Hier liegt meines Erachtens neben der Organisationsstruktur der völkischen Sammelbewegung ein gewichtiges Unterscheidungskriterium zum Nationalsozialismus.

Das völkische Konzept der arteigenen Religion ließ sich mit dem Christentum in seiner überlieferten Form nicht verwirklichen, weil dieses zwei grundlegende Forderungen völkischer Religiosität nicht erfüllte: In scharfem Widerspruch zur christlichen Lehre war die völkische ‚arteigene Religion' von dieser Welt, sie war auf das Diesseits und auf die alles Sein bestimmende Rasse ausgerichtet.

Bis hierhin reichten die Gemeinsamkeiten innerhalb der völkischen Bewegung. Erhebliche Gegensätze bestanden in der Frage nach der Gestalt dieser ‚arteigenen Religion'. Entsprechende Religionsentwürfe verschiedener völkischer Gruppen reichten von einem germanisierten Christentum bis hin zu einer vollkommenen Ablehnung des Christentums und der Konstituierung paganer (häufig als neuheidnisch bezeichneter) Religionen.

---

41 Schache, Johannes: Der deutschvölkisch-christliche Religionsunterricht. Ein Beitrag zur Neugestaltung des Religionsunterrichtes, Leipzig o.J. [1922], S. 43
42 Zur Religions-Frage, S. 200
43 Gerstenhauer, Max Robert: Der Führer. Ein Wegweiser zu deutscher Weltanschauung und Politik, Jena 1927, S. 132
44 Chamberlain, Houston Stewart: Die Grundlagen des Neunzehnten Jahrhundert, Bd. 2, München 5. Aufl. 1904, Zit. S. 750
45 Bartels, Adolf: Der deutsche Verfall, Zeitz 3. Aufl. 1919 (1. Aufl. 1913), S. 37

6. Deutschchristentum

Nur eine Minderheit der Völkischen wandte sich gänzlich vom Christentum ab. Die Mehrheit hing einem unterschiedlich weit germanisierten Christentum an, das wie sämtliche völkische Religionsentwürfe ebenso antisemitisch wie insbesondere auch antiklerikal fundiert war. Eine wichtige Rolle nahmen Luther und die Reformation ein. Im Bewusstsein der Völkischen hatte der völkische Gedanke bereits mit der Reformation in Deutschland Platz gegriffen. Die aus der nationalprotestantischen hervorgegangene völkische Luther-Verehrung hat hier ihre Wurzeln. Doch im völkisch-christlichen Denken stellte Luthers Lehre „nicht die höchste Stufe der Erkenntnis" dar, und die Reformation galt als „ein halb vollendetes Werk";[46] Luther und Bismarck, der andere deutsche Reformator, harrten einer allgemeinen völkischen Auffassung zufolge der Vollendung ihres Werkes, die in einer zweiten Reformation und in der Errichtung des skizzierten großgermanischen bzw. – in einem ersten Schritt – alldeutschen Reiches bestehen sollte. Der religiös-liturgische Fundus des Nationalismus, die von Beginn an enge Verbindung des deutschen Nationalismus mit dem Protestantismus und schließlich das protestantische deutsche Kaisertum sind unverkennbare Wurzeln völkischer Religionsvorstellungen, insbesondere des Deutschchristentums, das jedoch „in der evangelischen Kirche nur eine Durchgangsstufe zu einem deutschvölkischen Glaubenstume" sah.[47]

Von Deutschchristentum sprach erstmals der völkische Ideologe Adolf Bartels, als er 1913 die Parole ausgab: „Immer mehr Deutschchristentum, immer weniger Judenchristentum!"[48] Dass Bartels völkische Ursprünge im Antisemitismus liegen, ist hier ebenso wenig zu übersehen wie die Schlüsselbedeutung des Antisemitismus für die völkische und völkischreligiöse, im besonderen für die deutschchristliche Bewegung. Das völkische Dogma der Untrennbarkeit von Religion und Rasse setzte den Antisemitismus sogar zwingend voraus. Nun basiert aber das Christentum, der neue Bund Gottes mit den Menschen, auf dem ersten Bund zwischen Gott und seinem auserwählten Volk Israel. Der Religionsstifter Jesus Christus selbst ist Jude, ebenso wie der Reformator Luther katholischer Mönch war.

Die völkischen Anhänger des damit entchristlichten Deutschchristentums führten diese Prämissen zu der Forderung, dem Christentum „in Fortsetzung der ersten durch Luther bewirkten Umformung und Reinigung nun eine zeitgemäße abermalige Läuterung in freiem und arischem Geiste zu geben".[49] Vorbedingung für die Germanisierung war die – so bezeichnete – „Entjudung" des

---

46 Unsere Stellung zum Katholizismus. In: Hammer 1905, Nr. 71, S. 241-246, Zit S. 244
47 Vom deutschen Glaubenstume. In: Heimdall 19 (1914), S. 4-6, 17-29, 41-44, Zit. S. 5
48 Bartels: Verfall, S. 38
49 Reinecke, Adolf: Deutsche Wiedergeburt. Grundlegende Baustücke zur Jungdeutschen Bewegung, hrsg. v. Alldeutschen Sprach- und Schriftverein, Lindau 1901, S. 183

Christentums.⁵⁰ „Wir können in der Bibel fortan bloß das anerkennen, was sich mit dem arischen und germanischen Wesen einigermaßen verträgt",⁵¹ lautete die Devise; nicht dazu zählte das Alte Testament, dazu zählten ebenfalls nicht die Paulus-Briefe des Neuen Testamentes.

Abb. 2: Titelblatt eines völkischreligiösen Manifestes. Der Lindwurm – hier im Griff einer „eisernen Faust" – steht in der Bildsprache der völkischen und antisemitischen Agitation für die Juden

---

50 Heil, Alfred: Vom neuen Glauben. In: Hammer 1911, Nr. 222, S. 477-479, Zit. S. 478
51 Heil: Glauben, S. 479

Dreh- und Angelpunkt des Deutschchristentums war die völkische Christuslehre. Danach war Jesus Christus – wie der exilierte Wilhelm II. gegenüber seinem langjährigen Briefpartner Houston Stewart Chamberlain bekannte – „ein Galiläer gewesen von Abstammung, also kein Jude".[52] Den abenteuerlichen völkischen Beweisführungen zufolge war nämlich Galiläa auf eine Provinz „blonder Gallier" zurückzuführen, die in römischem Sold gestanden hätten, weswegen Christus von „blonden Galiläern" abstammen müsse und folglich Arier sei.[53] Damit hatte man den Schlüssel gefunden, um das ursprüngliche Christentum zur „arischen Religion" erklären zu können, die gemäß der Rassenideologie germanischem und deutschem Wesen entsprach und die gewissermaßen nur in ihrer ursprünglichen Form wiederhergestellt werden und von fremden „Einflüssen" gereinigt werden musste.[54]

Der aus diesem Denken geformte ‚deutsche Christus' – oder vielmehr ein völkischer Götze – wurde zum Vor- und Ebenbild jener völkischen Lichtgestalt, in deren Schöpfung (oder besser: Züchtung) das Ziel aller völkischen Rassenerneuerungsvisionen bestand: Der „Christus des Lebens", des Diesseits, der Christus der Tat, eine trotzige, todesmutige und opferbereite heroische Kämpfer- und Führernatur.[55] Dieses heroische, seines wahren Gehalts vollkommen entkleidete, mit neuen Inhalten gefüllte sogenannte Christentum sollte angeblich die historische und ‚arteigene Religion' der Deutschen sein.

7. Völkischer Paganismus

Ganz anders optierten die völkischen ‚Neuheiden': Für diese stimmgewaltige Minderheit innerhalb der völkischreligiösen Bewegung war grundsätzlich jeder christlich fundierte völkische Religionsentwurf unannehmbar. Ihre Kritik richtete sich vornehmlich gegen das Deutschchristentum als arisierte Variante des Christentums, wobei die antisemitischen Beweggründe der deutschchristlichen Demagogen von den ‚Deutschreligiösen', wie sich die ‚Neuheiden' selbst nannten, entschieden abgelehnt wurden. Ihrer Überzeugung nach

---

52 Brief Wilhelms II. vom 3.6.1923 an Houston Stewart Chamberlain; Chamberlain, Houston Stewart: Briefe 1882-1924 und Briefwechsel mit Kaiser Wilhelm II., Bd. 2, München 1928, S. 273-275, Zit. S. 273
53 Fritsch, Theodor: Der Rückgang der blonden Rasse. In: Hammer 1903, Nr. 29, S. 411-415 u. 549-552, Zit. S. 551
54 Bartels, Adolf: Rasse und Volkstum. Gesammelte Aufsätze zur nationalen Weltanschauung, Weimar 2., verm. Aufl. 1920 [zuerst unter dem Titel „Rasse" erschienen], Zit. S. 269
55 Reimer, Josef Ludwig: Grundzüge deutscher Wiedergeburt. Ein auf wissenschaftlicher Basis ruhendes neudeutsches Lebensprogramm für die Gebiete der Rassenpflege, Staats- und Sozialpolitik, Religion und Kultur, Leipzig 2., erw. Aufl. 1906 (1. Aufl. u. d. T.: Ein pangermanisches Deutschland), Zit. S. 89

konnte das Deutschchristentum gerade deswegen nicht die gesuchte arteigene völkische Religion sein, weil das Christentum ohne Judentum weder zu verstehen noch zu erklären war und in letzter Konsequenz immer eine jüdische Religion bleiben müsse. Darin sahen die orthodoxen Anhänger der deutsch- und germanengläubigen Segmente der völkischreligiösen Bewegung im Deutschchristentum einen eklatanten Gegensatz zu den Grundsätzen der völkischen Rassenlehre. Sie forderten eine wahre „deutsche Religion", die darauf aufbauen sollte, „was unsre Väter glaubten, schauten und ersannen, auf daß wir es nützten und pflegten".[56]

Der Rückgriff auf das für das völkische ‚Neuheidentum' elementare Konstrukt des ‚Erberinnerns', dem unbewussten Bewahren und Wiederfreisetzen von überliefertem, bislang noch verschüttetem Wissen aus germanischer Vergangenheit, ebnete ihnen den Weg zur Forderung einer „angestammten Religion" der Deutschen. „Der unserem Volk naturgemäße Glaube war ja schon einmal in wundervoller Form vorhanden", erläuterte einer der führenden Neuheiden: „Er ist nicht tot, nur verschüttet: wäre der Boden dem er entsproß, nicht wieder aufzudecken? Versuchen wir doch, ob wir nicht einen Zugang zu der Welt unserer Märchen und Sagen finden, zu dem verlorenen Heiligtum unseres Volkes". Wie die „geistige Wiedergeburt" die Rückbesinnung und das Bekenntnis zu germanischer Vorzeit, deutscher Heimat und mithin zu völkischer Eigenart voraussetzte, gäbe es auch für die religiöse Erneuerung „keinen andern Jungbrunnen als das eigene Volkstum". Nach paganer Auffassung überdauerte der „echte Glaube der Deutschen", bei dem es sich um eine Natur- und das heißt Rassereligion handelt, in erster Linie im traditionellen Brauchtum (wie etwa Johannisfeuern und Sonnwendfeiern) und vor allem in Märchen, Sagen und Mythen. Die Künstler und besonders die Dichter, in deren Medium, der Muttersprache, sich das „alte Erbgut" vornehmlich bewahrt habe, seien daher berufen und aufgerufen, gleich „Sehern" die „Keime eines neuen Glaubens auszustreuen".[57]

Es wäre übereilt, in diesem Programm lediglich eine Art Kunst- oder Literaturreligion sehen zu wollen, eine „Religion der Germanisten",[58] wie ein deutschchristlicher Kontrahent den Deutschreligiösen vorwarf. Tatsächlich verbergen sich unter der Firnis dieses zweifelsohne kulturnational fixierten Religionsentwurfes sowohl der für die völkische Weltanschauung fundamentale, in der ‚Herrenvolk'-Ideologie gipfelnde Rassismus als auch Bemühungen, den religiösen Kultus der germanischen Vorvordern zu erneuern.

Die ‚neuheidnischen' Vorstellungen fanden Gestalt in dem 1903 ins Leben gerufenen *Harzer Bergtheater* bei Thale, das als Feuerheiligtum mit dem

---

56 Hartig, Paul: Die völkische Weltsendung. Wege zum völkischen Werden, Bad Berka 1924, S. 2
57 Wachler: Zukunft, S. 18 u. 21
58 Driesmans, Heinrich: Über die religiöse Aufartung der Deutschen. In: Allgemeiner Beobachter 3 (1913), S. 199f., Zit. S. 199

Ziel konzipiert war, „Ausdruck und Ausstrahlungspunkt der arischen Bestrebungen im Geistesleben der Nation zu werden";[59] zumindest vor dem Ersten Weltkrieg fungierte die heute noch bespielte Freilichtbühne als ‚neuheidnische' Kultstätte, wo sich wiederholt germangläubige Gruppierungen mit ihren Sympathisanten versammelten.

Zur Pfingstweihe 1914 waren dies die *Germanische Glaubens-Gemeinschaft* und die ihr assoziierte *Germanische Gemeinschaft* der kirchlich gebundenen Anhänger, ferner die *Wodan-Gesellschaft*, dann die *Großen Germanen-* und die *Nornen-Logen*, der *Deutsche Schafferbund* und der *Wandervogel Völkischer Bund für Jugendwandern*; des Weiteren nahmen Vertreter des okkulten *Germanenordens*, ferner Abgesandte der *Fahrenden Gesellen*, einer Jugendorganisation des *Deutschnationalen Handlungsgehilfen-Verbandes*, des *Deutschbundes* und des *Deutschvölkischen Lehrerverbandes* teil; und schließlich erschien eine Abordnung von Teilnehmern des zur selben Zeit im nahen Quedlinburg stattfindenden Bundestages des *Bundes Deutscher Wanderer* – unter ihnen Angehörige des lebensreformerisch-jugendbewegten *Deutschen Vortrupp Bundes*, die Friedrich Muck-Lamberty anführte. Zu Beginn der Zwanziger Jahre erregte der völkisch-jugendbewegte Muck-Lamberty großes Aufsehen, als er mit seiner *Neuen Schar* im Tanztaumel durch Franken und Thüringen zog, die Jugend zur Sammlung aufrief und sein Schicksal darin sah, „mit einem blonden Mädel den deutschen Kristus zu zeugen".[60]

Die Aufzählung der in Thale versammelten völkischen bzw. den Völkischen nahestehenden Gruppen verdeutlicht die völkische Strategie, vor allem unter den Jugendlichen und in der Jugendbewegung für ihre Ideen zu werben und dort, wie sich zeigt, erfolgreich Anhänger zu rekrutieren. Auch veranschaulicht sie das verwirrende Spektrum völkischreligiöser Gemeinschaften.

Als erste völkischreligiöse Gemeinschaft entstanden 1900 der dem Tempelritterorden nachgebildete ariosophische *Ordo Novi Templi* des ehemaligen Zisterziensermönchs und Rassenmystikers Adolf Lanz alias Jörg Lanz von Liebenfels. Drei Jahre später wurde am Hermanns-Denkmal im Teutoburger Wald der *Deutschreligiöse Bund* ins Leben gerufen, der als ein früher Vorläufer der sich erst nach dem Ersten Weltkrieg mit der Gründung des *Bundes für deutsche Kirche* 1921 beginnenden organisatorischen Konstituierung der deutschchristlichen Bewegung anzusehen ist. Die sogenannten Neuheiden begannen sich um 1910 zu organisieren. Die beiden bedeutendsten, heute noch beziehungsweise wieder bestehenden wurden 1911 und 1912/13 mit der *Deutschgläubigen Gemeinschaft* und der *Germanischen Glaubens-Gemeinschaft* ins Leben gerufen.

---

59 Wachler, Ernst: Vom Sinn und Zweck des Harzer Bergtheaters. Ein Wort an die arisch-religiösen Verbände. In: Reichswart 17 (1936), 22.2.1936, S. 2
60 Zit. n. Linse, Ulrich: Barfüßige Propheten. Erlöser der zwanziger Jahre, Berlin 1983, S. 121

Die Entstehungs- und Frühgeschichte beider Vereinigungen ist geprägt von den Führungsansprüchen ihrer Stifterfiguren: dem Bremer Telegraphenbeamten Otto Sigfrid Reuter und dem Malerdichter Ludwig Fahrenkrog. Bestimmende Merkmale ‚deutscher Religion' sind nach beider Überzeugung – die „gemeinsame Rasse" und der „gemeinreligiöse Wille".[61] Beider Ziel bestand in der Einheit von „Bluts"- und „Religionsgemeinschaft";[62] beide Gemeinschaften hatten deshalb Arierparagraphen und forderten die Kirchenfreiheit. Fahrenkrog wie Reuter glaubten, dass die „germanische Rasse" das Göttliche in sich berge.[63] „Deutsche Religion ist die den deutschen Menschen angeborene Religion",[64] heißt es dazu formelhaft in einem Brief eines deutschgläubigen Propheten. Der Auserwähltheitsanspruch, die Tat- und Opferbereitschaft und – mit den Worten Fahrenkrogs – „unser Hinaufpflanzen in völkischer Hinsicht" bestimmten aus dieser Sicht das Wesen völkischer Religion und religiösen Handelns. Fanatismus und Aggressivität der Völkischen haben hier ihre Quellen.[65]

8. Drei Thesen

Die Konsequenzen und die Folgen dieses Denkens sind bekannt. Sie führen im Untersuchungsfeld ‚völkische Weltanschauung' zu drei thesenhaft formulierten Ergebnissen:

1.) Die vor dem Ersten Weltkrieg vollständig ausformulierte völkische Weltanschauung schuf mit ihrem Rassismus, mit einem Deutschland überziehenden Netzwerk von Institutionen und mit einer ebenso aggressiven wie zielgerichteten Agitation den ideologischen Nährboden, die organisatorischen Voraussetzungen und das propagandistische Instrumentarium für Nationalsozialismus und modernen Rechtsextremismus.

2.) Aus dem völkischen Fundus von einschlägigen Begriffen, Motiven, Denkmustern und Feindbildern, diesem wahren, ewiggestrigen Arsenal der Propaganda bedienten sich die Nationalsozialisten, bedienen sich heute viel-

---

61 Fahrenkrog, Ludwig: Germanisch-deutsche Religion. In: Upland 1 (1912), S. 21f., Zit. S.21
62 Reuter, Otto Sigfrid: Die große Stunde. Deutsche Religion, Deutscher Orden, Deutschreligiöse Gemeinschaft (= Mitteilungen der Kanzlei des Deutschen Ordens), Berlin 1912 (Nachdr. Hamburg 1981), S. 5
63 Fahrenkrog, Religion, S. 21
64 Hunkel, Ernst zit. n. Deutschgläubig. Eine Geschichte der Deutschgläubigen Gemeinschaft unter besonderer Berücksichtigung der Beziehungen zu den zeitgenössischen völkisch-religiösen Gründungen des XX. Jahrhunderts (= Beilage zum „Ring der Treue"), hrsg. v. d. Deutschgläubigen Gemeinschaft, Bd. 1, o.O. 1968, S. 129
65 Fahrenkrog, Ludwig: Germanisch-deutsche Religions-Gemeinschaft. In: Upland 1 (1912), S. 61

fach die modernen Rechtsextremisten und sie finden sich in der Fantasy-Literatur und in alternativen Bewegungen ebenso wie etwa im Black Metall-Segment der Gothic-Bewegung.[66]

3.) Insofern ist es wichtig, sich mit den historischen Wurzeln rechtsextremen Denkens seit dem ausgehenden 19. Jahrhundert zu beschäftigen, um den keineswegs erst kürzlich in die Welt gesetzten Denkmustern auf die Spur zu kommen und die Gegenargumentation, ja die Gegenstrategie wirksamer auf- und ausbauen zu können.

---

[66] S. hierzu z.B. von Schnurbein, Stefanie: Kräfte der Erde – Kräfte des Blutes. Elemente völkischer Ideologie in Fantasy-Romanen von Frauen. In: Weimarer Beiträge 44 (1998), S. 600-614, Ulbricht, Justus H.: Die Heimat als Umwelt des Volkes. Ökologische Denkfiguren in Ideologie und Programmatik „neurechter" Organisationen. In: Faber, Richard/Funke, Hajo/Schoenberner, Gerhard (Hrsg.): Rechtsextremismus. Ideologie und Gewalt (= Publikationen der Gedenkstätte Haus der Wannsee-Konferenz, Bd. 5), Berlin 1995, S. 221-240, u. Tandecki, Daniela: Nachtsaiten der Musik. Grauzonen und Braunzonen in der schwarzen Musikszene, o.O.u.J. (Berlin: Konrad-Adenauer-Stiftung 2000)

Ottmar Fuchs

Die Menschenwürde der Anderen

1. Hinführung

Sicher wäre es ein anachronistisches Vorgehen, den Begriff der Menschenwürde in biblische und frühkirchliche bis mittelalterliche Zeiten zurückzuprojizieren. Dennoch gibt es wohl in jeder Zeit so etwas wie einen eigenen semantischen Hof, der in seinen Bedeutungselementen mit den Inhalten des neuzeitlichen Menschenwürdebegriffs korrelierbar ist: Wie etwa die Gottesebenbildlichkeit, die israelische Sozialgesetzgebung (vor allem hinsichtlich des Erlass- und Jubiläumsjahres), die Klagepsalmen und das Buch Hiob, wo leidende Menschen vor Gott ihr Recht auf Widerstand behaupten, auch in der dem Kain von Gott selbst auf die Stirn gezeichneten Recht, am Leben zu bleiben (vgl. Gen 4,15), was zumindest mittelbar mit dem gegenwärtigen Diskurs um die Menschenwürde von Tätern und Verbrechern, auch mit ihrem Lebensrecht (gegen die Todesstrafe) korrespondierbar ist; der wohl universal gedachten Nächstenliebe in Mt 25,31-46, sowie der paulinischen Rechtfertigungstheologie, wonach in Gottes gnädiger Gerechtsprechung der SünderInnen und Gottlosen kaum die Ausweitung auf alle Menschen zu verhindern ist[1] u.v.a.m. Kirchengeschichtlich wäre die Erinnerung an jene Heiligen aufzufrischen, die das Martyrium fidei mit einem radikalen, zum Teil auch universalen Martyrium caritatis verbunden haben.

Begreift man den modernen Würdebegriff (wie er sich vor allem im Diskurs zur Unantastbarkeit der Person entwickelt hat) als wertkonzentrierende Abstraktion, die erst durch bestimmte Erfahrungen und Geschichten konkret wird, dann kann man unter seiner Ägide eine Menge von Vorgängen sammeln, die in Bibel und Kirchengeschichte dieser Wertorientierung gerecht werden. Solche Identifikationen sind nicht so sehr festzumachen an einem expliziten Würdediskurs bezüglich der Person, sondern in der Interaktion zwischen den Menschen, wie sie miteinander und mit anderen umgehen. Betrachtet man also die Menschenwürde als Geschehen, dann handelt es sich bei den entsprechend auffindbaren semantischen Feldern (denn wir haben

---

1 Vgl. Fuchs, Ottmar: In der Sünde auf dem Weg der Gnade. In: Jahrbuch für Biblische Theologie Bd. 9 (1994) S. 235-259

dieses nicht anders als über Texte verfügbar) dennoch zugleich um einen im Wort ausdrückbaren und erzählbaren *pragmatischen Hof* der Menschenwürde. Letztlich vereindeutigen sich hochabstrakte Wertbegriffe (wie Demokratie, Freiheit usw.) immer nur im Zusammenhang mit den beschriebenen, erzählten oder realisierten Vollzügen, die konkret damit verbunden werden.[2] Hier kommt dann auch konkret, nämlich in den Motivationen, Glaubenskontexten und Wertvorstellungen der Akteure, zum Vorschein, worauf sich die interaktional vollzogene Menschenwürde gründet.

Was der neuzeitliche Menschenwürdediskurs allerdings als kritisches Potential gegenüber der pragmatischen Suche nach analogiefähigen Vorgängen im Horizont jüdisch-christlichen Glaubens einbringt, ist der für diesen Diskurs konstitutive Universalitätsanspruch. Im Kontext dieses Anspruchs zeigt sich das zu erinnernde Material als höchst ambivalent: Es schwankt zwischen scharfer Abstufung zwischen Glaubens- und Volkszugehörigen und den Nicht-Dazugehörigen auf der einen Seite und der Entgrenzung dieses Zusammenhangs auf die universale Nächstenliebe, bis hin zur radikalsten Entgrenzung der Binnenmoralität in der Feindesliebe auf der anderen Seite.

Was ich bislang hinsichtlich der pragmatischen Erschließungskraft des Begriffs der Menschenwürde in die Vergangenheitsrichtung gesagt habe: Eben diese pragmatische Hermeneutik des Würdebegriffs möchte ich im folgenden auch hinsichtlich der Gegenwart (bzw. der jüngeren Vergangenheit) einlösen. Dabei leiten mich folgende Fragen:

1. Worin besteht das genaue Verhältnis von abgrenznotwendigem christlichen Glauben und der Fähigkeit, die Würde *aller* Menschen zu achten?

2. Vermag der christliche Glaube das Geschehen der Menschenwürde zu radikalisieren, indem er eine gottbezogene Dynamik bezüglich seiner „Kosten" in Gang bringt?

Hat der neuzeitliche Menschenwürdediskurs der jüdisch-christlichen Geschichte einiges bezüglich der Universalität kritisch ins Stammbuch zu schreiben, so gilt von der zweiten Frage her die Hypothese, dass die jüdisch-christliche Gottesbeziehung bezüglich der Radikalisierung der Menschenwürde einiges, auch manches elementar Kritische gegenüber der neuzeitlichen Hochzeit zwischen Ethik und Vernunft zu sagen hat, insofern eine solche Radikalisierung im gewissen Sinn auch noch einmal die vernunftorientierte Begründung der Menschenwürde transzendiert.

2. Universalität der Menschenwürde

In einem ersten Anlauf konzentriere ich mich auf die Universalität der Menschenwürde im Kontext der jüdisch-christlichen Tradition. Hier gibt es im

---

2 Denn dass auch Diktatoren aus strategischen Gründen von Gerechtigkeit und Menschenwürde *reden*, ist sattsam bekannt.

Rückblick sowohl das Problem der Binnenmoralität wie aber auch die Dynamik der Entgrenzung.

2.1 Universalisierung der Menschenwürde im Gefolge der Universalisierung Gottes

Im Lukas-Evangelium (Lk 4,25) ruft Jesus das „Gnadenjahr des Herrn" auf und beruft sich damit in der Synagoge seiner Heimatstadt auf die Berufungsproklamation des (dritten) Jesaja: „Der Geist des Herrn Jahwe ist auf mir, weil Jahwe mich gesalbt hat. Frohe Botschaft den Armen zu bringen hat er mich gesandt, zu verbinden, die zerbrochenen Herzens sind. Auszurufen für die Gefangenen die Freilassung und für die Gefesselten die Öffnung."

Dieses durch Jesus ausgesprochene und zugleich zugunsten vor allem bedrängter Menschen verwirklichte Gnadenjahr bestätigt und radikalisiert nicht nur die entsprechende alttestamentliche *prophetische* Verkündigung, sondern auch die alttestamentliche *Sozialgesetzgebung* mit Zinsverbot, Brache-, Erlass- und Jubeljahr. Als theologische Grundlegung dieser Vorstellung gilt die angedeutete Verknüpfung von Geschenk und Verpflichtung, von Zuspruch und Anspruch, von Gabe und Aufgabe im Verhältnis zwischen Gott und den Menschen. Weil Jahwe selbst das Land gehört, weil er darüber die Herrschaft und die Verfügung hat, ist den Menschen die letzte Verfügung darüber entzogen. Sie können damit nicht machen, was sie wollen, sondern haben jene Intention, die Gott ihnen mit dem Land zeigt, nämlich dass er es ihnen *gönnt*, in ihrem eigenen Umgang mit dem Land darzustellen und zu verwirklichen. Das Geschenk Gottes ist nicht ethisch belanglos, sondern qualifiziert den eigenen geschenkhaften Umgang mit diesem Geschenkgut.

Weil nun die Menschen dies immer wieder vergessen, weil ihre Egoismen und Wirtschaftsstrukturen auf immer größere Ungerechtigkeit zusteuern, braucht es Erinnerungszeiten, Erinnerungsjahre (sei es wie beim Brache-, Sabbat- und Erlassjahr im siebten Jahr, sei es wie beim Jubeljahr nach sieben mal sieben Jahren, also im 50sten Jahr), um sich dieses theologischen Zusammenhangs explizit zu erinnern und von ihm her den geschenkhaften Umgang mit dem Land wieder herzustellen: im ökologischen (wie beim Brachejahr) wie im ökonomischen Bereich. Diese Erinnerung ereignet sich also nicht nur mental (womit sie sich gar nicht *ereignen* würde), sondern ganzheitlich im praktischen persönlichen wie politischen Bereich.[3] Zur Wieder-

---

3 Wie weit die alttestamentliche Sozialgesetzgebung Realitäts- bzw. Utopie- oder Visionswert hat, wie weit sie Wirklichkeit ausdrückt oder einklagt, sei in diesem Zusammenhang vernachlässigt. Absolut nicht vernachlässigt sei allerdings der ethische Impetus, zwischen Anspruch und Zuspruch, Vision und Wirklichkeit eine teilungs- und befreiungswirksame Verbindung herzustellen. Entsprechende Ausführungen verdanke ich vor allem Groß, Walter: Die alttestamentliche Sozialgesetzgebung mit Zinsverbot,

herstellung der ursprünglichen Gerechtigkeit Jahwes ergeben sich dann entsprechende umregulierende Handlungsanweisungen: das Zinsverbot, die Akkerbrache zugunsten der Armen,[4] die Freilassung aus der Schuldknechtschaft, der Schuldenerlass,[5] die Rückgabe verpachteter oder enteigneter Landstücke an die ursprünglichen Besitzer.[6]

Diese Erinnerungsjahre leben von einer ganz bestimmten Ursprungsvorstellung, nämlich dass Jahwe dem Volk ein gerecht verteiltes Land geschenkt habe. Insbesondere das Jubeljahrgesetz verlangt die Wiederherstellung der alten Landbesitzverhältnisse. Diese in die Geschichte Israels zurückprojizierte Gerechtigkeitssituation ist selbstverständlich eine Fiktion, allerdings eine theologisch wie ethisch hochbedeutsame. Denn in ihr wird ursprungsgeschichtlich formuliert, was inhaltlich die Gottesbeziehung bestimmt: die realitätshaltige Verbindung von Gabe und Aufgabe. Die Vorstellung nämlich, dass schon etwas einmal der Fall war, verschärft sowohl den Wirklichkeitsgehalt des ethisch Notwendigen wie auch den Notwendigkeitsgehalt der zu realisierenden Wirklichkeit. Die Vision von Gegenwart und Zukunft erhält über ihre fiktive ursprüngliche Wirklichkeit eine gesteigerte Hoffnung, dass der Ursprung auch in Zukunft wenigstens ansatzhaft „wieder" Wirklichkeit zu werden vermag.

Nun ist es kein Geheimnis, dass die angesprochene Sozialgesetzgebung wie auch die in die gleiche Richtung gehende Sozialprophetie in Israel gerade deswegen so wichtig waren, weil ihre Verwirklichung zu wünschen übrig ließ. Theologisch wurde dieser Mangel immer wieder damit begründet, dass mit Israels Beziehung zu Jahwe etwas nicht stimmte. So verbindet Ezechiel (22,12) den misslichen Tatbestand, dass Israel Zins und Zuschlag nimmt, damit, dass es Jahwe vergessen hat. Und so stellt Lev 25,39-43 heraus, dass niemand in Israel die Brüder als Sklaven verkaufen darf, dass sie nicht mit Gewalt beherrscht werden dürfen, sondern dass sich Israel vor Gott fürchten

---

Brache-, Erlass- und Jubeljahr (noch unveröffentliches Manuskript), Tübingen 1999. Als neueste gründliche Monographie zu diesem Thema vgl. Segbers, Franz: Die Hausordnung der Tora. Biblische Impulse für eine theologische Wirtschaftsethik, Luzern 1999, besonders S. 99-207, mit der entsprechenden Aktualisierung S. 304-399

4   Vgl. Ex 23,10.11: „Sechs Jahre sollst du dein Land besäen und seinen Ertrag ernten; im siebten aber sollst du es loslassen und unbestellt lassen, und essen sollen davon die Armen deines Volkes ... "

5   Obgleich es umstritten ist, ob es einen echten Schuldenerlass tatsächlich gab, oder ob es sich nur um ein Schuldenmoratorium handelte: vgl. Groß, Walter: Sozialgesetzgebung, S. 15.

6   Diese Aufzählung berücksichtigt nicht die unterschiedlichen Texte und Epochen, in denen die Regelungen entstanden, galten bzw. nicht mehr galten. Sie seien hier in ähnlicher Weise „synchron als Gotteswille gelesen", wie die Tora insgesamt als verpflichtend galt. Unberücksichtigt bleibt auch, dass „die Gesetzestreuen unter den Juden in frühjüdischer Zeit die kasuistische Auslegung unter der Vorgabe (schufen), dass die mündliche Tora, d. h. die Lehrtradition, noch ehrwürdiger sei als die schriftliche, der Pentateuch (Groß, Walter: Sozialgesetzgebung, S. 16).

soll. Gottesfurcht und Sklavenfreilassung bedingen und erschließen sich gegenseitig. Hier finden wir die Negativprobe des Zusammenhangs von Gnade und Ethik, von Gabe und Aufgabe: denn wenn Israel den Glauben daran verliert, dass es das Land geschenkt bekommen hat und dass Jahwe die Verheißung des Landes in den Händen hält, dann *kann* das Volk auch nicht im sozialen und politischen Bereich verwirklichen, was es verwirklichen soll. Dieser Begründungszusammenhang macht ex negativo von der Rückseite her nochmals deutlich, wie elementar und unveräußerlich dieses Junktim zwischen Gnade und Ethik einzuschätzen ist.

Gibt es im Volk Israel nach innen diese Problematik *zwischen Anspruch und Wirklichkeit*, so gibt es nach außen ein weiteres, strukturelles Problem *zwischen Volk und Nichtvolk*. Handelt es sich bei dem Ersteren um eine Begrenzung im praktischen Können und Wollen, so handelt es sich beim Zweiteren um eine Begrenzung, die bereits im begrenzten Anspruch selber vorfindbar ist. Denn die Sozialgesetzgebung bezieht sich fast durchgehend auf die Mitglieder der Volksgemeinschaft, die mit den Jahweverehrern und -verehrerinnen identisch gesehen wird. Die Gnadengabe Gottes wird auf Israel konzentriert und regionalisiert, weshalb es dann nur für volkszugehörige Not fällig wird, diese Gnade auch im sozialen Bereich zu realisieren. So darf nach Dtn 23,20 vom Bruder kein Zins genommen werden, wohl aber vom Ausländer. Und die angesagte Entlassung aus der Schuldknechtschaft bezieht sich auf den hebräischen Schuldsklaven, nicht auf andere (Ex 21,2-4, Dtn 15,12ff; Neh 5,1-5). Und hinsichtlich der Verzichtspraxis des Erlassjahres ist in Dtn 15,2-3 zu lesen: Gegen den Ausländer magst du rechtlich vorgehen, aber wenn es sich um deinen Bruder handelt, sollst du auf dein Verfügungsrecht ‚Verzicht' leisten.[7] Weder der Gnadenradius Gottes noch die mitmenschliche Solidarität beziehen sich auf den Volksfremden. „Der zur Solidarität bereite bzw. verpflichtete ‚Bruder' ist der Israelit, der Volksgenosse."[8]

Selbstverständlich geht es mir nicht um eine anachronistische Besserwisserei Israel und seinen diesbezüglichen Begrenzungen gegenüber. Auf der anderen Seite ist genauso deutlich zu sagen, dass Israel zwar den Schritt von der Sippe zum Volk, nicht aber vom Volk zur Völkergemeinschaft geleistet hat.[9] Damit sind wir bei dem Grundproblem von Solidarität und Universalität gelandet. Ohne die jeweilig notwendige Solidarität nach innen gering zu achten, stellt sich doch die Frage, ob sie *exklusiven* oder *generativen* Charakter hat, ob sie also nur nach innen gilt und wenig nach außen, oder ob der Innenbereich als ein Lebens- und Lernbereich erfahren und gestaltet wird, der auch ähnliche Außenbeziehungen „generiert" und gestaltet. Ohne Zweifel ist in Israel selbst schon eine bereits angedeutete Entgrenzungsdynamik von

---

7 Vgl. Groß, Walter: Sozialgesetzgebung, S. 10
8 Ebd. S. 17
9 Mit wenigen Ausnahmen wie z.B. dem Liebesgebot gegenüber Fremden in Lev 19,34: vgl. Groß, Walter: Sozialgesetzgebung, S. 17

Gottesbeziehung und mitmenschlicher Solidarität festzustellen, insofern Israel das einzige Volk des alten Orients ist, „das den Begriff des Volkes ausgebildet und das Volk als handelndes wie leidendes Subjekt dargestellt hat."[10] Die althergebrachte Solidarität der Sippe bzw. des Stammes wird hier auf eine entscheidend vergrößerte soziale Identität hin erweitert, nämlich auf das ganze Volk Israels. Damit wird die in der Sippe erfahrene und eingeübte Solidarität nicht exklusiv auf diese beschränkt, sondern gewinnt generativen Charakter in Bezug auf die Beziehung zu anderen Sippen im gleichen Volk.

2.2 Göttliche Universalisierung menschlicher Solidarität

Was die offenbarungstheologische Hermeneutik anbelangt, so darf also nicht die Volkssolidarität Israels in ihrer Exklusivität fixiert und als Legitimation für die eigene „völkische" Begrenzung von Solidarität herangezogen werden. Vielmehr geht es darum, die dahinterliegende Dynamik ernst zu nehmen, die letztlich nicht nur die Sippe in Bezug auf das Volk, sondern auch das Volk in Bezug auf die Völkergemeinschaft solidarisch in den Blick nimmt. Das Christentum kann diesbezüglich auf eine eigene lange missverständliche Auslegungsgeschichte verweisen, die Millionen Menschen Lebensmöglichkeiten, Freiheit und schließlich das Leben gekostet hat. Religion funktioniert immer dann als Solidaritätsverhinderung, wenn die nicht zum eigenen Glauben Gehörigen als weniger oder gar nicht solidaritätswürdig erachtet werden. Und Religion wirkt sich immer dann als Solidaritätsbeschleunigung aus, wenn sie die universale Liebe Gottes allen Menschen gönnt und dementsprechend den eigenen durchaus nach außen abgegrenzten Bereich nichtsdestoweniger als Lernfeld erlebt, die nach innen gelernte Solidarität auch nach außen zu wenden. Biblische Texte können durchaus auch für eine entsolidarisierende Religion verwendet werden, wenn man die eben angesprochene Entgrenzungsdynamik von Gottes Gnade und des Menschen Solidarität nicht *wahr* nimmt.

So haben die Weißen in Südafrika ihre Apartheitspolitik durchaus mit einschlägigen biblischen Texten zu legitimieren gewusst, die sie rassistisch und chauvinistisch auszulegen vermochten. Und so dient heute eine ganz bestimmte Ideologie des Auserwähltseins ultraorthodoxen fundamentalistischen jüdischen Kreisen als religiöse Legitimation dafür, dem palästinensischen Volk Gerechtigkeit in der Verteilung von Land- und Lebensressourcen zu verweigern.[11] Der Buchstabe der Bibel allein rettet nicht vor religiös legitimierter Entsolidarisierung, sondern allein der Geist bzw. die Intention, mit denen die Bibel gelesen wird, nämlich in der in den biblischen Texten selbst

---

10 Groß, Walter: ebd. S. 17
11 Vgl. dazu Fuchs, Ottmar: Ortsbegehung palästinensischer Erfahrungen und Theologie. In: Pastoraltheologische Informationen 17 (1997) 1-2, S. 79-98

zu Tage tretenden Dynamik zum je universaleren gnädigen Gott und von daher zur je universaleren zwischenmenschlichen Solidarität.[12]

Die Begrenzung der Gnade Gottes, indem man sie an Bedingungen bindet, war und ist eine permanente Versuchung in der Christentumsgeschichte. War die katholische Kirche immer wieder versucht, die Grenzen zwischen *Kirche* und Umwelt als die Grenze zwischen Heil und Unheil zu qualifizieren, so war Luther versucht, der Verabsolutierung dieser Bedingung der Zugehörigkeit zur Kirche eine andere Absolutheit entgegenzusetzen, nämlich dass es außerhalb des *Glaubens* kein Heil gäbe. Zwar ist der Glaube nicht die „Causa efficiens", die bewirkende Ursache der Gnade, aber doch eine Bedingung, ohne die die Gnade nicht wirksam wird. Der Glaube gilt als eine von Gott selbst gesetzte „Causa sine qua non", als Bedingung, ohne die nichts geht.[13] Sollte Gott wirklich die Rechtfertigung der Sünder und Sünderinnen an die Zugehörigkeit der Kirche (dies ist die katholische Versuchung) oder an die Zugehörigkeit zum Glauben (dies ist die protestantische Versuchung) gebunden haben, dann säße er selbst in der Falle eines willkürlich regionalisierten und begrenzten Gnadenradius. Dies wäre nicht nur eine Pathologisierung Gottes (insofern er in paradoxer Kommunikation selbst durchkreuzt, was er an universalem Heil schenken will), sondern auch der Menschen, die an ihn glauben. Denn ihnen ist es dann letztlich versagt, ihre Verkündigungsrede vom universalen Heil Gottes praktisch über ihren eigenen Kreis hinauszutreiben, was zu der fundamentalistischen Mentalität führt, die Gnade Gottes den Nichtdazugehörigen (sei es zur Kirche, sei es zum Glauben) nicht zu gönnen, womit der Ausruf eines allgemeinen Gnadenjahres des Herrn obsolet wäre.

So hängt alles, will man den Begriff des Gnadenjahres nicht missverstehen, am „globalisierten" Verständnis der Gnade im Horizont einer radikalisierten Rechtfertigungstheologie. Denn erst in ihr bezieht sich die Gnade Gottes so auf alle Menschen, dass sich darin auch die Solidarisierung der an diesen Gott Glaubenden für alle Menschen ereignen kann. Die katholische Kirche hat im Zweiten Vatikanum die ersten Schritte dazu getan,[14] indem sie sich selbst hinsichtlich der Gottes-und Wahrheitsgegebenheit in der Welt re-

---

12 Verwiesen sei hier beispielsweise auf jene Entgrenzungsdynamik, die sich Paulus gegenüber dem nicht zum Glauben gekommenen jüdischen Volk leistet, obgleich er ansonsten mit solchen Entgrenzungen des gegenseitigen Bedingungsverhältnisses von Glaube und Heil durchaus vorsichtig ist: vgl. Röm 9-11; vgl. dazu Fuchs, Ottmar: Die Entgrenzung zum Fremden als Bedingung christlichen Glaubens und Handelns. In: ders. (Hrsg.): Die Fremden, Düsseldorf 1988, S. 240-301, S. 269-280. Zu den Kriterien der Bibelhermeneutik vgl. ders.: Kriterien gegen den Missbrauch der Bibel. In: Jahrbuch für biblische Theologie Bd. 12 (1997) Biblische Hermeneutik, Neukirchen-Vluyn 1998, S. 243-274
13 Vgl. Fuchs, Ottmar: In der Sünde, S. 246ff
14 Aber auch schon vorher, wie etwa in der Verurteilung einer rigoristischen Interpretation des Cyprian-Satzes „Extra ecclesiam nulla salus" durch Pius XII. im Jahre 1947 (DH 3866-3873).

lativiert und damit in konstruktive Relationen bringt zu Gottes- und Wahrheitsgegebenheiten außerhalb ihrer selbst. Als theologische Grundlage gilt die Vorstellung von der tatsächlich universalen Heilsgegenwart in der Welt, zwar nicht überall vorhanden, aber überall möglich, in je unterschiedlicher Gebrochenheit in der gesamten Geschichte der Menschen und Kulturen wie in ihren je eigenen Glaubenswelten.

Und die Lutherische Theologie darf sich diesbezüglich durch die Reformatorische Theologie Zwinglis entgrenzen lassen, in der die Gnade Gottes auch nochmal in Bezug auf den Glauben als unbedingt und voraussetzungslos gilt. Er ist Ausdruck der Gnadenerfahrung, aber nicht Bedingung der Gnadenwirksamkeit. Über die Grenzen des Offenbarungsglaubens hinaus hält Zwingli die Wirksamkeit der Gnade offen und vertritt damit eine Universalität, die es verbietet, nach menschlichen Maßstäben Grenzen zu ziehen.[15] Damit entfaltet sich die Freiheit Gottes „als die Bedingungslosigkeit des dem Menschen geschenkten Heils, als die Vorgegebenheit des Heils vor aller kreatürlichen Geschaffenheit und Wirksamkeit."[16] So gilt also nicht die Verkündigung: „Du musst glauben, damit dich Gott liebt!" Sondern: „Du darfst glauben, dass Gott dich und die anderen liebt und rettet!" Diese Rettung hat eschatologischen Charakter in dem Sinn, dass wir sie von Gott her für alle Menschen hoffen dürfen, aber auch in dem Sinn, dass sie schon jetzt für alle Menschen gilt und dass insbesondere die Christen und Christinnen jene sind und zu sein haben, die diese universale Rettung Gottes in ihrem sozialen und politischen Handeln, in ihrer Barmherzigkeit und Gerechtigkeit also, wirksam vorwegnehmen, je nach ihren Möglichkeiten und Begrenzungen, und manchmal über diese hinaus.[17]

2.3 Entgrenzung heute

War es das Besondere in Israel, dass die Sippensolidarität auf die Volkssolidarität weitergeschrieben wurde, so ist diese Dynamik in unserem weltgeschichtlichen Kontext unbedingt als Globalisierung der Solidarität weiterzu-

---

15 Vgl. Hamm, Berndt: Zwinglis Reformation der Freiheit, Neukirchen-Vluyn 1988, S. 38-41
16 Hamm, Berndt: ebd. S. 41.
17 Zum Verhältnis von radikaler Rechtfertigungstheologie und ebenso radikaler Option für die Unterdrückten und Ausgeschlossenen vgl. Tamez, Elsa: Gegen die Verurteilung zum Tod. Paulus oder die Rechtfertigung zum Glauben aus der Perspektive der Unterdrückten und Ausgeschlossenen, Luzern 1998. Der jüngere kontroverstheologische Disput um die gemeinsame Erklärung der Kirchen zur Rechtfertigungstheologie hat diesen Zusammenhang zwischen Rechtfertigungslehre und universaler Diakonie im Sinne der Rechtfertigung als Behauptung von Leben für alle nur mit wenigen Ausnahmen angesprochen: vgl. Tamez, Elsa: Die Rechtfertigung durch den Glauben aus der Sicht der Ausgeschlossenen. In: Ökumenische Rundschau 48 (1999) 3, S. 324-340

treiben. Gegenüber der neoliberalistischen und kapitalistischen Globalisierung, die bereits mehr als eine Milliarde Menschen unter die Armutsgrenze und zu einem großen Teil in das absolute Elend getrieben und nicht nur die Kluft zwischen Nord- und Südhälfte der Erde, sondern auch quer verlaufend zwischen den Ärmsten und Reichsten verschärft hat,[18] ist mit allen Kräften guten Willens eine Gegenglobalisierung anzugehen, nämlich eine Globalisierung einer alle Menschen und Völker umfassenden Solidarität.[19] Um dafür aber die Motivation und den Blick zu öffnen, braucht es entsprechende Erfahrungsfelder von Solidarität im überschaubaren Bereich der je eigenen Sozialformen und gesellschaftlichen Lebensbereiche. Was dort nicht gelernt wird, kann sich auch nicht nach außen verwirklichen. Aber es gilt auch das Umgekehrte: Wo Menschen sich etwa in Dritte-Weltgruppen und Partnerschaften um die Armen und Bedrängten in Ländern der südlichen Erdhälfte kümmern, lernen sie, auch die eigenen Sozialbereiche diesbezüglich kritischer zu sehen und den hiesigen Opfern der Verhältnisse solidarischer zu begegnen.

Um der universalen Option für die Armen willen tut deshalb eine gegenseitige „glokale"[20] Vernetzung zwischen Innen- und Außensolidarität Not, zwischen Nah- und Fernsolidarität. Strukturell müsste sich dies in stärkeren

---

18 Ich beanspruche hier nicht, die Globalisierungsprozesse im Einzelnen analysieren zu können, sondern beschränke mich auf den Hinweis, dass sie in jedem Fall ambivalenzträchtig sind, und zwar nicht nur für die Länder in der südlichen Erdhälfte, sondern auch zunehmend für die klassischen Länder der so genannten Ersten Welt. Denn mit der Globalisierung wird auch der Prozess des sozialen Wandels vorangetrieben, und zwar dahingehend, dass Abstriche bei den Systemen der sozialen Sicherung unausweichlich sind, weil ihre Finanzierung längst die öffentlichen Haushalte überfordert. Der zunehmende internationale Wettbewerb setzt die soziale Marktwirtschaft mit ihren sozialen Netzen und ihrem Bestreben, möglichst viele Einkommen nach unten abzusichern, unter zunehmenden Druck. Mehr Risikobereitschaft sei gefordert, wobei aber noch zu klären ist, wer bei Misslingen die Risiken zu tragen hat. Wer nicht aus privater Vorsorge heraus mithalten kann, fällt schnell unter die Armutsgrenze, hierzulande wie weltweit, vor allem in den Ländern mit einer mehrheitlich armen Bevölkerung. Zur Diskussion der Globalisierung im Zusammenhang des Sozialen vgl. Wenig, Alois (Hrsg.): Globalisierung und die Zukunft der sozialen Marktwirtschaft, Berlin 2000; die katastrophalen Auswirkungen der wirtschaftspolitischen Globalisierungsprozesse in Lateinamerika bringt José Comblin auf den Punkt: Lateinamerika in der Globalisierung (Vortragsmanuskript Münster 2000).
19 Diese globale Solidarität muss rechtzeitig erfolgen, noch bevor Durst- und Hungerkriege die reicheren Länder dazu zwingen werden bzw., was wahrscheinlicher sein wird, noch bevor die militärisch und ökonomisch starken Staaten in die fürchterliche Versuchung geraten, die Grenzen zu schließen und Millionen, wohl Milliarden von Menschen dem Durst- und Hungertod zu überlassen.
20 Zu dieser „neuen Katholizität" zwischen Globalität und Lokalität (von daher glokal) vgl. Schreiter, Robert J.: Die neue Katholizität. Globalisierung und die Theologie, Frankfurt 1997

Vernetzungen entsprechender Institutionen und Initiativen verwirklichen.[21] Dabei geht es einmal um die „alte", in diesem Kontext noch dringlichere Frage nach dem Verhältnis von Diakonie und Verkündigung bzw. von sozialen Einrichtungen und Pfarrgemeinde, dann aber besonders um das Verhältnis zwischen überregionalen Solidaritäten mit dem Süden und Osten und den eigenen kirchlichen Sozialgestalten insgesamt. Haben z.B. Eine-Welt-Partnerschaften für die Pfarrgemeinden etwas zu sagen oder stehen sie eher an den Rändern, relativ wenig verbunden mit den Identitätszentren der Gemeinden?

Das Verhältnis von begrenztem Gnadenjahr und darüber hinausgehender Zeitgestaltung wiederholt sich nochmals im Problem des Verhältnisses der zeitlich begrenzten Themen und Aktionen der kirchlichen Hilfswerke und der darüber hinausgehenden Zeitgestaltung der Gemeinden in Gottesdiensten, in der Verkündigung, in der Bildungsarbeit und im sozialen wie politischen Engagement. Sind die Themen beispielsweise von Caritas international, von Misereor und des Weltgebetstags der Frauen etwas, was nur additiven und zeitlich begrenzten Charakter hat, oder bestimmen sie von dieser zeitlich begrenzten Erinnerung dann doch die Gesamtidentität der Gemeinden? Die Angebote der kirchlichen Hilfswerke zur Auseinandersetzung mit den Ursachen der weltweiten Not und mit möglichen Strategien, dagegen anzugehen, werden zwar genutzt, prägen aber wohl noch zu wenig das gesamte Bewusstsein der Gemeinden. Es geht ja nicht nur darum, was wohl sehr viel ist, die Solidarität mit den Armen durch Spenden zu zeigen, sondern auch darum, den eigenen Lebens- und Handlungsstil entsprechend umzugestalten, was etwa schon mit dem Verkauf und Einkauf von fair gehandelten Produkten in kirchlichen Institutionen beginnt.

Die Gemeinden und Bistümer haben wohl noch zu wenig generativ durchbuchstabiert, was ihnen Johannes Paul II. in seiner Enzyklika Sollicitudo Rei Socialis ins Stammbuch geschrieben hat: „Angesichts von Notfällen kann man nicht einen Überfluss an Kirchenschmuck und kostbare Geräte für die Liturgie vorziehen; im Gegenteil, es könnte verpflichtend sein, solche Güter zu veräußern, um den Bedürftigen dafür Speise und Trank, Kleidung und Wohnung zu geben." (Nr. 37). Denn ein solcher Satz gilt natürlich nicht nur für den Kirchenschmuck, sondern für das ganze Verhältnis von Institution und Selbstverausgabung hinsichtlich der Nah- wie auch der Fernsolidarität.

---

21 Zum Verhältnis von christlichem Glauben, paritätischer Vernetzung und Fernsolidarität vgl. Zulehner, Paul M. u.a.: Solidarität. Option für die Modernisierungsverlierer, Innsbruck/Wien 1996, S. 215ff. Hier wird empirisch belegt, dass fundamentalistisch-exklusivistische Glaubenskonzepte und Sozialformen (also solche, die Gottes Gnade in Bezug auf den eigenen Bereich regionalisieren) auch keine Fernsolidarität zu entwickeln vermögen. Umgekehrt gilt: An der universalen Gnade Gottes orientierte Freiheit atmende Religiosität bildet den Humus für die für unsere Gesellschaft, für das Überleben der Demokratie und den ganzen Globus so entscheidenden Nah- *und* Fernsolidarität.

2.4 „Weltkirche" als Vernetzungsraum

Ausgehend von den gegenwärtigen Globalisierungsprozessen und ihren höchst ambivalenten Auswirkungen für Millionen von Menschen steht eine neu an diesen „Zeichen der Zeit" orientierte Rekonstruktion der weltkirchlichen Dimension der Kirche an. Für diesen weltbezogenen Selbstvollzug der Kirche ist dann wohl die gleiche inhaltliche Identität Gestalt gebend wie für die Ortskirchen: nämlich die Botschaft vom barmherzigen, gerechten und rettenden Gott der Bibel (und darin von Jesus Christus) mit einem entsprechenden zwischenmenschlichen Handeln zu verbinden, und dies nicht nur zwischen Einzelpersonen, sondern auch zwischen Nationen, Ethnien, Kulturen und Religionen.

Die vielen Sozialgestalten der Kirche, die es auf der ganzen Erde gibt, bieten hier eine herausragende schon bestehende Basis für die entsprechenden Kommunikationen: zwischen Kirchen und Gemeinden unterschiedlicher Länder, um aneinander zu erfahren und sich gegenseitig zu sagen und sagen zu lassen, wie die Menschen *dort* jeweils leben und welche globale Verantwortung dies für *hier* bedeutet: einmal für die notwendige Unterstützung der begüterten für die ärmeren Kirchen, zum anderen im von daher getriebenen politischen Einsatz gegen ganz bestimmte weltwirtschaftliche globale Strategien, deren Opfer die Partnergemeinden mit ihren lokalen Kontexten geworden sind. In einem solchen Konkretionsprojekt der Weltkirche ereignet sie sich als interkulturelle Begegnung und als interpastorale Verantwortung.

Aus dieser universal-ekklesiologischen Perspektive gewinnen gerade solche Gruppen, Initiativen und Bewegungen eine zentrale Bedeutung, die bisher oft am Rande kirchlichen Lebens existieren, nämlich diejenigen, die sich in zwar immer partiellen, aber doch globalen Beziehungen realisieren, wie etwa die Dritte-Welt-, die Partnerschaftsgruppen, die kirchlichen Hilfswerke u.Ä. Auch wenn eine Gemeinde oder Gruppe immer nur begrenzte (bi- und trilaterale) Beziehungen mit Kirchen anderer Länder und Erdteilen haben kann, darf doch angenommen werden: Je mehr sie dies tun, desto dichter wird das insgesamte konkrete Geflecht der Weltkirche.

Ohne dieses Netz des Glaubens und der Solidarität bliebe auch die weltkirchliche Leitung in der römischen Zentrale ohne Basis und könnte ihren weltkirchlichen Anspruch nur zentralistisch behaupten, nämlich in der hegemonialen Beziehung zu den Ortskirchen, ohne an deren Beziehung zueinander interessiert zu sein. Umgekehrt gewinnt die Kirchenleitung im Vatikan umso mehr eine tatsächliche weltbezogene Relevanz, je mehr sie die Geflechte zwischen den Ortskirchen schützt und schätzt und im Hinhören auf diese Begegnungen auch die eigene weltpolitische Aufgabe sieht: Nicht zuletzt in einer entsprechenden Diplomatie und in der Gestaltung des Petrus-Amtes als einer globalen ethischen und religiösen Instanz.

Der seit dem Zweiten Vatikanum immer wieder neu aufgenommene Diskurs zum Verhältnis von Ortskirche und dem Petrusamt in Rom[22] auf der einen und der damit zusammenhängende Diskurs über das Verhältnis von Ortskirche und Weltkirche (im Sinne der Ortskirchen auf der ganzen Welt), der insbesondere im Zusammenhang des Verhältnisses von Kirchen der Ersten und von Kirchen der Zweiten und Dritten Welt angestrengt wurde und wird, auf der anderen Seite haben nicht nur eine innerkirchliche Brisanz, sondern gewinnen im Kontext der gegenwärtigen Globalisierungsprozesse geradezu eine neue Qualität. Wenn Globalität nach Ulrich Beck die Tatsache bezeichnet, „dass von nun an nichts, was sich auf unserem Planeten abspielt, nur ein örtlich begrenzter Vorgang ist, sondern dass alle Erfindungen, Siege und Katastrophen die ganze Welt betreffen und wir unser Leben und Handeln, unsere Organisationen und Institutionen entlang der Achse ‚lokal-global' reorientieren und reorganisieren müssen",[23] dann ist dies *die* aktuelle Herausforderung für eine Novellierung der Weltkirchlichkeit der katholischen Kirche.

So stellt sich die Frage: *Was* globalisiert die Kirche mit ihrer weltweiten Dimension? Bildet sie darin eine vom Evangelium her authentische und, wenn es sein muss, alternative Globalisierungsperspektive zu jenen rasanten Globalisierungsprozessen im Produktions-, Absatz- und Informationsmarkt mit jenen „Gesetzmäßigkeiten", die insgesamt nicht ohne Grund als Ursachen dafür diskutiert werden, dass weltweit Millionen von Menschen aus eben diesen Prozessen ausgegliedert und von daher für überflüssig erklärt werden?[24] Die herrschenden Nützlichkeitslegitimationen, die menschliches Leben rechtfertigen, kommen immer weniger Menschen zugute, nicht nur in der südlichen Hälfte der Erde, sondern zunehmend auch im Norden.

Was die Kirchenkonstitution als Zielbestimmung der Kirche formuliert, gilt auch in diesem Zusammenhang, nämlich dass sie „in Christus gleichsam das Sakrament bzw. Zeichen und Werkzeug für die innigste Vereinigung mit Gott und für die Vereinigung des ganzen Menschengeschlechts" sei (Nr. 1).

---

22 Um das Papstamt in Rom nicht einfachhin mit der Weltkirche zu identifizieren, wähle ich dafür den Begriff der Kirche von Rom. Diese Romkirche hat zwar zu allen Ortskirchen konstitutive Verbindungen (und umgekehrt), ist aber nicht einfachhin mit der Weltkirche zu identifizieren. Wenn diese Verbindungen konstruktiv sind, vermag die Kirche von Rom vieles von der Weltkirche zu repräsentieren. Dennoch kann sie in keinem Fall beanspruchen, die Weltkirche selbst zu sein oder einfachhin für sie sprechen zu können. Letzteres mag in Einzelfällen in einer guten reziproken Beziehung möglich sein, kann aber nie für alle Kirchen in der Welt behauptet werden. Jedenfalls kann die Romkirche nicht für die Weltkirche oder Teile von ihr sprechen, ohne vorher auf diese Ortskirchen gehört zu haben, denn sonst würde sie deren Stimme nicht hören, sondern ersetzen.
23 Beck, Ulrich: Was ist Globalisierung?, Frankfurt/M. 1997, S. 31
24 Vgl. dazu Ramminger, Michael: Ist solidarisch, wer Solidarität verweigert? In: Rundbrief der Initiative Kirche von unten (1999) 2, S. 4-5; Richard, P.: Theologische Kritik an der neoliberalen Globalisierung. In: ebd. S. 6-11; Kaltmeier, Olaf/Ramminger, Michael (Hrsg.): Links von Nord und Süd, Münster 1999

Derart ist sie dann „für das ganze Menschengeschlecht die unzerstörbare Keimzelle der Einheit, der Hoffnung und des Heils" (Nr. 9). Der Globalisierungskontext erfordert dringlich eine Reformulierung dieser kirchenkonstitutiven Aussagen durch eine entsprechende Präzision des Verhältnisses von Ortskirche, Weltkirche und Romkirche, damit die Kirche insgesamt[25] nicht versäumt, diese ihre Sinnbestimmung in *diesen* zeitdiagnostischen Kontext einzubringen, die bestehenden eigenen Ressourcen zwischen Lokalem und Globalen bereitzustellen und daraufhin zu optimieren, sowohl in Lehramt und Theologie der Kirche wie auch in ihrer pastoralen Praxis. Die Universalität der Kirche ist in Hinsicht auf die Globalisierungsprozesse durchzubuchstabieren, um von dieser globalen Konzeption her auch die partikulare kirchliche Tätigkeit im Lokalen neu zu qualifizieren: damit die Kirche in ihrer diesbezüglichen Katholizität sowohl den Herausforderungen der Gegenwart wie auch ihrer eigenen Identität gerecht wird. In diesem Zusammenhang kommt dem Papsttum gesteigerte Verantwortung zu, weil es in einer zentralen (was nicht identisch ist mit zentralistisch) Weise für die weltumfassende Dimension der katholischen Kirche steht und sich auch explizit darauf bezieht.

Theologisch ist an die gnadentheologische Prämisse zu erinnern: Wenn es hier um die Katholizität von Kirchen auf dem ganzen Erdkreis geht, dann geht es darum, diese weltweite Katholizität nach innen wie nach außen (zwischen den Kirchen der Länder wie auch zwischen den Kirchen und den nicht zu ihr gehörenden Menschen in anderen Religionen und Kulturen) im Horizont jener Ehrfurcht zu rekonstruieren, die ihre tiefsten Wurzeln in der Rechtfertigungstheologie hat, wonach alle Menschen und Kulturen, noch bevor sie sich verändert haben, von Gott in ihrem Leben geliebt und in ihrem Lebens- und Wohlstandsrecht garantiert sind. Christliche Glaubensaussagen verbinden sich derart mit den Menschenrechten.[26]

2.5 Diakonische Globalisierung

In der Definitionssuche nach dem eigenen Selbstverständnis als lokale und weltweite Kirche innerhalb unserer Zeit kommt damit ihre Pastoral erneut ins

---

25 Mein Diskurs konzentriert sich auf die römisch-katholische Kirche, hat darin allerdings nicht exklusive, sondern generative Bedeutung auch für jenen Katholizitätsbegriff, der sich auf die Ökumene bezieht und von anderen Kirchen derart beansprucht wird. Die ökumenische Universalkirche (vor allem repräsentiert durch den Weltkirchenrat) wird bezüglich der eigenen Teilkirchen und Ortskirchen wohl Ähnliches im Sinne des Evangeliums anzugehen haben bzw. diesbezüglich Begonnenes weiterführen. Doch solches wäre dann in diesem anderen Rahmen selbst zu thematisieren und zu entscheiden. Zugleich benennt und bestätigt die hier verfolgte Konzeption Wirklichkeiten, die längst auch zwischen den Kirchen im ökumenischen Bereich realisiert sind.

26 Vgl. Sander, Hans-Joachim: Macht in der Ohnmacht. Eine Theologie der Menschenrechte, Freiburg/Br. 1999

Gerede. Einmal als sich selber globalisierende Pastoral, zum anderen aber gerade darin als eine sozialkomparative Pastoral, insofern sie die sozialen Verhältnisse der Lokalitäten miteinander vergleicht. Einmal mehr kann die Kirche sich dann gerade weltweit nicht auf das beschränken, was man immer noch gerne als das „Eigentliche" der Kirche anschaut, nämlich auf Verkündigung und Sakramentenspendung (und das könne die Kirche reichen Menschen wie Ländern gegenüber „genauso" tun wie armen Menschen und Ländern gegenüber). Vielmehr begibt sie sich auch und gerade in ihrer globalen Verantwortung in jene doppelte Identität hinein, die ihr von ihrem Gründer her ins Stammbuch geschrieben ist, nämlich mit dem Doppelgebot der Gottes- und der Nächstenliebe, wobei die Letztere der Ersteren an Bedeutung und Wichtigkeit gleich ist (vgl. Mt 22,37-39). Dann stellt sich nicht nur die Frage nach jenen Sozialformen und Projekten, in denen die Kirche weltweit Verkündigung in Worten und Symbolen realisiert und untereinander kommuniziert, sondern in welchen Sozialgestalten und Projekten sich ihre Verantwortung für die *helfende und politische Diakonie* nicht nur in den Einzelländern, sondern auch „global" zwischen Ländern und Erdteilen ausformuliert. Dieser Aspekt entspricht nicht zuletzt der Pastoralkonstitution Gaudium et spes, wenn sie die Verantwortung der Kirche für die ganze menschliche Gemeinschaft hervorhebt und im Einzelnen beschreibt (vgl. Nr. 1, 23ff., 32, 42-45).[27]

Angesichts höchst ambivalenter Globalisierungstendenzen steht die gesamte Kirche gegenwärtig vor der epochalen Herausforderung, ihren lokalen und weltkirchlichen Seinsmodus im Sinne einer „Globalisierung von unten" diakonal, also solidarisch zu rekonstruieren und dabei die bereits bestehenden Vollzugsformen dieser Tätigkeit intensiver als bisher wahrzunehmen, in ihrer theologischen, näherhin ekklesiologischen Würde als zentralen Selbstvollzug ihrer selbst anzuerkennen und – so weit nötig – kognitiv wie kommunikativ (nichtintegralistisch) zu integrieren. Der Blick auf mehr als dreißig Jahre Partnerschaft zwischen hiesigen Dritte-Welt-/Eine-Welt-Gruppen bzw. Pfarrgemeinden und Gemeinden bzw. Diözesen in der südlichen Erdhälfte im Wandel einschneidender Veränderungen im kirchlichen und gesellschaftlichen Bereich auf beiden Seiten konstituiert demnach nicht nur eine Randnotiz, bezieht sich auch nicht nur auf eine zivilgesellschaftliche Manifestation interaktiver Entwicklungshilfe, sondern verbindet sich mit einer elementaren ekklesiologischen Dimension, sofern man in ihnen die praktische Erfahrungsbasis und Richtungsanzeige einer Kirche aufsucht, die ihr Selbstverständnis universaler Katholizität nicht nur über die römische Zentrale defi-

---

27 Vgl. dazu die Eingabe von Alfred Anzel (Weihbischof von Lyon) zum Schema 13 (Kirche in der gegenwärtigen Welt) am 8.10.1965, wo er einen vaterlandsliebenden Nationalismus von einem Hypernationalismus absetzt und die Vaterlandsliebe inhaltlich als Solidarität nach innen und nach außen bestimmt: Patriotismus und übernationale Autorität. In: von Galli, Mario/Moosbrugger, Bernhard (Hrsg.): Das Konzil. Kirche und Welt, Olten/Mainz 1966, S. 106-109

niert, sondern über an der Evangelisierung ausgewiesene Vernetzungsbeziehungen zwischen den Ortskirchen unterschiedlicher Länder und Erdteile. Erst dieses transnationale Geflecht zwischen den Ortskirchen etabliert eine internationale Zwischenstruktur der Weltkirche, auf die sich die Romkirche als Basis ihrer selbst erst zu berufen vermag.

Selbstverständlich sind solche Partnerschaften nicht die einzige Basis dieses Zusammenhangs: Auch die kirchlichen Hilfswerke (Caritas Internationalis, Misereor, Missio und Adveniat) und viele kirchlich getragene bzw. von kirchlichen Gruppen und Ordensgemeinschaften initiierte Projekte interkulturellen Dialogs und Lernens gelten ebenfalls als reale Basis weltkirchlicher pastoraler Verantwortung.[28] Eine ähnliche Basis, hier bezogen auf die gesamtökumenische Kirche der Kirchen, ist in dem bereits seit über hundert Jahren bestehenden Weltgebetstag der Frauen zu finden, worin sich Frauen aus aller Welt jedes Jahr im Bezug auf ein Land in einen intensiven Dialog der Information und des Betens hineinbegeben und sich jeweils ganz konkret für Gerechtigkeit und Barmherzigkeit in einem bestimmten Kontext einsetzen und sich weltweit für entsprechende Projekte vor Ort solidarisch engagieren.[29] Unschätzbar ist die intensive Bildungs-, Informations- und Solidaritätsarbeit, die von diesen Hilfs- und Entwicklungswerken schon seit vielen Jahrzehnten geleistet wird.

Diesen für sich genommen jeweils gar nicht defizitären Realitäten weltkirchlicher Solidarität stehen wohl deutliche Defizite der lehramtlichen und akademischen Theologie gegenüber, diese bestehende Praxis im Horizont der „alten" Paradigmen von Katholizität und Weltkirchlichkeit zu erfassen und konzeptionell als *zentralen* Selbstvollzug der Kirche zu würdigen. Damit spiegeln sie, was in der Praxis ebenfalls der Fall ist: Wenn zum Beispiel in den Gemeinden die zeitlich höchst begrenzten Erinnerungen der Hilfswerke an ihren Kollektentagen dann doch recht wenig auf ihre Gesamtidentität durchschlägt. Ich meine nicht, dass unsere Gemeinden nicht mittlerweile eine starke diakonische Praxis aufweisen, auch nicht, dass die Kirche in unserem Land nicht (insbesondere in ihrer Selbstverwirklichung im Caritas-Verband) dia-

---

28 So etwa das Projekt „Dialog Lernen" der Christlichen Initiative Internationales Lernen und der Missionszentrale der Franziskaner bzw. des Franziskanischen Bildungswerkes, dokumentiert in: Treber, Monika/Burggraf, Wolfgang/Neider, Nicola (Hrsg.): Dialog lernen. Konzepte und Reflexionen aus der Praxis von Nord-Süd-Begegnungen, Frankfurt/M. 1997

29 Vgl. Bechmann, Ulrike: Unser Volk speisen, heilen und befreien. Reflexionen zum Weltgebetstag der Frauen. In: Jahrbuch der Europäischen Gesellschaft für theologische Forschung von Frauen 1 (1993) S. 111-138; dies.: Der Weltgebetstag der Frauen – Praxis interkonfessioneller Arbeit. In: Diakonia 25 (1994) S. 125-130; dies.: Frauen bewegen Ökumene. In: Una Sancta 53 (1998) 4, S. 311-317; neuerdings in der Zusammenfassung der Anfänge und frühen Geschichte der Weltgebetstagsbegegnung in den USA, weltweit und in Deutschland (mit vielen Quellentexten): Hiller, Helga: Ökumene der Frauen, Stein 1999

konische Qualität hätte, sondern beschränke mich in meiner Defizitfeststellung lediglich darauf, dass sich dieser Diakoniebezug dominant auf den eigenen Lebensbereich (der Pfarrgemeinde bzw. des Landes) bezieht und zu wenig das Verhältnis von Weltkirche und Diakonie in den Blick nimmt. Dieses Verhältnis dürfte hierzulande bewusstseinsmäßig wie auch praktisch noch nicht ausreichend ins Zentrum kirchlicher Existenz geraten sein.[30]

Der Gesellschaftsbezug einer lokalen Kirche bezieht sich zwar zuerst auf die eigene Gesellschaft, auf ihre kulturellen und religiösen Pluralitäten sowie auf ihre ökonomischen und ökologischen Strukturen. Im Kontext der Globalisierung muss aber dieser Außenbezug auch als Relation zu den Gesellschaften anderer Länder und Kulturen aufgefasst werden, in einer inhaltlich ebenso profilierten Wahrnehmung wie Kritik dieser Gesellschaften aus den Optionen des Evangeliums heraus. Von diesem globalen Gesellschaftsbezug (der selbstverständlich in realisierter Kommunikation immer nur begrenzt, etwa bi- bis trilateral, eingeholt werden kann) ergeben sich dann ganz bestimmte inhaltliche und soziale Verantwortungsverhältnisse. So benötigen die sozialen Optionen armer Länder korrespondierende Optionen in reichen Ländern, die damit ihre binnenkirchlichen Prioritäten neuen Parametern aussetzen und entsprechend ergänzen und umstellen. Die Weltweite der katholischen Kirche in unterschiedlichen lokalen Kirchen bietet hier, besteht eine entsprechende Vernetzung, eine unschätzbare bereits bestehende Kommunikationsressource, um diese Vernetzungskontakte aufzunehmen und durchzutragen. Das gab es eigentlich schon immer: etwa wenn Missionare in ihre Heimatgemeinde zum Heimaturlaub kommen und dann entsprechend von ihren Erfahrungen erzählen und die Heimatgemeinde dazu bringen, sein Tun dort in angemessener Weise zu unterstützen. Oder wenn zunehmend die missionarischen Ordensgemeinschaften nicht nur die Mission in die fremden Länder hinein, sondern auch die entsprechende Informations- und Bildungsmission in das Heimatland hinein als wesentlichen Bestandteil der eigenen Identität auffassen und verwirklichen.[31] Auch all die bestehenden Partnerschaftsgruppen und Dritte-Welt-Arbeitskreise handeln im Sinne dieser Vernetzung.

Wo es Kirchen gibt, bilden sie die erste Basis des globalen Austausches kirchlicher Pastoral nach innen wie nach außen. Dabei überlappen sich zwei ad-extra-Dimensionen, die selbst wieder in dieser Beziehung zwischen ad intra und ad extra zu rekonstruieren sind. Denn einmal geht es um den Weltbezug zu anderen Gesellschaftsbereichen und Gesellschaften, auch zu denen, die von anderen Religionen oder Weltanschauungen geprägt sind. Dies ist

---

30 So bezieht sich der an sich eindrucksvolle Text der Bischofskommission für caritative Fragen weitgehend nur auf das Verhältnis von Kirche und Diakonie in unserem eigenen sozialen Rechtsstaat: Vgl. die Deutschen Bischöfe – Kommission für caritative Fragen, Caritas als Lebensvollzug der Kirche und als verbandliches Engagement in Kirche und Gesellschaft (Hrsg. vom Sekretariat der Deutschen Bischofskonferenz), Bonn 1999
31 Wie z.B. die missionarische Bildungsstätte der Comboni-Missionare in Ellwangen.

selbstverständlich ein anderes ad-extra als jenes zwischenkirchliche ad-extra der Ortskirchen zueinander, das eigentlich ein ad-intra der Weltkirche ist, von den Lokalkirchen aber, aufgrund der kulturellen und sozialen Unterschiede dieser lokalen Kirchen sowie ihrer Entfernung voneinander durchaus als ein relatives ad-extra erfahren werden. So gibt es unter dem ad-intra-Dach der Weltkirche so etwas wie eine relative ad-extra-Beziehung der lokalen Kirchen zueinander. In ihnen begegnen die lokalen Kirchen, in ihnen begegnet aber auch Rom den authentischen Informationen der fernliegenden lokalen Situationen. Die Subjekte der dortigen Kirche sind immer die ersten Subjekte für die Wahrnehmung der dortigen Wirklichkeit durch die hiesige Ortskirche bzw. durch Rom. Wobei noch einmal genauer hinzuschauen ist, welche Repräsentanten tatsächlich im Sinne einer diakonischen Inkulturation die dortigen Armen sehen. Erst auf dem Hintergrund der Einklagen benachteiligter und ungerecht behandelter Menschen in den fernen Ortskirchen kann dann wohl unterschieden werden, wer diesbezüglich Partner sein kann und wer nicht, wer also *dort* als Gegner wahrzunehmen ist.

Wenn die katholische Weltkirche nicht nur Pathos sein soll, dann wird sie sich auf den Weg machen, die Pastoral der Weltkirche in dieser interpastoralen Weise zu gestalten und auf diesem Weg in einer differenzierten Weise zu globalisieren. Jede interkirchliche Partnerschaft ist nicht nur ein Vollzug der weltkirchlichen Interpastoral, sondern gleichzeitig ein Vollzug der weltkirchlichen Pastoral in ihrem jeweiligen ad-extra-Bezug zu den an der Begegnung beteiligten Gesellschaften (in denen sich die Ortskirchen jeweils befinden): zugunsten ihrer progressiven Humanisierung und Solidarisierung nach innen wie nach außen.

So optimistisch diese Formulierung auf der Wortebene klingt, so sehr knirscht das Ganze in der Praxis: wenn von derartigen Progressionen nichts erfahrbar ist, wenn Konflikte zugunsten der Armen in beiden beteiligten Landeskirchen (bzw. Gemeinden) im je eigenen Identitätsbereich wie im insgesamten politischen Bereich nicht nur nicht zu umgehen, sondern geradezu zu provozieren sind. Probleme und Scheitern sind hier in vielen Fällen ebenso vorprogrammiert wie es dann doch immer wieder Aufbrüche der Veränderung und der Hoffnung gibt.

3. Dynamik der Radikalisierung

Obwohl helfende und befreiende Begegnung mit bedrängten und armen Menschen nie eine Einwegstraße sind, sondern Begegnungen, in denen gerade auch die Helfenden und Solidarischen Bereicherung für ihr Leben erhalten, gibt es doch die durchgängige Erfahrung, dass solche Begegnungen nicht umsonst sind, sondern etwas kosten: Mut, Zivilcourage und das Risiko eigener Benachteiligung. Gott hat sich seine Solidarität mit den Menschen das irdische Leben und das Kreuz seines eigenen Sohnes kosten lassen. Wer deshalb die Gnade und damit die Gerechtigkeit Gottes an die Menschen weitergibt, weiß zwar, dass er nie aus dieser Gnade herausfällt, weiß aber auch, dass ihn diese Weitergabe von Gottes Gerechtigkeit und Barmherzigkeit in ungnädigen bis gnadenlosen Kontexten sehr viel zu kosten vermag. Hier nun ist es ein integraler Bestandteil der Erfahrung der Gnade Gottes, dass sie auch dann noch trägt, wenn das menschliche Zeugnis der göttlichen Gnade auf die Ohnmacht und damit auf das „Martyrium" in seiner Langzeit- wie seiner Kurzzeitform zugeht. An dieser Stelle zeigt sich einmal mehr die elementare Notwendigkeit, Sozial- und Glaubenspastoral zusammenzubuchstabieren, damit die Erstere nicht in Resignation oder auch Gewalttätigkeit mündet.[32] Denn der Glaube verkündet gegenüber der drohenden Sinnlosigkeit und Erfolglosigkeit der Solidarisierung, dass es nie umsonst ist, sich in Gerechtigkeit und Barmherzigkeit zu verausgaben, auch wenn es umsonst erscheint. Das Evangelium beinhaltet die eschatologische Botschaft, dass nichts anderes als Barmherzigkeit und Gerechtigkeit jene Realitäten sind, die das Reich Gottes hier verwirklichen und die einmal im Reich Gottes endgültige Verwirklichung finden. Die Option für die Armen ist kein Erfolgsprogramm, sondern provoziert gerade auch bei denen, die sie ernst nehmen, zusätzliche Erfahrungen der Ohnmacht und des Misserfolgs. Darin nun glauben zu dürfen, dass Gott (im Sinne von Röm 8,26) diese Ohnmacht und dieses Scheitern mitträgt und mit-"seufzt", dass er sich im mitleidenden Christus nicht heraushält, ist der handlungsstärkende und Durchhalten schenkende Trost christlicher Verkündigung.

3.1 Prophetische Botschaft des Papstes

Von frühem Anfang an bestand im Christentum so etwas wie das erkenntnistheoretische Axiom, dass von den Märtyrerinnen und Märtyrern der Kirche Entscheidendes für die Identität christlicher und kirchlicher Existenz zu lernen sei. Sie dürfen nicht vergessen werden. Die Kirchenväter der ersten Jahrhunderte wussten dies, indem sie diese Erinnerung als Herzstück der Kirche ansahen. An ihre Erschließungskraft für die Gestaltung des eigenen Lebens zu glauben, lag nicht zuletzt konsequent in der strukturanalogen Erinnerung an Jesus Christus, an seine Selbsthingabe im Leben und im Tod, an diesen Urmärtyrer im tiefsten Sinn des Wortes, insofern Gott selbst sich hier hineinziehen lässt in die Geschichte der Menschen und darin um der Opfer willen Opfer wird. In diesem Sinn gilt vom Martyrium, was der heilige Pfarrer von Ars vom Kreuz gesagt hat: „Das Kreuz ist das lehrreichste Buch, das man lesen kann. Wer dieses Buch nicht kennt, ist ein Unwissender, selbst

---

32 Vgl. Fuchs, Ottmar: Für eine neue Einheit von Sozial- und Glaubenspastoral! In: Gabriel, Karl u.a. (Hrsg.): Zukunftsfähigkeit der Theologie, Paderborn 1999, S. 93-112, S. 102ff

wenn er alle anderen Bücher gelesen hätte."³³ Auch hier schimmert, zumindest analogiefähig, jene Erkenntnistheorie des Ethischen durch, die Albert Schweitzer reflektiert hat. Eine Kirche also, die ihre Märtyrer und Märtyrerinnen vergisst, vergisst sich selbst, weil sie darin letztlich auch ihre Verwurzelung in *dem* Märtyrer Jesus Christus vergisst.

Johannes Paul II. ruft insbesondere in seinen Texten zur Jahrtausendwende die Kirche und die Ortskirchen dazu auf, die Erinnerung an die globalen und lokalen Märtyrer und Märtyrerinnen nicht aufzugeben, sondern zu vertiefen und zu gestalten, und zwar nicht nur im Bezug auf die ersten und letzten Jahrhunderte, sondern vor allem hinsichtlich des ausgehenden Jahrhunderts. In seinem apostolischen Schreiben zur Jahrtausendwende und zum Heiligen Jahr erinnert er in einer programmatischen Weise daran, dass die Kirche aus dem Blut der Märtyrer hervorgegangen ist, und er schreibt: „Das ist ein Zeugnis, das nicht vergessen werden darf."³⁴ Dieser Satz gilt selbstverständlich auch für die Märtyrer und Märtyrerinnen der ganzen Geschichte und in der Gegenwart. In dieser Tradition der Kirche schimmert eine Einstellung durch, die immer wieder lebendig war: Die Lebenslänge ist nicht der letzte Wert des Lebens, die Quantität des Lebens ist nicht das höchste Ziel.

Johannes Paul II. verweist in diesem Zusammenhang auch auf einen neu zu entdeckenden „Ökumenismus der Heiligen" in allen christlichen Kirchen. Wenn Menschen dafür, dass andere Barmherzigkeit und Gerechtigkeit erleben bzw. eine erlösende Transzendenzbeziehung erfahren, die sie aufrichtet und nicht zerstört, etwas, viel, manchmal auch alles riskieren, dann ist dies ein Geschenk der Gnade Gottes an die Gläubigen, damit sie darin Ermutigung und Kraft finden, in ähnlicher Weise sich in diese Dynamik der Selbstverausgabung hineinzubegeben, die mit der Option für die Armen und die Ausgegrenzten einmal mehr, einmal weniger, je nach der Situation, verbunden ist. Wer das Gnadenjahr des Herrn ausruft, wird insbesondere diese Erinnerung der Existenz gewordenen Gnade Gottes in der Geschichte neu aufrichten.

---

33 Zit. bei Reul, Hanns-Albert: Wie lebt der Christ?, Tengen ³1993, S. 9
34 Johannes Paul II., Tertio Millennio Adveniente Nr. 37. Dieses Anliegen begegnet des Öfteren in den Papsttexten. Es wäre sicher wichtig, die entsprechende Martyriumstheologie des Papstes genauer zu analysieren, insbesondere in ihrer ekklesiologischen und ökumenischen Valenz. Die Märtyrer und Märtyrerinnen besiegeln beispielsweise eine Ökumene, die sich auf der Basis dieser tätigen Selbsthingabe ereignet, nicht unabgesehen von den jeweiligen Glaubenshintergründen, aber doch so, dass die entscheidende Basis nicht der Glaubenskonsens, sondern diese radikale Selbstverausgabung bildet. Es scheint so, als rechne der Papst alle Menschen, die sich zu Gunsten von Menschen selbst aufgeopfert haben, zu diesem Kreis der Ökumene: Vgl. Johannes Paul II., „Incarnationis Mysterium" (Verlautbarungen des Apostolischen Stuhls 136), Bonn 1998, S. 17ff (Nr. 13). Zugleich benennt er immer wieder die Schlüsselbedeutung des Verhältnisses von Kirche und Erinnerung an solche martyriale Selbstverausgabungen: „Der Gläubige, der seine christliche Berufung, für die das Martyrium eine schon in der Offenbarung angekündigte Möglichkeit ist, ernsthaft erwogen hat, kann diese Perspektive nicht aus seinem Lebenshorizont ausschließen" (ebd. S. 18).

Der Papst lässt in diesem Text etwas spüren, was für die Zukunft der Kirchen wohl elementar ist: Dass ihre Mission für die Welt nie mehr in flächendeckenden Eroberungen (seien sie militärischer, seien sie propagandistischer Art) geschieht, nie mehr also mit irgendwelchen Formen von Gewalt und freiheitszerstörendem Zwang, sondern dass die Gläubigen lernen, im Vertreten der christlichen Optionen gewaltlosen Widerstand zu setzen und darin an ihnen ausgeübte Gewalt auszuhalten und nicht mit destruktiver Gegengewalt zu beantworten. Aus dieser Perspektive erschließt sich das kommende Jahrhundert für die Christen und Christinnen, wollen sie denn Gnade Gottes auch in einer gnadenlosen Welt nicht aufgeben, sondern verkünden und verwirklichen, als die Nachfolge des Kreuzes: Jesus hat „das lügnerische Urteil und den gewalttätigen Angriff nicht mit gleicher Münze vergolten, sondern das gesteigerte Böse von seiner Seite her umgedreht und als verdoppelte Liebe zurückgegeben."[35] Man darf ja sich und den anderen nichts vormachen: Jeder Schritt auf eine die bisherige Grenzen der Solidarisierung erweiternde Solidarisierung den darüber hinausgehenden Anderen und Ausgegrenzten gegenüber zu ruft massive Gegenkräfte auf den Plan, strukturell wie individuell. Die Ausrufung des grenzenlosen Gnadenjahres Gottes kann nicht darauf verzichten, an diese Grenzen zu stoßen *und* sie zu durchbrechen. Es ist dann eine besondere Gnade Gottes in der Geschichte, wenn Menschen dafür Risiken auf sich nehmen.

Es gibt Situationen und Augenblicke, in denen es wichtiger ist, sich, anderen und Gott treu zu bleiben, als zu überleben. Immer hätte es wohl Gründe gegeben und immer gäbe sie es auch heute noch, um solche radikalen Selbstverausgabungen mit beschwichtigenden Argumenten zu verhindern. Ein neueres Beispiel dafür ist der Vorwurf, den Hans Conrad Zander in seinem Buch „Warum ich Jesus nicht leiden kann" Jesus entgegenhält, dass er noch viel mehr Menschen von ihren Sünden befreien und von ihren Krankheiten heilen hätte können, wenn er nicht vorzeitig den Kreuzestod gesucht und provoziert hätte.[36]

Diese caritative Entplausibilisierung des Martyriums ist nicht neu, sondern begegnet bereits in der Geschichte, die Markus unmittelbar vor der Passion Jesu erzählt: Jesus sitzt im Haus Simons zu Tisch. Da kommt eine Frau mit teurem Öl in einem kostbaren Alabastergefäß, zerbricht das Gefäß und gießt das Öl über das Haupt Jesu. Einige seiner Jünger werden unwillig und finden ein Argument, um die Unwilligkeit gerade im caritativen Sinne Jesu zu rationalisieren: Was ist das für eine Verschwendung. Man hätte das für diese Kostbarkeiten ausgegebene Geld den Armen geben können. Aber Jesus, der sich doch sonst immer für die Armen einsetzt, nimmt die Frau in Schutz

---

35 Schwager, Raymund: Jesus im Heilsdrama. Entwurf einer biblischen Erlösungslehre, Innsbruck 1990, S. 146
36 Vgl. Zander, Hans Conrad: Warum ich Jesus nicht leiden kann, Reinbek 1992, S. 103-106

und sagt, dass sie ein gutes Werk getan habe, und zwar mit der Begründung: „Denn die Armen habt ihr immer bei euch, und ihr könnt ihnen Gutes tun, so oft ihr wollt, mich aber habt ihr nicht immer." Damit nimmt er in diesem Augenblick die Verschwendung sogar gegen caritative Veranschlagung in Schutz. Denn hier geht es um den unwiederkehrbar kostbaren Augenblick einer tiefen Begegnung und Hingabe, der nicht verspielt werden darf. Solche Augenblicke, etwas, sich selbst zu verschwenden, und keine, aber auch überhaupt keine Berechnungen anzustellen, gehen letztlich nicht auf Kosten der Armen, wollen diese nicht beschämen, sondern sind vielmehr die Erfahrung jener Tiefe des Lebens, in der die Menschen erst jenes Feingespür lernen und jene Kraft erhalten, die es ihnen un-bedingt möglich macht, sich für die anderen zu verausgaben.

Jesus trifft in dieser Geschichte diesen Zusammenhang, wenn er schokkierend unverblümt sagt: „Sie hat im voraus meinen Leib für das Begräbnis gesalbt" (vgl. Mk 14,3-9). Verschwendung und Hingabe bis zum Äußersten geraten hier in Symbol und Realität in einer einzigen Handlung zusammen. Im Kreuz kommt beides zum Vorschein: die verschwenderische Güte Gottes für unser Leben als verschwenderische Hingabe im Tod. Die Selbstverschwendung in den Tod hinein gilt für das Leben. Jesus stirbt nicht für den Tod, sondern dafür, dass die Menschen das Leben in Fülle erhalten. Für Jesus war das Kreuz Besiegelung seiner Integrität, nämlich dass er in seinem Leben und Sterben mit dem übereinstimmt, was er verkündet hat. Und damit bezeugt er, dass er sich, den Menschen und Gott gerade angesichts des Todes treu bleibt und diese Treue auch nicht durch ein längeres Leben verletzen will.

Angesichts dieses Kreuzes ist das menschliche Leben immer nur etwas Vorletztes, nie das Letzte. Nichts Diesseitiges kann absolut gesetzt werden und damit vergötzt werden, auch nicht das Leben. Es ist immer noch fähig, für etwas Wichtigeres, für das Letzte eingesetzt zu werden. Dieses Letzte besteht nach alter christlicher Tradition darin, sein Leben hinzugeben für das Leben der anderen. Diese letzte Tat nämlich grenzt selbst in das Letzte hinein, in den Tod, und trifft darin auf den „Letzten" unserer Existenz, nämlich auf Gott. Jede andere Absolutsetzung schafft Götzen, die sich immer für bestimmte Menschengruppen destruktiv auswirken. Alles hat das Datum des Zerfalls in sich. Die solidarische Liebe aber trägt in sich auch das Datum der Verheißung.

Gewiss: In unserer gegenwärtigen Situation in Westeuropa ist das alles nicht so dramatisch, jedenfalls in der Regel nicht. Aber: Wie der Begriff des Martyriums von seiner deutschen Wortbedeutung bis hin zu diesem griechischen Wort die ganze Dynamik enthält, vom kleinsten Zeugnis bis zum dramatischen Martyrium, so gilt: Alles, auch das Martyrium, bereitet sich „in kleiner Münze" vor, oder auch, um ein biblisches Bild zu gebrauchen, in kleinen Senfkörnern, die aber im Ernstfall sehr schnell zur vollen Reife gelangen können, etwa in der Bekenntnisbereitschaft, wenn es um den Einsatz für einen gnädigen und gerechten Gott geht; in der Tatbereitschaft, wenn es um Hilfe und Solidarität für nahe und ferne Bedrängte geht; und bei allem in der Risikobereitschaft, wenn es darum geht, diese Tatbereitschaften auch dann nicht auszusetzen, wenn dafür Nachteile und Ausgrenzungen auf sich zu nehmen sind. Jeder und jede von uns weiß selbst, wo diesbezüglich im eigenen Leben die Herausforderungen liegen, und wo möglicherweise noch ein Stück weiter gegangen werden kann als bisher. In vielen Ländern der Erde gehen Christen und Christinnen in ihrem Einsatz für das Leben ihrer Mitmenschen so weit, dass ihnen diese „Grenz-über-Schreitung" das Leben kostet. Der Glaube ohne ihre Erinnerung ist wie die Verkündigung der Auferstehung ohne das Kreuz. Die Märtyrer und Märtyrerinnen sind ein Vor-Bild dafür, dass die letzte Konsequenz des göttlichen Gnadenjahres für die Menschen darin bestehen kann, von Gott beschenkt und von den Menschen enteignet zu werden.[37] Wer Gottes entgrenzende Gerechtigkeit zugunsten der Ausgegrenzten vertritt, muss damit rechnen, selbst in seinen Lebensmöglichkeiten begrenzt und ausgegrenzt zu werden.

Was Johannes Paul II. für den Märtyrer sagt, gilt dann für die ganze Kirche: „Der Märtyrer ist vor allem in unseren Tagen Zeichen jener größeren Liebe, die jeden anderen Wert einschließt."[38] Für diesen Inhalt wird die Kirche von Rom die eigene Macht einsetzen, wie sie umgekehrt dann zu riskieren hat, zentralistische Herrschaft zu verlieren und sich selbst von den Orts- und Teilkirchen unter das Gericht dieses Inhalts stellen zu lassen. Dies bezieht sich vor allem auf die Ortskirchen, die sich in Ländern von Not und Unterdrückung befinden. Denn was in Mt 25,37ff. von einzelnen Personen ausgesagt wird, gilt selbstverständlich auch für den vorrangigen Umgang mit Ortskirchen, nämlich dass auch in ihrer Armut und Verfolgung in besonderer Weise Christus begegnet und das entsprechende Zeugnis, also „Martyrium" beansprucht.

3.2 Konzeptionelle Vertiefung

Hannah Arendt reflektiert in ihren Gedanken zum Verhältnis von Wahrheit und Politik die Frage nach der Bewahrheitung philosophischer Aussagen: „Das Sokratische ‚Es ist besser, Unrecht zu leiden als Unrecht zu tun' ist eine Aussage und kein Gebot. Und zwar eine Aussage, die Wahrheitsanspruch stellt und also keine Meinung ist. Politisch dürfte der Satz ohne alle Konsequenzen geblieben sein. Es gibt keine politische Institution, die ihm entspricht. Unleugbar aber ist seine außerordentliche Bedeutung für das praktische Verhalten, die sich nur mit religiös verankerten Geboten, die für das

---

37 Zum Verhältnis von Gnade bzw. Leben und Martyrium vgl. Weckel, Ludger: Um des Lebens willen. Zu einer Theologie des Martyriums aus befreiungstheologischer Sicht, München 1998
38 Johannes Paul II., Incarnationis Mysterium Nr. 13

Verhalten der Gläubigen bindend sind, messen kann. Widerspricht dies nicht der gängigen Überzeugung von der Ohnmacht philosophischer Wahrheit, die sich zudem noch auf die in den platonischen Dialogen so zahlreich belegte Unmöglichkeit berufen kann, die Gültigkeit solcher Wahrheiten zu beweisen? Was dem Wahrheitsanspruch des sokratischen Satzes Geltung verschafft hat, ist offensichtlich eine Beweisführung sehr eigener Art, nämlich dass Sokrates sein Leben für diese Wahrheit einsetzte, nicht als er sich dem Gericht in Athen stellte, sondern als er sich weigerte, sich der Vollstreckung des Todesurteils zu entziehen. Sokrates hat ein Exempel statuiert, das in Tausend von Jahren unvergessen geblieben ist, und diese Probe aufs Exempel ist in der Tat die einzige Beweisführung, deren philosophische Wahrheiten fähig sind. Nietzsche hatte ganz recht, wenn er sagte: ‚Ich mache mir aus einem Philosophen gerade so viel als er imstande ist, ein Beispiel zu geben.' Diese Verifizierung einer theoretischen Aussage durch die Probe aufs Exempel ist eine Grenzerfahrung, so wie man wohl die gesamte Moralphilosophie, in der allein sie möglich ist, für ein Grenzgebiet zwischen Philosophie und Politik halten darf. Denn indem der Philosoph ein Exempel statuiert und so die vielen auf dem einzigen ihm angemessenen und erlaubten Weg gleichsam überredet, ihm zu glauben und nachzufolgen, hat er bereits angefangen zu handeln. Heutzutage, wo es wohl keine philosophische Aussage gibt, die ernst genug genommen würde, um das Leben ihres Urhebers zu gefährden, ist auch diese einzige Chance, einer philosophischen Wahrheit Geltung im Bereich des Politischen zu verschaffen, verschwunden. Nichtsdestotrotz ist es in unserem Zusammenhang bemerkenswert, dass es für den Verkünder einer Vernunftwahrheit immerhin diese Möglichkeit der Verifikation gibt."[39]

Albert Schweitzer widmet sich – wenn auch in der Gedankenführung etwas anders, nämlich im Kontext von Ethik und Subjekt – in einer Rede, die er am 20.10.1952 in der Akademie für Moral und Politikwissenschaften in Paris gehalten hat, einer ähnlichen Fragestellung, indem er das Problem des Ethischen in der Evolution des menschlichen Denkens erörtert.[40] In dieser großartigen Zusammenfassung seiner „Ehrfurcht vor dem Leben" würdigt er die neuzeitlichen Begründungen der Ethik in der Philosophie, markiert ihre Grenze aber genau an der Stelle, wo sie es „nicht für notwendig (hält), die Konsequenzen des Prinzips der *Hingebung* (sei es aus dem kategorialen Imperativ des Gewissens heraus, sei es aus Mitgefühl, sei es aus Utilitarismus, O. F.) in den Bereich ihrer Betrachtung zu ziehen. Es ist, als ob sie eine Ahnung davon hätte, dass sie sich als etwas verwirrend erweisen könnten. Sie sind es in der Tat. Denn die „Ethik der Hingebung aus Mitleid hat nicht mehr

---

39 Arendt, Hannah: Von Wahrheit und Politik, Hörreferat, DerHörVerlag München 1999, Cassette S. 6
40 Vgl. Schweitzer, Albert: Das Problem des Ethischen in der Evolution des menschlichen Denkens. In: Zweig, Stefan/Feschotte, Jacques/Grabs, Rudolf: Albert Schweitzer. Genie der Menschlichkeit, Frankfurt/M. 1961, S. 223-239

den Gesetzescharakter", sie „besteht nicht mehr aus klar gegründeten und klar formulierten Geboten. Sie ist von Grund aus subjektiv, weil sie jedem von uns die Verantwortung zugesteht, zu entscheiden, wie weit er in der Aufopferung gehen will".[41]

Die Ethik der Hingebung befindet sich in einer reißenden Dynamik, die sich weder gesetzlich verordnen noch im Ausmaß begrenzen läßt, die sich nicht mehr mit dem Möglichen bescheidet, sondern das Unmögliche versucht: „nämlich die Aufopferung bis an den Punkt zu treiben, wo sie unsere eigene Existenz gefährdet".[42] In besonderen Situationen kann hier das letzte Opfer der Lebenshingabe gemeint sein. Meist, wie in unserem Alltag, zeichnet sich eine solche Dynamik darin aus, dass der Mensch „mit Rücksicht auf andere eigene Interessen aufgebe und auf Vorteile verzichte".[43] Diese prinzipielle Subjektivität[44] einer bis zur Hingabe gehenden Ethik, verbunden mit einer Universalisierung des ethischen Auftrags allem Leben gegenüber, sprengt nach Albert Schweitzer die philosophischen Kategorien, weil sie, seiner Meinung nach mit Recht, fürchtet, „daß diese Erweiterung unseres Verantwortungsbereichs der Ethik nicht die mindeste Hoffnung ließe, moralische Anweisungen mit annähernd rational befriedigender Begründung formulieren zu können".[45] Erst

---

41 Ebd. S. 233-234
42 Ebd. S. 234
43 Ebd. S. 234
44 Eine solche Subjektethik korrespondiert heute möglicherweise ebenso kritisch wie anschlussfähig dem, was die Soziologie unserer Gesellschaft an Individualisierungstendenz bescheinigt hat; vgl. Hitzler, Ronald: Zur religiösen Dimension der Bastelexistenz. In: Honer, Anne u.a. (Hrsg.). In: Diesseitsreligion, Konstanz 1999, S. 342-363. Strukturanalog zur Individualisierung handelt es sich auch bei der Subjektethik um kein Isolationsphänomen, sondern um die Suche nach einer neuen Qualität der Gemeinschaftsfindung und -bildung: Hier einer Ethik und einer Gemeinschaft, in denen bestimmte Menschen derart subjektiv Selbsthingabe vor-legen, dass sie dadurch an die insgesamte Gemeinschaft eine entsprechende Spannung anlegen, die alle mehr oder weniger erfasst. Man kann die in der Gesellschaft bei Einzelpersonen feststellbare Dynamik zu einer größeren Verbindung von Event-Gestaltung und Risiko (no risk, no fun), die sich zuweilen bis zur äußersten Gefährdung steigert, als eine in einem völlig anderen Bereich depravierte Parallele der ethischen Dynamik zur Selbsthingabe ansehen, allerdings mit egobezogenen Vorzeichen. In der Gesellschaft finden sich im Moment durchaus gegenläufige Dynamiken, einmal die eben beschriebene, dann die diese konterkarierende Dynamik, nur solche Gemeinschaften (dann nur zeitweise) zu konsultieren, die keine allzu hohen Kosten besorgen, was zu der Wirkung führt: Je mehr qualitativen Aufwand eine Gemeinschaft benötigt, desto quantitativ weniger sammeln sich darin. Jedenfalls sind insgesamt unverbundene Teildynamiken vorzufinden, die im Horizont christlicher Ethik und Gemeinschaft zu einer ganz bestimmten Identität verbunden werden könnten (zu ähnlichen Ergebnissen im Zusammenhang christlicher Sozialarbeit bei rechtsradikalen Jugendlichen vgl. Fuchs, Ottmar „Täterpastoral" und „Tatpastoral" in der Jugendarbeit, in: Amann, Hans u.a. (Hrsg.): Kundschafter des Volkes Gottes, München 1998, S. 238-261).
45 Schweitzer, Albert: Problem, S. 235

an dieser Stelle wird die Ethik wirklich autonom, weil sie sich nicht mehr auf einen bestimmten weltanschaulichen oder philosophischen Diskurs berufen kann, sondern diesen sowie seine Begründungsstrukturen durch die eigene Selbsthingabe überbietet, ohne die Plausibilisierung der Ethik im Horizont der Vernunft bis zu einem gewissen und auch notwendigen Grade gering zu achten oder außer Kraft zu setzen.

Damit wird sie auch nicht zum Handlanger eines sich universalistisch gebenden europäischen Vernunftbegriffs, der seine eigene kulturelle Begrenzung nicht wahrnimmt und deshalb meint, ihn den anderen kulturellen Formen menschlicher Vernunft aufzwingen zu müssen. „In ihren Anfängen hatte die Ethik das Bedürfnis, sich auf eine ihr gemäße Weltanschauung zu berufen. Nun, da sie zu der Erkenntnis gelangt ist, dass ihr Grundprinzip das Opfer ist, wird sie sich ganz ihrer selbst bewusst und wahrhaft autonom."[46] Dieses Grundprinzip ist nun allerdings universal. Die alle philosophischen Diskurse noch einmal unterlaufende unmittelbare und darin *universale* Grundgegebenheit unseres Bewusstseins, „auf die wir jedes Mal wieder zurückgeleitet werden, wenn wir zu einem Verständnis unserer selbst und unserer Situation in der Welt vordringen wollen, ist: *Ich bin Leben, das leben will, inmitten von Leben, das leben will.*"[47] Darauf nun folgt ein eigenartiger Satz, der die ganze Dialektik zwischen Leben und Opfer offenlegt: „Da ich Wille zum Leben bin, bejahe ich mein Leben – was nicht einfach besagen will, daß ich Wert darauf lege, mein Dasein fortzusetzen, sondern daß ich es als höchstes Geheimnis empfinde."[48]

3.3 Geheimnis der Selbstaufopferung

Schweitzer vertritt also alles andere als einen Lebensvitalismus, sondern bezieht gerade aus der Verpflichtung, „jeglichen Willen zum Leben in meiner Umgebung dem meinen gleichzuachten",[49] die Dialektik dieses Lebens, die darin bestehen kann, dass sich sein höchstes Geheimnis gerade darin zeigt, dass ich um des Lebens der anderen willen das eigene Dasein nicht fortsetzen will oder muss. In diesem martyrialen Sinn ereignet sich die „veneratio vitae" als die Ehrfurcht vor ihrem Geheimnis, was Schweitzer in seinem letzten Satz dieser Rede sagen lässt: „Durch die Ehrfurcht vor dem Leben werden wir auf eine elementare, tiefe und lebendige Weise fromm."[50]

Dieses letzte Geheimnis menschlichen Lebens und seiner Ethik ist nach Schweitzer der neuzeitlichen Philosophie fremd,[51] jedenfalls von ihr nicht

---

46 Ebd. S. 237
47 Ebd. S. 237
48 Ebd. S. 237
49 Ebd. S. 237
50 Ebd. S. 239
51 Schweitzer charakterisiert hier die Philosophie bis 1952. Mittlerweile hat sich die philosophische Landschaft auch diesbezüglich verändert, vor allem wenn man an das

mehr rational begründbar und plausibel zu rechtfertigen. Sie analysiert zwar das „verwirrende Schauspiel des Willens zum Leben, der im Widerspruch zu sich selber ist. Eine Existenz erhält sich auf Kosten der anderen."[52] Aber sie entwickelt keine kostenorientierte Gegenstrategie. Schweitzer formuliert weiter: „Die Welt, das ist das Entsetzliche in der Herrlichkeit, das Absurde im Verständlichen, das Leiden in der Freude."[53] Der Tiefe des Entsetzlichen, des Absurden und des Leidens in der Existenz des Lebens stellt sich der Mensch nach Schweitzer offensichtlich nur dann – und dies wäre die Gegenstrategie auf dem Niveau des Problems – wenn er seine eigene Existenz bis auf die Tiefe dieser Erfahrungen zutreibt: Indem er in der Gefährdung des eigenen Lebens das Leben der anderen bejaht, indem er in der Sehnsucht, das Leben zu erhalten, sein eigenes Leben schädigen lässt, indem er in der Verständlichkeit einer mit dem Selbsterhalt begründbaren Ethik anderen gegenüber die Absurdität jener Ethik angeht, die sich, weil sie sich auf andere Ermöglichungsquellen bezieht, in das Absurde der Selbstaufopferung hineinbegibt.[54]

Werk eines Emmanuel Levinas denkt: vgl. Levinas, Emmanuel: Jenseits des Seins oder anders als Sein geschieht, Freiburg/München ²1998, S. 157-164

52   Sehr pointiert formuliert Schweitzer: „Im Laufe des 19. Jahrhunderts ist die Forschung, die sich allein durch das Streben nach objektiver Wahrheit leiten läßt, genötigt, sich davon zu überzeugen, daß die Ethik von einer wahrheitsgemäßen Welterkenntnis nichts zu erwarten hat. Die Fortschritte der Wissenschaft bestehen in einer immer genaueren Erklärung der Naturvorgänge. Sie gestatten uns, die Kräfte, die das Weltall durchwalten, in unseren Dienst zu stellen. Aber zugleich nötigen sie uns, mehr und mehr auf ein Begreifen seines Sinnes zu verzichten" (ebd. S. 236).

53   Ebd. S. 236

54   Bezüglich der Kontextualisierungsmöglichkeiten ethischer Radikalisierung im Sinne christlicher Existenz (die eigens behandelt werden müssten) sei hier nur angedeutet: Eine solche Ethik überholt oder unterläuft jede Art von Solidaritätskonzeption, die die Fähigkeit zur Solidarität realistisch auf dem Motiv des Eigennutzes aufbaut (vgl. Hondrich, Karl Otto/Koch-Arzberger, Claudia: Solidarität in der modernen Gesellschaft, Frankfurt 1992). Selbstverständlich ist nichts gegen diese allgemeinen Stützen gesellschaftlicher Solidarität und ihrer Verinnerlichung zu sagen, auch nichts gegen die Eventisierung der Hilfe (etwa nach dem Motto „Helfen muss Spaß machen!", wie etwa in der Verbindung von Spenden und Unterhaltungssendungen), sowie gegen die Grundmaxime „was hilft, ist gut!" (in dem Sinn: was anderen hilft und zugleich für mich gut ist, das ist in Ordnung!), doch fällt eine solche Solidarisierungsbasis im Ernstfall, wenn die „Stützen" wegfallen, auf sich selbst zurück und landet in der Nahsolidarisierung der eigenen Bereiche. Außerdem kann man in ganz bestimmten katastrophalen Bereichen nicht mehr davon ausgehen zu sagen, „Menschen, die gefoltert werden oder gefoltert wurden, zu helfen, macht Spaß!". Auf diesem Hintergrund benötigen wir ein *darüber hinausgehendes* und zugleich *realistisches* Motiv für jene Solidarität, die nicht mehr Spaß macht und bei der man sich schlecht fühlt. Mit dem Blick auf Menschen, die in der Dynamik solcher Selbsthingabe als Vorbilder erkannt und eingeschätzt werden, gäbe es dann einen durch und durch realistischen, weil *vorgelebten* Bezug dieser Solidarität, die dann nicht als überhöhende Idealisierung wirkt, sondern als eine Dynamik, über deren Einsatzgrad die Menschen selber zu entschei-

Die Menschenwürde der Anderen

Stefan Zweig hat in seiner eindrucksvollen Beschreibung eines Besuches bei Albert Schweitzer im Jahre 1932 zielsicher eben dies als die Quintessenz seines Denkens und Handelns getroffen, wenn er schreibt: „Aber um seiner höchsten Tat willen, um jenes Spitals, das er aus reiner menschlicher Aufopferung, einzig um eine europäische Schuld zu sühnen, im Urwald von Afrika ganz allein, ohne irgendeine staatliche Hilfe gegründet und geschaffen, um dieser einzigartigen und beispielgebenden Selbstpreisgabe willen liebt und bewundert ihn jeder, der um das Menschliche weiß, all jene, denen Idealismus nur dann groß erscheint, wenn er über das geredete und geschriebene Wort hinausgeht und durch Selbstaufopferung zur Tat wird."[55] Stefan Zweig bringt hier einen Begriff, den auch Albert Schweitzer in seiner Rede von 1952 erwähnt, nämlich den Begriff der *Sühne*. Dort bezieht er sich auf folgenden Tatbestand: Die Tatsache, dass es kein Leben gibt, das nicht schuldig werden müsste, nämlich in der „unausweichlichen Notwendigkeit..., Leiden zu verursachen, zu töten und uns damit abzufinden, daß wir, eben aus Notwendigkeit, schuldig werden",[56] treibt uns zur permanenten Sühne, „daß wir keine Gelegenheit versäumen, lebendigen Wesen Hilfe zu leisten."[57]

Eben diesen Zusammenhang realisiert Schweitzer, indem er gerade nach Afrika geht. Zunächst, weil dort die Ärmsten der Armen und die Verlassensten der Verlassenen zu finden sind. Schon das sei ein Wahnsinn, sagen seine Freunde und seine Verwandten. Warum bleibt er nicht in Europa, wo auch

---

den vermögen. Es handelt sich um durch und durch „hard facts" von wirklichen „Gutmenschen" und nicht um läppische ethische Zumutungen für „Weicheier". Allerdings handelt es sich um personale Realitäten, die sich aus unserer Perspektive in einem Gottesbezug befinden, der in der gegebenen Begrenztheit eine immer neu entgrenzende Dynamik, im Ernstfall auch über den Eigennutz hinaus, ermöglicht. Soziologisch dürfte eindeutig sein: Während die allgemein plausibilisierbaren ethischen Maximen der Solidarisierung die insgesamte kollektive Folie des gesellschaftlichen ethischen Bewusstseins abgeben, kann nur im Nahbereich menschlicher Beziehungen jene Ethik erlebt werden, die diese Paradigmen durchstößt. Dieser Nahbereich vermittelt jene Bedingungen, unter denen der Mensch dann tatsächlich zu handeln vermag. Und umgekehrt gibt es keine solche Gemeinschaften, wenn darin nicht personale Realitäten mit der entsprechenden Berufungspastoral vorhanden sind, die diese Dynamik immer wieder eröffnen. Damit sind wir bei jener notwendigen Dialektik von Normalfall und Extremfall, von „normaler Gemeinschaft" und „unnormaler" Selbstverausgabung des einzelnen Menschen angelangt, die auch Kirche und Martyrium (und die entsprechende Erinnerung) charakterisieren. Dass es sich im gesellschaftlichen wie im kirchlichen Bereich dabei immer auch um einen Prozess „wider alle Hoffnung" handelt und dass gerade darin mit der „Ohnmachtsgeschichte der Menschenrechte" zu rechnen ist, hat neuerdings eindrücklich Hans-Joachim Sander herausgestellt (Macht in der Ohnmacht. Eine Theologie der Menschenrechte, Freiburg/Br. 1999, hier S. 162-169)

55 Zweig, Stefan: Unvergeßliches Erlebnis. In: Zweig, Stefan u.a. (Hrsg.), Albert Schweitzer, S. 9-19, S. 11
56 Schweitzer, Albert: Problem, S. 235
57 Ebd. S. 235

Elend genug da wäre? Stefan Zweig formuliert diesen Grund folgendermaßen: „Weil sich dort hinab niemand wagt, außer den Geldverdienern, Abenteurern und Karrieremachern, weil gerade dort im Urwald, in der täglichen Lebensgefahr der aus reinen, ethischen Motiven wirkende Mensch nötiger ist als irgendwo."[58]

Doch dann bezieht sich Zweig auf eine weitere Begründung Schweitzers, die er einen „mystischen Gedanken" nennt: „Und dann – mystischer Gedanke – dieser eine Mensch will für seine Person jenes ungeheure, unsagbare Unrecht sühnen, das wir Europäer, wir, die angeblich so kulturelle weiße Rasse, an dem schwarzen Erdteil seit hunderten Jahren begangen haben. Würde einmal eine wahrhafte Geschichte geschrieben werden, was die Europäer an Afrika verbrochen .... haben..., dann würde eine solche historische Aufstellung eines der größten Schandbücher unserer Rasse werden und unser frech getragenes Kulturbewußtsein für Jahrzehnte zur Bescheidenheit dämpfen. Einen winzigen Teil dieser ungeheuren Schuld will nun dieser eine religiöse Mensch mit dem Einsatz seiner Person bezahlen durch die Gründung eines Missionsspitals im Urwald – endlich einer, der nicht in die Tropen geht um des Gewinns, um der Neugier willen, sondern aus reinem humanen Hilfsdienst an diesen Unglücklichsten der Unglücklichen."[59] Und um dies zu können, setzt er sich mit jungen Studierenden in Paris in die Hörsäle und studiert, nachdem er mit 30 Jahren Professor der Theologie geworden war, unter gar nicht leichten Lebensumständen Medizin, um dort hilfefähig zu sein, wo er ab 1930 sein wird: im Spital am Ogowe-Fluss in Lambarene.

Das Motiv der *Selbstverausgabung* und der *Sühne* unterbrechen die Kontinuität seines bisherigen Lebens, und gerade diese Unterbrechung ist es, die Freunden und Verwandten gegenüber kaum mehr plausibel gemacht werden kann. Hier zeigt Albert Schweitzer in der eigenen Existenz, was er in seiner Rede 1952 ins Wort hebt, nämlich die letztlich autonome Ethik, die sich in der Dynamik subjektiver Aufopferung zeigt, auch gegen die herrschenden Plausibilitäten und Sinnverständnisse, auch wenn es als Wahnsinn (wie Stefan Zweig formuliert) angesehen wird. Was Schweitzer hier denkt, sagt und tut, lässt sich unschwer mit der „Torheit des Kreuzes" in eine analoge Beziehung bringen, mit Vorsicht zwar, aber auch nicht so, als dürfte man dieses Theologumenon nicht auch derart in der menschlichen Existenz aufsuchen und auffinden.

Die Replik auf Wort und Leben Albert Schweitzers zeigt die existentielle Explikation christlichen Glaubens in der Universalisierung für alle Menschen in allen Ländern und Völkern genauso wie in ihrer Radikalisierung bis hin zur Selbsthingabe. Von daher definiert sich die Menschenwürde an dem, was sie an Einsatz wert ist.

---

58 Zweig, Stefan: Erlebnis, S. 12
59 Zweig, Stefan: Erlebnis, S. 12-13

3.4 In unfanatischer Radikalität

So haftet jeder bis zum Äußersten gehenden Zeugenschaft aus der Perspektive einer normalen Rationalisierung eine tiefe Unverständlichkeit und angebliche Un-Nötigkeit an. Und doch wissen die Betroffenen: Jetzt ist genau dies notwendig, und sie selbst sind dabei oft nicht in der Lage, diese Notwendigkeit mit der Kraft ihrer Einsicht einzuholen. So ergeht es Dietrich Bonhoeffer im Jahr 1939 in New York. Ohne es seinen Freunden und auch sich selbst plausibel machen zu können, weiß er sich in einer letztlich nicht durchschaubaren, allerdings durch seine bisherige Glaubenstiefe vorbereiteten existentiellen Evidenz dazu gedrängt,[60] die USA zu verlassen und wieder nach Deutschland zurückzukehren, obgleich alles eigentlich ganz anders gedacht war. So schreibt Dietrich Bonhoeffer am 20. Juli 1939, nachdem er abgelehnt hatte, in New York zu bleiben: „Für mich bedeutet es wohl mehr, als ich im Augenblick zu übersehen vermag. Gott allein weiß es. Es ist merkwürdig, ich bin mir in allen meinen Entscheidungen über die Motive nie völlig klar. Ist es ein Zeichen von Unklarheit, innerer Unehrlichkeit oder ist es ein Zeichen dessen, daß wir über unser Kennen hinausgeführt werden oder ist es beides? Zuletzt handelt man doch aus einer Ebene heraus, die uns verborgen bleibt... Am Ende des Tages kann ich nur bitten, daß Gott ein gnadenvolles Gericht üben möge über diesen Tag und allen Entscheidungen. Es ist nun in seiner Hand."[61]

---

60 So entwickelt Bonhoeffer in seiner Christologie jene Gegenwart Christi in den Leidenden, die das Mitleid zum entscheidenden Sinnesorgan christlichen Handelns werden lässt; vgl. Kallen, Werner: In der Gewißheit seiner Gegenwart. Dietrich Bonhoeffer und die Spur des vermißten Gottes, Mainz 1997, S. 158-164. Albert Schweitzer hat geschrieben: „Die Forderung des Mitgefühls gegenüber allen lebenden Wesen ist es also, die der Sittlichkeit die letzte Vollkommenheit verleiht" (Problem, S. 236). Wenig später spricht er dann auch von der Wahrhaftigkeit als der, neben dem Mitleid, Haupteigenschaft der sittlichen Persönlichkeit: „Die Achtung, die der Mensch dem eigenen Leben schuldet, fordert von ihm die Treue zu sich selbst und damit den Verzicht auf jegliches Verleugnen der inneren Überzeugung, das ihm unter diesen oder jenen Umständen nahegelegt werden könnte; und, ganz allgemein gesprochen, veranlaßt sie ihn, so groß und edel wie möglich zu werden" (ebd. S. 238). Indem Schweitzer Wahrhaftigkeit und Mitleid in ihrer Kombination als Basis der sittlichen Persönlichkeit ansieht, bindet er die Treue an sich selbst an das Mitleid mit den anderen und gelangt auf seine Weise ins Zentrum jener Einsicht, die im Horizont des Martyriums als die Verbindung der Integrität der eigenen Identität in einer bestimmten Situation zu Gunsten anderer Menschen thematisiert wird. Auch Schweitzer beansprucht in dieser von ihm formulierten „letzten Vollkommenheit" nicht, dass diese sich mit dem Absoluten vergleichen könne: „Das Absolute bezeichnet eine so abstrakte Vorstellung, daß es sich dem lebendigen Begreifen entzieht. Es ist uns nicht beschieden, dem unendlichen und unergründlichen Schöpferwillen, auf dem alles Sein beruht, im klaren Wissen um sein Wesen und seine Absichten zu dienen. Aber wir treten in ein geistiges Verhältnis zu ihm, wenn wir uns bewußt bleiben, unter der Einwirkung des Lebensgeheimnisses zu stehn, und uns tätig hingeben an alle lebendigen Wesen, denen zu helfen wir die Gelegenheit und die Möglichkeit haben" (ebd. S. 238)
61 Bonhoeffer, Dietrich: Gesammelte Schriften I, München 1958, S. 303-304

Hier wirkt sich die innergeschichtlich erfahrbare „Transzendenz" Gottes als eine unbedingte Herausforderung aus, die letztlich argumentativ oder sonstwie kalkulierend nicht mehr eingeholt werden kann. Denn auch für das Bleiben in New York finden sich durchaus gute, auch christlich vertretbare ethische Argumente. So braucht es letztlich eine existentielle Entscheidung, die zwar alle Argumente durchgesprochen hat und welche die verstandliche Ebene nicht gering schätzt – die sie aber am Ende doch durchstößt, weil sie sich letztlich nicht mehr selbst rechtfertigen kann, sondern ihren Wahrheitswert vertrauensvoll in Gottes Hand legt. Dietrich Bonhoeffer setzt sich diesem Widerfahrnis aus, ohne es durch die Vorstellung, sein Leben restlos selbstbestimmt modellieren zu können, der eigenen Verfügbarkeit unterzuordnen.

Hier kommt etwas Eigenartiges, total Antifundamentalistisches zum Vorschein: nämlich die strikte Verbindung von absoluter Selbsthingabe und nichtbeanspruchter absoluter Wahrheit bezüglich dieser doch das eigene Sein absolut betreffenden Entscheidung. Bonhoeffer *hofft*, dass seine Entscheidung richtig ist, er weiß es aber nicht, weder im Bereich menschlicher Denkkraft noch im Bereich seiner Gottesbeziehung. Den letzten Wahrheitswert seiner für ihn doch letztgültigen Entscheidung legt er in Gottes Hand. In einer solchen Gottesbeziehung, die Gott noch einmal die letztgültige Wahrheitsfähigkeit gegenüber der eigenen Entscheidung überlässt, auch wenn diese Entscheidung für die eigene Existenz letztgültig ist, verhindert jenen Fatalismus und Fanatismus, wie sie gerade in der radikalen Selbsthingabe oft als Versuchung aufscheinen, nämlich in der Qualität der Endgültigkeit einer Entscheidung bezüglich der eigenen Existenz gleichzeitig die endgültige Wahrheit Gottes für sich und für andere behaupten zu können.

Bonhoeffer macht hier sehr deutlich: In keiner, bezüglich der eigenen christlichen Identität noch so konsequenten Entscheidung beansprucht er die absolute Wahrheit Gottes. Sonst würde selbst noch in diesem Augenblick die große Versuchung lauern, aus Gott dadurch einen Götzen zu machen, dass man sich selber divinisiert, aus der Begründung und dem Anspruch heraus, sich derart radikal zur Verfügung gestellt zu haben. Auch in Jesu Schrei am Kreuz (vgl. Mk 15,34), warum er ihn verlassen habe, kommt diese elementare Dialektik zum Ausdruck: In der Spannung zwischen der endgültigen Selbsthingabe in den sicheren Tod und der Unsicherheit, wie Gott „wirklich" dazu steht bzw. stehen wird: Wahrheit ist immer eine eschatologische Wirklichkeit. Diese Dialektik ist bis in den Tod hinein nicht auflösbar, wenngleich sie immer wieder in Hoffnung und Gebet überbrückbar ist. Die zwischenmenschliche Not-Wendigkeit kann nicht linear auf die göttliche Wahrheit „hochgerechnet" werden, wenngleich Solidarität bis zum Äußersten sehr approximativ an die in Jesus Christus erschienene „subjektive" Wahrheit Gottes heranreicht. Jedenfalls darf Letzteres intensiv geglaubt und erhofft werden.

Durch die Bezeugung eines derart den Menschen übersteigenden und in jene, die sich für das äußerste Martyrium öffnen, hineinsteigenden Transzendenz Gottes (bezüglich ihrer bisherigen Kontinuitäten und Rationalitäten) wird also die Diakonie für die Armen und die Option für die anderen nicht geschmälert, sondern bis auf die Tiefe ihres Geheimnisses, nämlich Gottes selbst, und darin auf die Tiefe der eigenen Selbsthingabe zu radikalisiert. Die Perspektivenübernahme (von den Bedrängten her) wird zum Perspektive-*Sein*, indem die diesbezüglich Engagierten selbst Bedrängte und Opfer werden. Eine solche „Ethik" ist nicht die überfordernde Konsequenz einer „Über-Ich-Gesetzlichkeit", sie kann nie zur Pflicht gemacht werden, sondern erwächst aus der lebendigen Beziehung zwischen Mensch und Gott und der von ihm auf den Menschen angelegten Dynamik des „Semper maior" und ist damit letztlich ein Ausdruck der Gratuität, der Gnade. Um eine Gnade handelt es sich hier, in der sich die Menschen in ihrer Existenz und in ihrer Würde von Gott anerkannt wissen, unverbrüchlich, treu und für alle Zeiten. Auch über den Tod hinaus. Die Angst vor dem Sterben wird damit nicht beseitigt, aber sie darf sich auf die Hoffnung hin transzendieren lassen, darüber hinaus mit Leben beschenkt zu werden.

Dies hat pragmatische Konsequenzen: Neuere Untersuchungen in den USA haben ergeben, dass Menschen, die Angst vor dem Tod haben bzw. diese Angst permanent verdrängen müssen, zu festen Lebens-, strikt geordneten Gemeinschaftsformen und zu geschlossenen Weltanschauungen mit exklusivem Anspruch neigen, worin sie alles ordentlich und sicher gegliedert beieinander haben, wobei jede Infragestellung von außen (allein schon dadurch, dass es etwas *anderes gibt*) durch Herabsetzung dieses Außen depotenziert werden muss. Dadurch steigt die negative Vorurteilsanfälligkeit bei diesen Personen[62] und die Unfähigkeit, die universale Menschenwürde zu achten.

Dass Gott so verkündet wird, dass er derart christliche und kirchliche Existenz trägt und in ihrer Solidarisierungskraft beschleunigt, dass er sie über die Solidarisierung selbst noch einmal hinaus trägt, wenn es um die Integrität der eigenen christlichen Existenz geht, wo die kontinuierliche Solidarisierung durch den Einsatz des eigenen Lebens unter- und abgebrochen wird, dann geschieht die Nachfolge Jesu im Kontext der Geschichtlichkeit des Kreuzes und im Horizont der eschatologischen Auferstehung. Um die Beziehung zu diesem Geheimnis Gottes im eigenen Leben aufrecht zu erhalten, ist Jesus wochenlang in die Einsamkeit der Wüste gegangen, fernab von allen Zwecken und Sinnvolligkeiten, geradezu kontrafaktisch auch zur caritativen Berechnung. Was hätte er anderen Menschen in dieser Zeit helfen können? Und

---

62 Vgl. Paulus, Jochen: Der Gedanke an den Tod aktiviert Schwarzweißdenken. In: Psychologie Heute 27 (2000) S. 7, S. 18. Hier bestätigt sich interessanterweise auf empirischem Weg die heute gerade von der empirischen Psychologie oft abfällig eingestufte spekulative Psychologie zum Beispiel eines Fritz Riemann (Grundformen der Angst, München 1973), der in ähnlicher Weise bereits einen Zusammenhang zwischen zwanghafter Struktur und dem Am-Leben-bleiben-wollen herausgearbeitet hat; vgl. dazu auch Fuchs, Ottmar: Lebendige Predigt, München 1978, S. 64-84, bes. S. 72ff

doch ist gerade diese Selbstvertiefung in das Geheimnis Gottes die mystische Bedingung der Möglichkeit, im Ernstfall ohne jede Berechnung alles zu geben, bis hin zum Kreuz, das von menschlicher Kompromissfähigkeit zwischen Inhalten und Überleben kaum plausibilisierungsfähig war und ist.

3.5 Am Beispiel der Mission

Bleiben wir in der „phänomenologischen" Betrachtung unseres Themas, um von daher schrittweise auf die Grundstrukturen christlicher Kommunikation im Horizont der Gottesbeziehung zu gelangen und darin jene letztlich unableitbare ethische „Autonomie" zu reflektieren, von der Albert Schweitzer gesprochen hat.

In folgendem Beispiel wird zugleich deutlich, wie künftig, das heißt im neuen Jahrhundert und Jahrtausend, christliche Mission zu geschehen hat, nachdem sie im letzten Jahrtausend so sehr auf gewalttätigem Sieg und flächendeckende Eroberung der Welt aus war, dass sie, trotz des vielen unschätzbar Guten, was sie auch geschaffen hat und was nicht geleugnet werden darf, doch immer in der Versuchung war und ihr allzu oft erlag, die anderen Menschen zur „Selbsthingabe" (vom Entzug des Lebensgestaltungsrechtes bis hin zum Entzug des Lebensrechtes) zu zwingen als sich selbst diese Hingabe gegenüber den anderen aufzuerlegen, was gleichzeitig damit verbunden war, die andersdenkenden und -glaubenden Menschen und Völker nur dann gleichstufig zu achten, wenn sie sich in die eigenen Bereiche integriert und mehr oder weniger ihre bisherige Identität aufgegeben haben. Die *vorgängige* Achtung *aller* Menschen als „Kinder Gottes" im Horizont der universalen Gnade Gottes war wohl eine Rarität ganz bestimmter Personen und Gemeinschaften.

An diesem Beispiel wird wohl auch klar werden, wie ein Mensch den qualitativen Sprung von der einen Strategie der Missionierung christlichen Glaubens in den anderen Modus seiner Vermittlung schafft, dazu durchstößt und sich dazu bewegen lässt. Damit kommt biographisch zum Ausdruck, was der Christentumsgeschichte an qualitativem Sprung zwischen der alten Epoche des letzten Jahrtausends der hoffentlich neuen Epoche des kommenden Jahrtausends bevorsteht. Stößt das Christentum nicht zu dieser neuen Qualität und damit zu einer Radikalisierung seiner Identität vor, dann hat sie die Zeichen der Zeit und der Geschichte endgültig nicht erkannt und sie wird zu einer jener religiösen Sekten und Vereine verkommen, die ihr hauptsächliches Ziel in der Mitgliederwerbung sehen, und zwar mit allen möglichen Mitteln, um den eigenen Verein aufrecht zu erhalten. Nur ein qualitativer Sprung in jene Identität, die ihr im Angesicht des Kreuzes von dem eingeschrieben ist, dessen Namen es trägt, kann das Christentum davor bewahren, auf einer solchen Atrophiestufe seiner selbst zu verkommen.

Die Menschenwürde der Anderen

Methodisch löse ich damit ein, was Albert Schweitzer bezüglich der Entdeckbarkeit dieser Ethik gesagt hat, nämlich dass diese Ethik der Hingabe jenseits gesetzlicher Auferlegbarkeit und rationalistischer Begründbarkeit in ihrer Dynamik am Subjekt zu studieren sei.[63] Wenn ich diesen Gedanken etwas kühn zusammenbringe mit der Erkenntnistheorie eines Walter Benjamin, worin sich insbesondere am Extremfall zeigt, was prinzipiell der Fall ist,[64] dann ist diese Ethik vornehmlich an jenen Personen zu entdecken und zu schauen, die bis zum letzten Extrem dieser Aufopferung gegangen sind bzw. gezwungen wurden.

Ich erzähle die Geschichte von Pater Rudolf Lunkenbein. Wir finden den Salesianerpater 1970 in Merúri bei den Bororo-Indios im Amazonasgebiet des Mato Grosso. Er hat den Auftrag, diesem Stamm das Evangelium zu verkünden. Schon bald merkt er aber: Der ganze Stamm ist vom Aussterben bedroht. Und dies ist kein Naturereignis, sondern ein von Menschen verschuldetes Geschehen. Dahinter steht die Auseinandersetzung mit den weißen Großgrundbesitzern und Siedlern, die immer weiter in das Gebiet der Indios eingedrungen sind und kurz davor stehen, alles unter sich zu verteilen. Weil die Indios in dieser Auseinandersetzung immer mehr ihre Lebensgrundlage, den Regenwald, verloren haben, haben sie resigniert. Ab Mitte der sechziger Jahre bauen sie keine neuen Hütten mehr; auch haben sie damit aufgehört, ihre eigene Sprache zu pflegen. Die Frauen trinken die empfängnisverhütende Kraft einer Waldpflanze. Sechs Jahre lang kommen keine Kinder mehr zur Welt. Der ganze Stamm hat sich zum Sterben gelegt. In diese Situation hinein kommt Pater Lunkenbein als Missionar mit dem Auftrag, den Indios das Evangelium zu verkünden.

Aber wie soll man die Botschaft von einem lebendigen Gott Menschen sagen, denen das Leben von außen nicht mehr gegönnt wird und die selbst von innen her nicht mehr aufleben können, denen der Tod gewünscht wird und die selbst den Tod suchen? In dieser Situation merkt der Pater sehr schnell: Man kann nicht von der Botschaft des Lebens reden, wenn nicht gleichzeitig Lebensmöglichkeiten aufgebaut werden. Man kann nicht von Gottes Erlösung sprechen, wenn nicht gleichzeitig von der Befreiung von Ungerechtigkeit und von den Todesgrenzen die Rede ist. So schreibt er: „Zunächst einmal gilt es, diesen Menschen auf den Weg zurück ins Leben zu helfen...; ihnen klarzumachen, was in ihnen steckt, welche Kräfte sie einfach brachliegen ließen. Welch großartige Traditionen sie einfach verkommen ließen. Ich habe mich für sie eingesetzt, ihre Rechte für sie verteidigt."[65]

---

63 Vgl. Schweitzer, Albert: Problem, S. 234
64 Vgl. dazu Benjamin, Walter: Ursprung des Deutschen Trauerspiels, Frankfurt/M. 1972, S. 16-31; Fuchs, Ottmar: Heilen und befreien, Düsseldorf 1990, S. 231-240
65 Röhrig, Hans-Günter: Lasst uns leben. Ermordet für die Rechte der Indianer, Bamberg 1978, S. 14

Vor diesem Hintergrund versteht man, wie glücklich Pater Lunkenbein über die erste Taufe war, nicht nur, weil hier wieder Kinder in die Gnade Gottes hinein geboren werden, sondern weil sie überhaupt geboren wurden. Mit Pater Lunkenbein wuchsen bei den Indios wieder Selbstvertrauen, Lebensmut und Hoffnung. In diese Erfahrung hinein konnte dann auch das Evangelium Platz greifen: Das Vertrauen auf einen Gott des Lebens und auf einen Gottessohn, der mit Barmherzigkeit und Gerechtigkeit kommt. Denn gerade so ist ihnen der Pater gekommen. Das Vertrauen in das Leben, das Pater Lunkenbein den Indios wieder vermitteln konnte, wurde zur Basis des Gottvertrauens.

Pater Lunkenbein wurde am 15. Juli 1976 von weißen Siedlern im Hof der Missionsstation zusammen mit dem indianischen Häuptling erschossen. Die Siedler waren erbost über das Wiederaufleben des erledigt geglaubten Stammes und wollten Rache dafür, dass mit Hilfe von Rudolf Lunkenbein eine Landvermessung zugunsten der Indios stattfand. Denn sie brachte das Ergebnis, dass die Siedler gezwungen waren, das Land den Indios wieder zurückzugeben, das ihnen von Rechts wegen zustand. In tiefer Trauer schmückten die Indios den toten Pater mit ihrem Häuptlingsschmuck. Er war wirklich einer von ihnen geworden, und so trauerten sie auch um einen von ihnen. Im Sinne des Apostels Paulus war Lunkenbein den Indios ein Indio geworden (vgl. 1 Kor 9, 19-22). So wurde er zum Märtyrer der Praxis und der Theologie der Befreiung, der es bekanntlich darum geht, Gottes Gerechtigkeit mit der Gerechtigkeit unter den Menschen in Verbindung zu bringen. Er ist nicht der letzte Märtyrer geblieben und er war auch nicht der erste. Aber er sei für diese alle hier vorgestellt. Vor allem steht er auch für die vielen Katecheten und vor allem Katechetinnen im Amazonasgebiet, die mit ähnlichem Mut Mut zusprechen und für diesen Mut einstehen.

Pater Lunkenbein wollte Missionar werden, zunächst im alten Sinn des Wortes, nämlich den „Ungläubigen" den Glauben zu bringen. Dort aber kam er in eine Situation, die zunächst ein ganz anderes Zeugnis der Mission verlangte, nämlich erst einmal das Leben zu bringen im Kampf für das Leben und Überleben dieser Menschen. Dieser Zusammenhang entwickelte seine eigene Dynamik. Irgendwann einmal wusste er wohl um die Alternative: Lasse ich mich weiter hineinziehen oder steige ich aus? Er hätte aussteigen können, zumal es nicht zuletzt im eigenen Orden auch Mitbrüder gab, die hier eher eine gewisse Neutralität und Nichteinmischung vorzogen, die also Mission im alten engeren Sinne der religiösen Glaubensvermittlung verstanden, die sich nicht allzu sehr in die Konflikte der Welt hineinbegibt.

Irgendwann einmal entschied sich Lunkenbein, zu bleiben und standzuhalten. Nicht, weil er sich einmischen *wollte*, sondern weil er sich gerade als Christ und Priester in diese Auseinandersetzung um Leben und Tod hineingezogen sah. Er hat das Martyrium nicht gesucht, wurde aber in der genannten Weise von Situation und Mensch hineinverwickelt. Gegen diese Beanspruchung hat er letztlich keine Gegenentscheidung gesetzt. Er ist geblieben, er ist mit den Betroffenen mitgegangen, er hat mit ihnen die Situation ausgehalten und damit riskiert, um der Opfer willen selbst Opfer zu werden. Ganz anders als nicht wenige seiner Vorgänger in den Jahrhunderten zuvor bedroht Lunkenbein nicht das Leben der Indios, damit sie sich zum Glauben bekehren, sondern er schützt und schätzt ihr Leben, damit sie in einer solchen Begegnung an einen Gott zu glauben vermögen, der auch ihr Leben und Überleben will. So sagt er: „Denn im Einsatz für das Leben wird Gottes Liebe und Lebenswille bei den Indianern sichtbar."[66]

3.6 Nicht-hegemonialer Wahrheitsanspruch

Wenn es einen Absolutheitsanspruch im Christentum gibt, dann nur noch in dieser Hinsicht, nämlich die eigene Existenz bis zur Absolutheit des Sterbens mit der Hoffnung des Evangeliums zu verbinden. Genauso hatte Gott selbst in Jesus seinen Wahrheitsanspruch verwirklicht: „Ich bin der Weg, die Wahrheit und das Leben!" (Joh 14,6). Die Unüberbietbarkeit, die er darstellt, ist die Unüberbietbarkeit seiner Solidarität mit den Menschen, anwachsend verbunden mit dem Risiko, dabei von den Gewalten der Welt zermalmt zu werden.

Wenn sich Pater Lunkenbein für die Indios einsetzt, kann dieser Dienst im Absoluten münden, nämlich im absoluten Lebensverlust, aber auch aus christlicher Hoffnung in der Begegnung mit dem absoluten Leben. Was er für die eigene Existenz für absolut hält (weil es der Wille des Absoluten, nämlich Gottes, ist, auf der Seite der Armen zu sein), bezieht er es auf sich selbst als Radikalität seines Zeugnisses. Nach Jahrhunderten der kirchlichen Mission, in denen der Absolutheitsanspruch des Christentums allzu oft gegen die anderen gerichtet wurde und sich auch *gegen* sie und ihr Leben millionenfach auswirkte, bezieht Pater Lunkenbein diesen Anspruch auf sich selbst. Eine andere Mission gibt es nicht mehr für die Verbreitung des Evangeliums. Spätestens von nun an kann niemand mehr heilig gesprochen werden, der den Glauben mit Zwang bzw. auf Kosten anderer verbreitet. Damit ist das Christentum aus den religiösen Kinderschuhen und fundamentalisierenden Pubertätszeiten weltanschauungsideologischer, flächendeckender und eroberungsbezogener Glaubensvermittlung herausgewachsen: hinein in die Freiheit und Stärke eines Gottesglaubens, der keine andere Plausibilität für sich beansprucht und auch keine andere Wirkung sucht als die *durch* universale Menschenachtung und Menschenfreundlichkeit.

Mit diesen Gedanken ist die Frage nach der Ohnmacht angesprochen. Bezüglich der Menschenrechte formuliert H.-J. Sander, dass sie nicht triumphieren und auch keine Befriedigung auslösen: „Sie führen zu Mitleid, Erschrecken und Enttäuschung über Menschenrechtsverbrechen, die immer noch geschehen. Wer sich für Menschenrechte einsetzt, steht fortlaufend vor

---

66 Ebd. S. 29

der Entscheidung, trotz allem nicht aufzugeben. Seit Menschenrechte das Thema gesellschaftlicher Diskurse geworden sind, ist das Tal der Tränen, die diesen Diskurs erzwingen, tiefer und sichtbarer geworden."[67] Und niemand kann erzwingen, „daß Ohnmacht nicht in Verzweiflung versinkt. Die kreative Macht, die Gewalterfahrung in der Ohnmacht zu überschreiten, ist kein natürlicher Prozeß, sie ist eine geschichtliche Tat. Sie stellt sich in der Entscheidung ein, weiter zu widerstehen. Die Entscheidung wird individuell getroffen, aber sie isoliert nicht, sondern verbindet."[68]

Aus unserer Perspektive dürfen wir sagen: Die Erinnerung an die Ohnmacht der Märtyrer und Märtyrerinnen in Vergangenheit und Gegenwart ist jene mitgeteilte Ohnmacht, die sich zu einer eigenen Macht aufbaut: „Ohnmacht steckt nicht zur Ohnmacht der Verzweiflung, sondern zur Macht des Widerstandes an."[69] Auch Sander ist sich völlig klar, dass es eine solche Existenz nicht im Modus des Gesetzes, sondern nur und erst „im Modus der Gnade" gibt. Man kann sie weder durch Wissen erzwingen noch schulmäßig erlernen.[70] Es ist „die Hoffnung auf Gott", die „diese Sprache befördert."[71]

In den vielen Zeugen und Zeuginnen, die durch die Jahrhunderte und vor allem auch im letzten Jahrhundert das Martyrium fidei mit dem Martyrium caritatis verbunden und derart den Inhalt dieses Gottesglaubens durch ihre eigene Existenz vertreten haben, zeigt sich in letzter Konsequenz die Lebens- und Kreuzes-Nachfolge Jesu. In seiner Nachfolge dürfen Christen die Botschaft auszusprechen wagen, dass Christus nicht nur in den Christen, sondern in allen Leidenden das Schicksal dieser Welt mitträgt und mitaushält. Dann stellen sie ohne Integrationsgelüste die Verkündigung der universalen mitleidenden Christuspräsenz in der ganzen Menschlichkeitsgeschichte ansatzhaft dar.[72] Man wird ihnen dann zumindest die existentiell radikale Authentizität dessen, was sie universell behaupten, abnehmen können. Von einer solchen Existenz her können es Christen und Christinnen auch wagen, in andere Kulturen und Religionen hinein all das der Kritik, wenn nötig ihrem schärfstem Widerspruch auszusetzen, was dem Leben von Menschen schadet, einschließlich der Kritik jeder religiösen Einstellung, die die Entsolidarisierung zu anderen verschärft.

Je absoluter sie sich selbst in das diakonische Zeugnis ihres Wortes hineinbegeben, desto universaler und radikaler dürfen sie den Absolutheitsanspruch ihrer Wahrheit vertreten. Denn desto gesicherter ist es, dass sich ihr universaler Wahrheitsanspruch zu Gunsten aller Menschen ereignet, und desto sicherer ist es, dass sie selbst nicht andere Menschen *zu Gunsten* ihrer ei-

---

67 Sander, Hans-Joachim: Macht in der Ohnmacht, S. 164-165
68 Ebd. S. 165
69 Ebd. S. 165
70 Vgl. ebd. S. 168
71 Ebd. S. 168
72 Vgl. Fuchs, Ottmar: Kontextuelle Christologie im Horizont unbedingter Solidarität. In: Görg, Manfred/Langer, Michael (Hrsg.): Als Gott weinte, S. 162-202

genen Wahrheitsicherheit und Selbstbehauptung instrumentalisieren. Nur noch in einer solchen wenigstens annäherungshaften Selbstverausgabung christlicher Existenz zu Gunsten der anderen kann dann unmissverständlich von jenem Gott gesprochen werden, der das Leben und Überleben der Menschen und der Erde will, und von dem gesprochen werden, der in dieser Form auf die Erde gekommen ist, um uns derart zu zeigen, wie universale Wahrheitsbehauptung und aufopferungsbereite Existenz sich gegenseitig erschließen und steigern. Es sei nochmals betont, dass das, was hier hauptsächlich im Bezug auf die personale Existenz von Christen und Christinnen formuliert wurde, selbstverständlich und um so mehr für die strukturelle Existenz der Kirchen in ihren Institutionen und Sozialformen gilt. Denn der Satz, wer sein Leben verliert, wird es gewinnen, gilt um so mehr für die Institutionen der Kirchen: Wer um der Radikalisierung zu Gunsten der leidenden Menschen die eigenen Institutionen riskiert, wird sie in qualitativ neuer Weise gewinnen.

4. Schlussbetrachtung

Nachdem eingangs von der Menschenwürde gesprochen wurde, ist dieses Wort im darauf Folgenden nicht mehr vorgekommen. Es wäre ohnehin eine Tautologie gewesen, das Wort mit sich selber erklären zu wollen. So habe ich versucht, es aus der Perspektive ganz bestimmter „Phänomene" pragmatisch zu klären. Die Phänomene habe ich den Bereichen einer ganz bestimmten kirchlichen und christlichen Existenz entnommen, um in ihrer singulären Signifikanz gültige Antworten auf die beiden eingangs gestellten Fragen zu gewinnen. Die Antwort kann folgendermaßen zusammengefasst werden:

Besinnt sich der christliche Glaube auf all jene biblischen und kirchengeschichtlichen Traditionen, in denen die unbedingte Solidarität allen Menschen gegenüber von der Gottesbeziehung ermöglicht und provoziert und in der Menschenbeziehung eingelöst und realisiert wird,[73] dann findet sich ein reiches Potential christlicher und kirchlicher Identitäten, die sich angesichts der Herausforderungen universaler Menschenwürde und ihrer tatsächlichen Achtung in der entsprechenden Weise mit der Kirche eigenem Ursprung in Leben, Kreuz und Auferstehung Jesu Christi zu einem jetzigen und künftigen christlichen und kirchlichen Identitätsbewusstsein zu verbinden vermögen: aus dem heraus die Radikalisierung des eigenen persönlichen und institutio-

---

73 Dies behaupte ich nicht exklusiv nur bezüglich der christlichen Religion. Es ist vielmehr anzunehmen, dass alle Religionen im Kern ihrer wichtigsten Traditionen ein solches Toleranz- wie auch Selbstverausgabungspotential zu Gunsten aller Menschen besitzen. Es wäre die Aufgabe der interreligiösen Begegnung, sich gegenseitig auf diese je eigenen Identitäten aufmerksam zu machen und sich darin gegenseitig zu bestärken, was zugleich bedeuten würde, dass man sich gegenseitig in der je eigenen Identität schützt und stützt.

nellen Einsatzes möglich und nötig wird, weil dieser sich in einer gottbezogenen Weise der Dynamik der Selbsthingabe öffnet. Dies geschieht bei gleichzeitigem Verzicht auf jede Art von Selbstfundamentalisierung oder gar Selbstdivinisierung. Der universale Anspruch christlicher Wahrheit kann nur im Aggregatszustand seiner radikalen Inanspruchnahme christlicher und kirchlicher Existenz in der Verbindung von Wahrhaftigkeit und Mitleid realisiert werden. Wieweit diese gelebte Existenz dann auch andersdenkende und andersgläubige Menschen sich dem christlichen Glauben und den Kirchen annähern lässt, ist Gottes Berufung selbst zu überlassen. Christliche und kirchliche Identität können diesbezüglich keine andere Macht beanspruchen als die ihrer eigenen Identität. Gewissermaßen transformiert sich die bisher beanspruchte universale Horizontalität in die radikale Vertikalität christlicher und kirchlicher Existenz, um nur noch über dieses Zeugnis die über die Existenz hinausgehende universale Bedeutsamkeit des christlichen Glaubens zu erweisen.

Im biblischen Bild formuliert: An diesen „Früchten" (vgl. Mt 7,16) in der Geschichte und in bestimmten Geschichten ist zu erkennen, welchen pragmatischen Solidarisierungswert christliche Existenz für die anderen Menschen hat und welchen Wahrheitswert sie damit für die anderen behaupten. Derart aktiviert der Diskurs der Menschenwürde innerhalb der christlichen Identität nicht nur die Beteuerung, dass die christliche Geschichte auch für die Entwicklung dieses Begriffes einiges geleistet hat, sondern die zukunftsorientierte Verbindung von universaler Wahrheitsbehauptung im Kontext universalen Menschendienstes, der gerade um seiner Universalität willen jene Dynamik der Selbstaufopferung benötigt, von der die Rede war. Dies sind zugleich die pragmatischen Bedingungen, unter denen der jüdische christliche Gott *authentisch* gedacht und ausgesagt werden kann. Damit haben wir die pragmatische Rückseite des Begriffes der Menschenwürde aus der Perspektive christlicher Kernidentität beleuchtet.

Durch eine solche Selbstverausgabung christlicher und kirchlicher Existenz auf dem Hintergrund des Glaubens, von Gott her mit unendlicher Gnade in diesem Leben und über dieses Leben hinaus beschenkt zu sein, bringt das Christentum in Zukunft einen eigenen spezifischen Beitrag in die Debatte um die universale Menschenwürde ein, einen Beitrag, der umso plausibler wird, als er an christlicher und kirchlicher Existenz selber „studierbar" ist. In einer gewissen Weise nimmt damit das Christentum die polemische Aufforderung des Berliner Philosophen Herbert Schnädelbach ernst,[74] von der Bühne der Geschichte abzutreten und sich aufzulösen, aus unserer Perspektive also in einer *ganz bestimmten Form* von der Geschichte abzutreten, nämlich in der bisherigen Form flächendeckender Glaubensverbreitung unter gleichzeitigem Risiko, die Menschenwürde der Menschen zu verletzen, und in eine

---

74 Vgl. Schnädelbach, Herbert: Der Fluch des Christentums. In: Die Zeit 20 (11. Mai 2000) S. 41-42

neue Seinsweise einzutreten, die zugleich auch viel näher ist am Kern der
Identität des Christentums selbst: also die alte Seinsweise durch jene Seinsweise abzulösen, in der sich das Christentum zu Gunsten der Menschenwürde
aller Menschen verausgabt, und dabei den Ehrgeiz an den Tag legt, dies in
einer radikalen Unüberbietbarkeit zu tun, um auf diese neue Weise die Unüberbietbarkeit der eigenen Wahrheit darzustellen und in die Geschichte einzubringen.

Albert-Peter Rethmann

Zwangsweise Rückführung

Abschiebungspraxis und Abschiebungsrecht in Deutschland aus ethischer Sicht

„Es ist unabdingbar, dass Ausländer, die sich nicht mehr in Deutschland aufhalten dürfen, auch tatsächlich in ihr Heimatland oder in einen Drittstaat ausreisen – allein schon um die Zuwanderung steuern und Zuwanderungspolitik glaubwürdig gestalten zu können."[1] So lapidar diese Feststellung der Zuwanderungskommission der Bundesregierung („Süßmuth-Kommission") klingt, so stark sind die Emotionen, die sich mit der Diskussion über ausländische Staatsbürger verbinden, die sich ohne Aufenthaltsrecht in Deutschland aufhalten und ausreisepflichtig sind: Was soll der Staat gegen illegalen Aufenthalt tun? Was darf er tun? Dürfen Ausländer ohne Aufenthaltsrecht mithilfe staatlicher Gewalt abgeschoben werden? Was bedeutet Abschiebung für die Betroffenen? Was ist die Pflicht des Staates und seiner Autoritäten? Wo müssen staatlichem Handeln aus ethischer Sicht Grenzen gesetzt werden?

Die Fragen um die Zuwanderungspolitik im allgemeinen und ihres Sicherheitsaspekts im besonderen sind durch das Attentat auf das World Trade Center in New York und das Pentagon in Washington am 11. September 2001 noch drängender geworden. Angesichts ihrer Brisanz bedarf es auch in Bezug auf die Abschiebung von Ausländern und ihrer gesetzlichen Grundlagen einer sorgfältigen rechtsethischen Analyse von Anspruch und Wirklichkeit bundesdeutscher Gesetzgebung und Rechtspraxis.

Fragestellung

Wenn wir über die Einwanderungs- und Asylpolitik diskutieren, geht es um Fragen mit grundsätzlich unterschiedlicher ethischer und rechtlicher Qualität. Aus ethischer Sicht hat ein Staat auf der einen Seite das Recht, die Zuwande-

---

1 „Zuwanderung gestalten – Integration fördern. Bericht der Unabhängigen Kommission „Zuwanderung", Berlin 2001, 150

rung auf sein Territorium zu begrenzen und vorrangig nach Eigennutzkriterien zu gestalten.[2]

Allerdings darf schon beim Thema interessengeleiteter Zuwanderung nicht übersehen werden, dass es nicht um Waren geht, die importiert werden, sondern um Menschen, die, wenn sie nach Deutschland eingeladen werden, um hier zu arbeiten, ein Recht auf menschenwürdige Behandlung, auf gerechten Lohn, auf Familieneinheit usw. haben. Grundsätzlich aber gilt: Ein Staat kann ethisch gerechtfertigt hoheitlich über die Zulassung und Nichtzulassung von Migration entscheiden und dementsprechend auch nicht-legal ins Land gekommene Menschen seines Territoriums verweisen.

Die Souveränität des Staates kommt auf der anderen Seite aber im Fall politisch Verfolgter an ihre Grenzen. Zur Sicherung eines Minimums an Humanität ist als Folge der Erfahrungen mit den totalitären Systemen des 20. Jahrhunderts in Art. 33 der Genfer Flüchtlingskonvention festgelegt, dass kein Mensch, der auf Grund von politischer Verfolgung sein Land verlassen hat, in dieses zurückgeschoben werden darf.

Die Bundesrepublik Deutschland hat die Konvention ratifiziert und sich mit Wirkung vom 22.4.1954 auf ihre Vorschriften verpflichtet. Als entscheidender humaner Fortschritt wurde auf dem Hintergrund historischer Erfahrung festgelegt: Eine Abschiebung von politisch Verfolgten ist völkerrechtlich untersagt – ein rechtlich gesicherter ethischer Mindeststandard zum Schutz von Leib und Leben politisch Verfolgter.

In Deutschland betrifft die Abschiebungspraxis unterschiedliche Gruppen von Ausländern. Die wichtigsten Fallgruppen sind:

- Asylbewerber, die nicht als Asylberechtigte anerkannt werden;
- Asylberechtigte oder andere Ausländer mit legal verfestigtem Aufenthaltsstatus, die ihr Aufenthaltsrecht verloren haben und ausreisepflichtig geworden sind;
- Bürgerkriegsflüchtlinge, die nach Ende der Bürgerkriegssituation in ihrem Land zur Ausreise verpflichtet werden;
- illegal in Deutschland lebende Menschen, d.h. Menschen, die sich mit ihrer Einreise um keinen Aufenthaltsstatus bemüht haben oder das Aufenthaltsrecht später aus unterschiedlichen Gründen verloren haben.

Weil ein Staat grundsätzlich das Recht hat, den Zuzug auf sein Territorium begrenzend zu regeln, hat er auch das Recht, Menschen ein Aufenthaltsrecht zu verweigern, es ihnen u.U. zu entziehen und ggf. die Ausreisepflicht auch mit staatlicher Autorität in Form der Abschiebung, der erzwungenen Ausreise, durchzusetzen. Das heißt nun aber nicht, dass Abschiebungen ein ethikfreier Raum sind. Im Gegenteil werden an dieser letzten staatlichen Maßnahme zur Durchsetzung des Rechts, das den Zuzug begrenzt, sensible

---

2 Vgl. Albert-Peter Rethmann, Asyl und Migration. Ethik für eine neue Politik in Deutschland, Münster 1996, 191-196

Rechte von Menschen berührt und auch die Folgen und ethischen Probleme mancher rechtlichen Regelungen insbesondere im Bereich des Asylrechts offensichtlich, die dem Abschiebungsrecht vorgelagert sind. Deshalb muss aus ethischer Sicht das Thema in zwei Fragekomplexe unterschieden werden:

Erstens geht es um die Tatsache der Abschiebung und die Fragen: Wann ist sie berechtigt? Beziehungsweise: Wann muss der Abschiebeschutz greifen? Zweitens ist auch das Wie der Abschiebung anzuschauen: Wie sind also diejenigen zu behandeln, die ausreisepflichtig sind und deren Ausreise zwangsweise durchgesetzt werden soll?

Ethik als Grundlage des Rechts

Was kümmert nun aber einen Ethiker die Frage des Abschieberechts und der Abschiebepraxis? Das Interesse des Ethikers richtet sich auf die Bestimmung der präpositiven Maßstäbe des Rechts. Die Legitimität des Rechts ergibt sich ja nicht allein daraus, dass es formal richtig zu Stande gekommen ist. Ein solches positivistisches Rechtsverständnis ist aus ethischer Sicht völlig unzureichend. Vielmehr ist nach dem Menschenbild zu fragen, das als Referenzgröße dem Recht zugrunde liegt und an dem es gemessen werden soll. Auf diesem Hintergrund geht es, ausgehend von einer reflektierten und ethisch verantworteten Anthropologie, um die ethischen Kriterien, die die Rechts*bildung* ebenso begleiten sollen wie die Rechts*praxis*, d.h. die Auslegungsgrundsätze des Rechts; denn menschliche Entscheidungen im persönlichen oder politischen Bereich hängen von dem Menschenbild ab, das die Entscheidungsträger – bewusst oder unbewusst – leitet. Welches Menschenbild soll aus ethischer Sicht leitend sein für unsere Frage der Abschiebungspraxis und welche Gerechtigkeitstheorie dementsprechend den Hintergrund für die konkreten rechtlichen Regelungen bilden?

Grundsätzlich sind verschiedene Alternativen denkbar. Die eine, die unter der Überschrift „(Regel-)Utilitarismus" firmiert[3] und als deren Vertreter u.a. der Rechtstheoretiker und Sozialreformer Jeremy Bentham (1748-1832)[4]

---

3   Bei dem Regelutilitarismus handelt es sich um eine teleologische Ethik, die die Richtigkeit von Handlungsregeln an den Folgen (in bezug auf das Kollektivwohl) misst; der Handlungsutilitarismus legt dieses Kriterium an die einzelnen persönlichen und politischen Handlungen an. Abgesehen von der erkenntnistheoretischen Schwierigkeit das Maximum an Lust bzw. Minimum an Unlust mit Hilfe eines hedonistischen Kalküls objektiv, d.h. intersubjektiv allgemein gültig, zu bestimmen – die Maßstäbe für Lust und Unlust sind höchst verschieden –, bestehen aus menschenrechtlichen Überlegungen heraus grundsätzliche Bedenken gegenüber einer rein utilitaristischen Normbegründung, da sie die Bestimmung des „Glücks" auf die „größte Zahl" beschränkt.

4   Jeremy Bentham, An Introduction to the Principles of Morals and Legislation (1789), in: The Collected Works, hg. von V.J.H. Burns, H.L.A. Hart, London 1970

genannt werden kann, nimmt als Maß des Rechts und der politischen Ordnung das Prinzip „das größte Glück der größten Zahl", bzw. des größten Kollektivwohls. Alle rechtlichen Regelungen sollen danach so gestaltet sein, dass sie einer möglichst großen Zahl von Menschen zugute kommen. Allerdings, und darin liegt ihr Defizit, kann u.U. keine Rücksicht genommen werden auf einen einzelnen Menschen, wenn dessen Interessen dem Wohlergehen der Mehrheit der anderen entgegensteht. Einzelne müssen ggf. Nachteile in Kauf nehmen, um den Vorteil der Mehrheit zu sichern.

Mit christlicher Ethik ist ein solcher Ansatz nicht vereinbar. Christliche Ethik geht von der religiösen Überzeugung aus, dass jeder Einzelne als von Gott geschaffenes und geliebtes Individuum unverrechenbar ist. Ihm kommt eine Würde zu, die nicht mit anderen Werten, möglicherweise Geldwerten oder auch politischen Gesamtinteressen, verrechnet werden kann. Mit dem christlichen Glauben kompatibel ist nur ein solches Menschenbild, bei dem nicht die Leistungsfähigkeit eines Menschen und sein Ertrag für die Allgemeinheit das Maß ist, nach dem ihm Zuwendung und Förderung zukommen soll. Vielmehr stellt gerade das Maß seiner Hilfsbedürftigkeit auch das Maß der Zuwendung und Unterstützung dar, die ihm zuteil werden soll. Hier ist ein grundlegender paradigmatischer Unterschied gegeben zu einer utilitaristischen Gerechtigkeitstheorie, erst recht zu jeder Form eines Sozialdarwinismus, bei dem nur das Recht des Stärkeren zählt. Nietzsche hielt eine Religion, die den Menschen, insbesondere den Schwachen, so in den Mittelpunkt stellt wie das Christentum, für dekadent[5]; ich meine, sie begründet das einzige Ideal, auf dem auf Dauer eine humane und friedliche Welt aufgebaut werden kann.

Philosophisch-säkular ist diese Überzeugung im Laufe der Denkgeschichte des Abendlandes auf verschiedene Weise einzuholen versucht worden, z.T. bewusst ohne ausdrückliche religiöse Implikationen, um sie auch in solchen Gesellschaften konsensfähig zu halten, deren fraglose Gemeinsamkeit nicht unbedingt (mehr) der christliche Glaube bzw. das christliche Menschenbild ist.

Ein richtungsweisender Entwurf kommt von Immanuel Kant (1724-1804), der in seiner Grundlegung zur Metaphysik der Sitten als eine Form des kategorischen Imperativs, des Überprüfungskriteriums für jede Ethik, formuliert: „der Mensch, und überhaupt jedes vernünftige Wesen, existiert als Zweck an sich selbst, nicht bloß als Mittel zum beliebigen Gebrauche für diesen oder jenen Willen, sondern muss in allen seinen, sowohl auf sich selbst, als auch auf andere vernünftige Wesen gerichteten Handlungen jederzeit zugleich als Zweck betrachtet werden."[6] Kein Mensch darf also nach Kant nur als Mittel zum Zweck gebraucht werden; vielmehr ist jeder Mensch

---

5   Vgl. Friedrich Nietzsche, Der Antichrist, Nr. 7, 17, 30, 51 et al.; ders., Ecce homo. Morgenröte, Nr. 2
6   Immanuel Kant, Grundlegung zur Metaphysik der Sitten (GMS), AA 428

immer zugleich als Selbstzweck zu behandeln. Seine in seiner Selbstzwecklichkeit bestehende Würde macht ihn als Individuum einzigartig und unverrechenbar.[7]

Der Mensch als Selbstzweck wäre aber nur unvollständig gesehen, würde seine soziale Dimension übersehen. Als bedeutenden Aspekt seiner Sozialität, die insbesondere auch bei Fragen der Ausweisung von Familienangehörigen von Ausländern eine wichtige Rolle spielt, hebt das Gemeinsame Wort der Kirchen zu Migration und Flucht hervor: „Die wichtigste Gemeinschaft, in die der Mensch hineingeboren wird und sich entfalten kann, sind Ehe und Familie. ... Hier kommen die Anlagen und Fähigkeiten im Miteinander zur Entfaltung, hier können das Bewusstsein um die Würde, um die Rechte und Pflichten, auch um die vielfältige Verantwortung wachsen."[8]

Mit der Selbstzwecklichkeit, die Kant formuliert und die, wenn auch nicht deckungsgleich, so aber doch kompatibel mit der Sicht der Bibel ist und auch bei Kant selbst darauf zurückgeht, ist der Grundstein gelegt für die später formulierten Menschenrechte, die den Kern der Selbstzwecklichkeit in Blick auf die verschiedenen Wirklichkeitsbereiche hin auslegen: als individuelle Schutzrechte, als soziale Rechte und Partizipationsrechte. Diese Menschenrechte, die den Menschen als Individuum und in seiner sozialen Dimension schützen sollen, sind der Maßstab auch für die Praxis des Abschiebungsrechts.

Im Folgenden soll insbesondere auf einzelne Bereiche des Abschiebungsrechts und der Abschiebepraxis eingegangen werden, in denen sich Spannungen mit ethischen Prinzipien ergeben. Es ist insbesondere unverzichtbar, sich mit einzelnen Regelungen des gültigen Ausländergesetzes (AuslG) sowie des Asylverfahrensgesetzes (AsylVfG) und deren Folgen aus rechtsethischer Sicht auseinanderzusetzen.

Das geltende Abschiebungsrecht und seine Grenzen

Grundsätzlich regelt das Ausländerrecht das Abschiebungsverfahren folgendermaßen: Ohne erforderliche Aufenthaltsgenehmigung bzw. mit der Beendigung der Rechtmäßigkeit des Aufenthalts sind Menschen ohne deutsche Staatsangehörigkeit zur Ausreise aus Deutschland verpflichtet (§§ 42ff

---

[7] Kant unterscheidet in der GMS zwischen „Preis" und „Würde" (GMS AA 434): „Was einen Preis hat, an dessen Stelle kann auch etwas anderes als Äquivalent gesetzt werden; was dagegen über allen Preis erhaben ist, mithin kein Äquivalent verstattet, das hat eine Würde."

[8] „... und der Fremdling der in deinen Toren ist. Gemeinsames Wort der Kirchen zu den Herausforderungen durch Migration und Flucht (hg. vom Kirchenamt der Evangelischen Kirche in Deutschland und dem Sekretariat der Deutschen Bischofskonferenz in Zusammenarbeit mit der Arbeitsgemeinschaft Christlicher Kirchen in Deutschland), Bonn – Frankfurt/M. – Hannover 1997, Nr. 119

AuslG). Für EU-Bürger gelten dabei speziellere Bestimmungen.[9] Kommen ausreisepflichtige Ausländer ihrer Ausreiseverpflichtung nicht nach, wird diese durch Abschiebung durchgesetzt, soweit kein Abschiebehindernis vorliegt.[10]

Nach § 47 Abs. 1 AuslG hat die Ausländerbehörde zwingend auszuweisen („*Ist-Ausweisung*"), wenn die dort angegebenen Tatbestandsvoraussetzungen erfüllt sind. Bedenken bestehen aber aus rechtlicher und ethischer Sicht, was die Verfassungsmäßigkeit dieses Paragrafen angeht, da generell eine Ermessensbetätigung auch bei Vorliegen außergewöhnlicher Härten ausgeschlossen ist. Wer z.B. rechtskräftig zu einer Freiheitsstrafe von drei Jahren verurteilt worden ist, muss ohne Ermessensspielraum abgeschoben werden. „Eine verfassungskonforme Auslegung ist auf Grund des eindeutigen Wortlauts und des Willens des Gesetzgebers nicht möglich. Besonderen Härten muss ggf. durch eine Duldung nach § 55 AuslG oder eine Befristung der Ausweisung (§ 8 II 3 AuslG) Rechnung getragen werden."[11] Auch aus ethischer Sicht ist zu fordern, dass im Fall von Asylberechtigten, denen ein besonderer Ausweisungsschutz zukommt (§ 48 I Nummer 5 AuslG) auch in Fällen des § 47 I AuslG immer eine individuelle Gefahrenprognose erstellt und die mögliche Gefährdung des Asylberechtigten im Falle einer Abschiebung berücksichtigt wird. Die Ist-Ausweisung muss in diesem Fall zur Regel-Ausweisung zurückgestuft werden und die Regel-Ausweisung zur Ermessensausweisung.[12]

Die *Regelausweisung* (§ 47 II AuslG) greift u.a. im Falle von Freiheitsstrafen ab 2 Jahren. Sehr problematisch ist allerdings die Möglichkeit, eine Regelausweisung bereits beim Verdacht einer Straftat nach dem Betäubungsmittelgesetz oder der Beteiligung am Landfriedensbruch zu verhängen. Zum einen wird das Ausländerrecht damit zu einem Sonderstrafrecht für Ausländer umfunktioniert, zum anderen wird Ausländerbehörden und Verwaltungsgerichten die Ermittlung und Bewertung strafrechtlicher Erkenntnisse aufgebürdet sowie die Verhängung von Strafen, für die ansonsten Strafrichter zuständig sind.[13] Dies hat mehrfach auch das Katholische Büro in Bonn in seinen Stellungnahmen in den Jahren 1997-1999 kritisiert.

Nach §§ 45, 46 AuslG können mit einem Ermessensspielraum für die Ausländerbehörde Ausländer ausgewiesen werden bei Vorliegen einer Be-

---

9 AufenthaltsG/EWG
10 Vgl. zum Beispiel §§ 49ff AuslG. Auch die Grundrechte können in gewissem Umfang Abschiebehindernisse darstellen
11 Ralph Göbel-Zimmermann, Asyl- und Flüchtlingsrecht (Schriftenreihe der Neuen Juristischen Wochenschrift, Heft 41/2), München 1999, 272
12 § 47 Abs. 3 AuslG. Vgl. ebd., 273; Michael Funke-Kaiser, Gert Müller, Aufenthaltsbeendigung, in: Klaus Barwig, Bertold Huber, Klaus Lörcher, Christoph Schumacher, Klaus Sieveking (Hg.), Das neue Ausländerrecht. Kommentierte Einführung mit Gesetzestexten und Durchführungsverordnungen, Baden-Baden 1991, 135-147, 139
13 Göbel-Zimmermann, Asyl- und Flüchtlingsrecht (Anm. 11), 274

einträchtigung der öffentlichen Sicherheit und Ordnung oder sonstiger erheblicher Interessen der Bundesrepublik Deutschland (*Ermessensausweisung*). Hier hat die Ausländerbehörde alle Nachteile zu würdigen, die mit der Ausweisung und ggf. Abschiebung für den Ausländer verbunden sind. Dazu zählen auch Lebensgefahren oder Beeinträchtigungen, die im Heimatland aus Gründen wie Hunger, Not, Krieg oder Kriminalität konkret und ernsthaft drohen.[14] Das Maß der Nachteile und das Sicherheitsinteresse des Aufnahmelandes Deutschland sind angemessen gegeneinander abzuwägen. Auch hier muss der Ethiker anmahnen, dass bei dem Ermessenurteil die reale Gefährdung des einzelnen nicht vorschnell mit dem Verweis auf Gesamtinteressen beiseite geschoben wird. Das widerspräche dem einleitend genannten Kriterium der Selbstzwecklichkeit des Menschen.

Insbesondere auf Grund der restriktiven Interpretation des Asylrechts durch die Rechtsprechung bzw. in der Verwaltungspraxis ist eine vermehrte Zahl von Härtefällen entstanden: so z.B. durch die enge Definition nichtstaatlicher Verfolgung oder auch die Nicht-Anerkennung bestimmter vorgelegter Dokumente. Die Gefahr, dass ein Asylbewerber in seinem Herkunftsland im Falle der Abschiebung einer Gefahr für Leib und Leben ausgesetzt ist, gebietet aber, sich nicht auf formale Definitionen zurückzuziehen, sondern jeden Einzelfall in seiner möglichen Brisanz zu beurteilen.

In die Ermessensbeurteilung ist auch die familiäre Situation miteinzubeziehen, ist doch die Familieneinheit ein zentrales Grundrecht, das nicht einfach zur Disposition gestellt werden darf.[15]

Ausweisung und in der Folge die mögliche Abschiebung von Asylbewerbern und Asylberechtigten allein aus generalpräventiven Gründen (Abschreckung) ist aus ethischer Sicht nicht zulässig (auch wenn das Bundesverwaltungsgerichts hier einen gegensätzlichen rechtlichen Standpunkt einnimmt[16]). Die Gefahr ist die Instrumentalisierung einzelner Flüchtlinge zur Abschreckung, was ihrem Selbstzweckstatus fundamental widerspricht. Abschreckung auf Kosten einzelner entspricht zwar vielleicht einer utilitaristischen Normbegründung, nicht aber einer Menschenrechtsmoral, der wir uns in Deutschland verpflichtet wissen.

Bei der Begründung des Asylantrags ist für den Asylbewerber entscheidend, welche Möglichkeiten er hat, seine Situation in der Befragungssituation darzulegen. In einer belasteten Situation, die ein offenes Gespräch bei der Anhörung erschwert oder verunmöglicht, befinden sich insbesondere Kriegstraumatisierte, vergewaltigte Frauen sowie Minderjährige oder Heranwachsende, die zwar dem Geburtsdatum nach volljährig sind, aber u.U. noch nicht zu einem Erwachsenen-Ich und entsprechender Selbstsicherheit gefunden haben, um ihre Lage überzeugend zu schildern.

---

14 Ebd., 274f
15 S.o. „1. Abschiebung als Thema der Ethik"
16 Göbel-Zimmermann, Asyl- und Flüchtlingsrecht (Anm. 11), 271

Aus ethischer Sicht wesentlich ist deshalb die Hilfe und Begleitung bei der Vorstellung der Fluchtgründe. Den Menschen muss eine Chance geben werde, das Recht, das sie haben, auch durchzusetzen. Ein Rechtsstaat ist nur dann ein solcher, wenn das Recht, das er festlegt, auch durchsetzbar ist und deshalb für alle gilt. Abschiebung darf nicht nur nach dem Kriterium der Geschwindigkeit geschehen. Es muss genug Zeit für Beratung vorhanden sein und die Einzelentscheider müssen ihrerseits in der Lage sein, auf die besondere Situation der Flüchtlinge einzugehen. Der Eindruck einer „offensichtlichen Unbegründetheit" der angegebenen Fluchtgründe kann darauf beruhen, dass der Flüchtling nicht oder noch nicht in der Lage ist, sich entsprechend zu äußern. Deshalb sind die Fragemethoden ebenso zu überprüfen wie die Notwendigkeit zu unterstreichen, dass Frauen als Gesprächspartner für traumatisierte Frauen zur Verfügung stehen.

Außerdem benötigen soziale Dienste und Rechtsanwälte ein Zugangsrecht, um die Asylbewerber beraten zu können. Diese Forderung ist besonders drängend im beschleunigten Flughafenverfahren nach § 18a AsylVfG.

Abschiebungsverbote

Nach § 51 AuslG ist eine Abschiebung in solche Staaten verboten, in denen das Leben oder die Freiheit des betroffenen Ausländers wegen seiner Rasse, Religion, Staatsangehörigkeit, seiner Zugehörigkeit zu einer bestimmten sozialen Gruppe oder wegen seiner politischen Überzeugung bedroht ist. Eine Abschiebung in den Verfolgerstaat ist damit in der Regel schon rechtlich unmöglich.

Allerdings suggeriert die Drittstaatenregelung (nach Art. 16a Abs. 2 Satz 1 GG und §§ 26a, 27 AsylVfG) in den gesetzlich definierten Staaten Verfolgungssicherheit. Die Bundesrepublik kann sich jedoch nicht damit zufrieden geben, sichere Drittstaaten zu definieren, ohne laufend die Frage zu klären, inwiefern in diesen Drittstaaten die rechtlichen Voraussetzungen für ein rechtsstaatliches Asylverfahren gegeben sind. In manchen osteuropäischen Staaten steht zumindest infrage, ob das Kriterium des Grundgesetzes erfüllt ist, dass die Anwendung des Abkommens über die Rechtsstellung der Flüchtlinge und der Konvention zum Schutze der Menschenrechte und Grundfreiheiten sichergestellt ist.

Die Verpflichtung zur Schutzgewährung nach der Genfer Flüchtlingskonvention (GFK) soll für jede Person gelten, die „aus begründeter Furcht vor Verfolgung ... sich außerhalb des Landes befindet, dessen Staatsangehörigkeit sie besitzt, und den Schutz dieses Landes nicht in Anspruch nehmen kann oder wegen dieser Befürchtungen nicht in Anspruch nehmen will" (Art. 1 A Nr. 2 GFK). Entscheidend ist somit, dass der Flüchtling den Schutz seines Staates aus begründeter Furcht vor Verfolgung nicht in Anspruch nehmen will oder kann. Und dieses gilt z.B. auch dann, wenn der Staat nicht nur schutz*unwillig*, sondern auch wenn er schutz*unfähig* ist. „Unerheblich ist somit im Gegensatz zu Art. 16a I GG ..., ob die Herstellung eines Schutzes auch gegen Übergriffe Privater durch den Staat möglich ist oder dessen Kräfte übersteigt. Lediglich das Fehlen eines Schutzes ist ausschlaggebend."[17]

Angesichts der hohen Güter, die bei einer Abschiebung u.U. unumkehrbar gefährdet sind, ist ein tutioristischer Standpunkt einzunehmen, d.h. ist z.B. der § 53 AuslG, in dem Abschiebungshindernisse festgelegt sind, grundsätzlich weit, d.h. zu Gunsten des Flüchtlings und seiner Sicherheit, auszulegen.[18] Insbesondere, und daran muss der Ethiker erinnern, sind die Grundrechte aus Art. 1 und 2 GG in Blick zu behalten, die den Schutz der Menschenwürde und der Freiheitsrechte betreffen. Bei einer Gefährdung von verfassungsrechtlichen und ethisch relevanten Höchstwerten wie Leib oder Leben muss schon eine entfernte Wahrscheinlichkeit der Grundrechtsverletzung genügen, um das Schutzhandeln des Staates auszulösen.

Ein subjektives Recht auf Abschiebungsschutz besteht, wenn eine Abschiebung nach der europäischen Konvention zum Schutz der Menschenrechte und Grundfreiheiten vom 4.11.1950 unzulässig ist. Art. 3 der EMRK beinhaltet als Abschiebungshindernisse: Folter, unmenschliche, erniedrigende Behandlung, Todesstrafe. Des Weiteren gehören zu den unmenschlichen und erniedrigenden Behandlungen, die eine Abschiebung verbieten: Leibesstrafen wie Prügelstrafe, Auspeitschen, Steinigungen, Brandmarkungen und Verstümmelungen. Zu denken ist des Weiteren an brutale Verhörmethoden mit Tritten und Schlägen, Bedrohung mit einer Waffe, Nahrungsentzug, Erniedrigungen etc. sowie unmenschliche Haftbedingungen wie Isolationshaft. Auch geschlechtsspezifische Verfolgungsmaßnahmen gehören dazu: die Entführung von Frauen in der Türkei insbesondere bei syrisch-orthodoxen Christinnen, die in die Türkei zurückkehren; Bestrafungen auf Grund des Verstoßes gegen Bekleidungsvorschriften, Zwangsbeschneidungen usw.

Abschiebungsschutz für besondere Gruppen

(1) Traumatisierte

Zu den besonderen Gruppen, für die ein Abschiebungsschutz infrage kommt zählen traumatisierte Menschen.[19] Aus ethischer Sicht ist ein wenigstens vorübergehender, u.U. aber auch dauerhafter Abschiebungsschutz denen zu ge-

---

17 Ebd., 285
18 Ebd., 297
19 Vgl. Die deutschen Bischöfe – Kommission für Migrationsfragen, Leben in der Illegalität in Deutschland – eine humanitäre und pastorale Herausforderung, Bonn 2001, 53

währen, die nach schwerer Traumatisierung auf Grund von Krieg oder Folter auf therapeutische Begleitung angewiesen sind, die im Herkunftsland nicht einfach fortgesetzt werden kann. Viele benötigen die Ruhe und Distanz vom Ort ihrer Erniedrigung und die entsprechende fachliche Begleitung.

(2) Bürgerkriegsflüchtlinge aus dem ehemaligen Jugoslawien und dem Kosovo

Der Vertreter des UNHCR in Sarajevo weist in seinem Positionspapier „Besonders anfällige Personen: Die Notwendigkeit fortgesetzter internationaler Unterstützung angesichts der Reintegrationsprobleme bei der Rückkehr" vom November 1999 darauf hin, dass insbesondere „ältere Menschen, körperlich oder geistig Behinderte, allein stehende Personen (Waisen oder allein stehende Haushaltsvorstände), Opfer von Gewalt (einschließlich sexueller Gewalt) und Folter, ehemalige Inhaftierte und andere traumatisierte Personen" bei einer zwangsweisen Abschiebung mit Problemen zu rechnen hätten, die für diesen Personenkreis kaum zu lösen sind.[20] Der UNHCR fordert deshalb: „Besonders auffälligen Personen, die nicht zurückkehren wollen, sollte weiterhin im jeweiligen Aufnahmeland Schutz gewährt werden – mit der Perspektive, nach Prüfung der besonderen Umstände jedes Einzelfalls und einer Beurteilung, ob die betreffende Person zurückgeführt werden kann, ihren Status zu normalisieren. ... Aus humanitären Gründen und im Geiste internationaler Zusammenarbeit sollte der Schutz im Aufnahmeland verlängert werden."[21]

(3) Minderjährige

Etwas 220.000 minderjährige Flüchtlinge leben in Deutschland. Allerdings habe für ihre Behandlung, darauf verweist der Migrationsforscher Steffen Angenendt, „die Kinderrechtskonvention (der Vereinten Nationen; Erg. A.-P.R.) bisher keine Rolle gespielt".[22] Unter den verschiedenen restriktiven Re-

---

20 UNHCR Sarajevo, Positionspapier „Besonders anfällige Personen: Die Notwendigkeit fortgesetzter internationaler Unterstützung angesichts der Reintegrationsprobleme bei der Rückkehr", November 1999 (s. Torsten Jäger, Jasna Rezo, Zur sozialen Struktur der bosnischen Kriegsflüchtlinge [hg. von Pro Asyl, dem Deutschen Caritasverband und anderen Wohlfahrtsverbänden], Frankfurt/M. 2000, 61). Vgl. Antrag „Humanitäre Grundsätze in der Flüchtlingspolitik beachten" (Bundestagsdrucksache 14/3729), vom Bundestag beschlossen im Juli 2000
21 Ebd
22 Jörg Schindler, Art. „Bei Flüchtlingen hört das Kindeswohl auf", in: FR vom 20.8.2000, in: Infos zur Asylarbeit (hg. vom AK Asyl Rheinland-Pfalz) Nr. 37 (Sept. 2000), 52

geln des Ausländerrechts leiden aber vor allem Heranwachsende. So führt etwa der unsichere Aufenthaltsstatus dazu, dass Minderjährige „nicht einmal eine kurzfristige Perspektive haben".[23] Das betrifft dann z.B. ihre Motivation, zur Schule zu gehen, oder auch die Bereitschaft von Arbeitgebern, Flüchtlingskinder mit dem Status der Duldung zur Ausbildung in den Betrieb zu nehmen, da u.U. jederzeit die Abschiebung droht. Die Zukunft der Heranwachsenden kann durch mangelnde Schulbildung aber dauerhaft beschädigt werden.

Bei der Abschiebung von unbegleiteten Minderjährigen kommt es offensichtlich immer wieder vor, dass nicht im Vorfeld geklärt ist, ob die Kinder bei ihrer Rückkehr wenigstens von Verwandten abgeholt werden. Außerdem nehmen nach Auskunft von Angenendt viele Bundesländer Kinder und Jugendliche auch in monatelange Abschiebungshaft, was aus ethischer Sicht höchst bedenklich ist und zudem nach Artikel 37 der UN-Kinderrechtskonvention ausdrücklich verboten ist. (Allerdings liegt kein offener Bruch der Konvention vor, da die alte Bundesregierung die Ratifizierung der Konvention unter den Vorbehalt gestellt hat, dass sie einschränkende ausländerrechtliche Bestimmungen erlassen darf. Das ist auch von der neuen Bundesregierung bis jetzt nicht geändert worden – trotz gegenteiliger Versprechen zu Oppositionszeiten.)

(4) „Illegale"

Außerdem ist zu fragen: Wer wird eigentlich beim Aufgriff so genannter „Illegaler" bestraft? Illegale Arbeiter, Prostituierte – nicht selten Opfer von Menschenhandel – spüren u.U. schneller die Folgen des Gesetzes als die Täter, d.h. ihre Schlepper, die im Hintergrund arbeiten und viel Geld mit der Schleppertätigkeit verdienen. Notwendig sind deshalb Zeugenschutzprogramme bzw. Kronzeugenregelungen zur Aufdeckung der Schlepperstrukturen, ein begrenztes Aufenthaltsrecht für Opfer von Menschenhandel zur Ordnung der persönlichen Verhältnisse, insbesondere bei Zwangsprostituierten eine sozialarbeiterische Begleitung zur Vorbereitung der Rückkehr ins Heimatland und die Wiedereingliederung dort.

Abschiebung als Lösung sozialer Desintegration?

Im Verständnis des Ausländerrechts scheint mir ein Paradigmenwechsel notwendig: Nach wie vor wird es primär als Recht der Gefahrenabwehr, nicht aber als Steuerungsinstrument zur wirksamen Integration der hier lebenden

---

23 Ebd

Personen ohne deutsche Staatsangehörigkeit verstanden. Der Richter am Verwaltungsgericht Frankfurt/M., Bertold Huber, verweist deshalb zu Recht auf folgenden Tatbestand: Ein Ausländer gilt, sofern er straffällig geworden ist, „in erster Linie nicht als gleichberechtigter Mitbürger, gegen dessen Verhalten ggfs. mit Mitteln des Strafrechts vorzugehen ist, sondern als Störer im Sinne des Polizeirechts. Die durch das Straffälligwerden zu Tage getretene vermeintliche Gefahr gilt es zu bekämpfen und zu beseitigen."[24]

Insbesondere treffen die Bedenken über die Funktion des Ausländerrechts zu bei straffällig gewordenen Jugendlichen ohne deutsche Staatsangehörigkeit, die aber in Deutschland aufgewachsen sind. Der Fall „Mehmet" aus Bayern ist noch im Bewusstsein. Aus ethischer Sicht ist schwer einsehbar, warum Jugendliche, die seit ihrer Geburt in Deutschland leben und auch keine wirkliche Alternative zu einem Leben in Deutschland haben, anders behandelt werden sollen als Jugendliche mit deutscher Staatsangehörigkeit. Deshalb scheinen mir folgende Forderungen sinnvoll[25]:

- Jugendhilfemaßnahmen, die vom Kinder- und Jugendhilfegesetz vorgesehen sind, sollen nicht durch ausländerrechtliche Maßnahmen desavouiert werden;
- in Jugendstrafverfahren sollen ausländische Jugendliche nicht härter bestraft werden (durch Abschiebung bzw. deren Androhung) als die entsprechenden deutschen Jugendlichen;
- der Ausweisungstatbestand für in Deutschland aufgewachsene Jugendliche und Heranwachsende soll gestrichen werden.

Der Europäische Gerichtshof urteilt zwar, dass nach gültigem europäischen Recht grundsätzlich auch eine Abschiebung von Minderjährigen bzw. Angehörigen der zweiten Generation möglich ist, unterstreicht aber die Notwendigkeit der Prüfung im Einzelfall, da, abgeleitet aus Art. 8 EMRK, eine Verletzung des Anspruchs auf Achtung des Familienlebens gegeben ist.[26] Es sei zu klären, ob die Maßnahme der Ausweisung und gegebenenfalls Abschiebung in einer demokratischen Gesellschaft notwendig, d.h. verhältnismäßig ist. Auf Grund der hohen Bedeutung von Ehe und Familie für das menschliche Leben ist dieses Argument aus ethischer Sicht zu unterstreichen.

---

24 Bertold Huber, Straffällig gewordene junge Ausländer. Ausländer- und jugendhilferechtliche Aspekte, in: Klaus Barwig u.a. (Hg.), Ausweisung im demokratischen Rechtsstaat. Hohenheimer Tage zum Ausländerrecht 1995, Baden-Baden 1996, 117-129, 117
25 Vgl. Christine Hohmann-Dennhardt, Ausweisungsschutz für straffällig gewordene einheimische Jugendliche ohne deutsche Staatsangehörigkeit, in: Barwig, Ausweisung (Anm. 24), 111-115, 115
26 S. Christoph Schumacher, Erweiterter Ausweisungsschutz für die Angehörigen der zweiten Generation nach der Europäischen Menschenrechtskonvention, in: Barwig, Ausweisung (Anm. 24), 243-257, 251

Abschiebungshaft

Mit dem Ziel, die Verhängung der Abschiebungshaft zu erleichtern, wurde 1992 die Vorschrift über die Sicherungshaft in § 92 AuslG durch Gesetz um konkrete Haftgründe ersetzt. Die Gerichte sollten damit auf Antrag der zuständigen Ausländerbehörde zwingend zur Anordnung von Sicherungshaft verpflichtet werden. Unterschieden werden dabei Vorbereitungs- und Sicherungshaft.

Die *Vorbereitungshaft* dient der Vorbereitung der Ausweisung und ist richterlich anzuordnen, wenn über die Ausweisung nicht sofort entschieden werden kann und die Abschiebung ohne die Haft wesentlich erschwert oder vereitelt würde (§ 57 AuslG). Die Vorbereitungshaft soll sechs Wochen nicht überschreiten. Wenn aber über die Ausweisung entschieden ist, bedarf es keiner weiteren richterlichen Anordnung für die Fortdauer der Haft. In der Praxis kommt sie allerdings sehr selten vor; der Regelfall ist die *Sicherungshaft*.

Diese greift dann, wenn über die Ausweisung entschieden ist und die Gefahr besteht, dass die Abschiebung ohne die Haft nicht gewährleistet ist. Sie darf höchstens 12 Monate dauern, und eine eventuelle Vorbereitungshaft ist auf diese Zeit anzurechnen.

Es ist nach Meinung verschiedener Kommentatoren[27] zu prüfen, ob auch beim Vorhandensein aller Haftgründe des § 57 AuslG die Haft zur Sicherung der Abschiebung überhaupt erforderlich ist. Es reicht schon aus juristischer Sicht nicht aus, dass der Ausländer die Tatbestandsmerkmale eines der im Gesetz genannten Haftgründe erfüllt hat. Hier muss auch aus ethischer Sicht der Auslegungsgrundsatz in dubio pro libertate angewandt werden, da die Haft einen grundlegenden Eingriff in die Freiheitsrechte eines Menschen darstellt, der deshalb einer besonderen, gut begründeten Rechtfertigung bedarf. Eine sorgfältige Prüfung jedes Einzelfalls ist unverzichtbar.

Es gibt deshalb beispielsweise gute Gründe zu verlangen, dass sich der begründete Verdacht, dass sich der Ausländer der Abschiebung entziehen will, auf konkrete Umstände stützen muss. „Die bloße Weigerung, freiwillig auszureisen, reicht zwar (juristisch; Erg. A.-P.R.) für eine Abschiebung (§ 49 I AuslG), nicht aber für eine Haftanordnung aus. Erforderlich ist, dass die Weigerung, freiwillig auszureisen, beharrlich ist."[28] So ist eine Verhaftung nicht allein dadurch begründet, dass der Betroffene alle rechtlichen Möglichkeiten ausschöpft, seine drohende Abschiebung zu verhindern z.B. durch Asylfolgeanträge, Rekurs an das Verwaltungsgericht oder eine Petition an das Landes- oder Bundesparlament. Auch der Verlust der zur Ausreise erforderlichen Papiere darf noch nicht ohne Prüfung zur Abschiebehaft führen. „Sofern sich ... nicht widerlegen lässt, dass er die Papiere verloren hat, darf

---

27 Vgl. Göbel-Zimmermann, Asyl- und Flüchtlingsrecht (Anm. 11), 277
28 Ebd., 279

die Abschiebungshaft nicht als Druckmittel eingesetzt werden, den Ausländer zum Herbeibringen seiner Papiere zu bewegen, wenn ihm dies nicht möglich ist."[29] Diese Grundsätze werden in der Praxis allerdings leider nicht immer beachtet.

Aus ethischer Sicht kann aber gar nicht deutlich genug darauf hingewiesen werden, dass die Haft ein so schwerer Eingriff in die Persönlichkeitsrechte eines Menschen ist, dass nur mit größter Zurückhaltung davon Gebrauch gemacht werden soll. Die Deutsche Bischofskonferenz hat deshalb schon 1995 erklärt: „Mit großer Sorge beobachten wir die Tendenz, dass Abschiebehaft zu schnell, zu häufig und zu lange beantragt und verhängt wird, sodass für die Betroffenen oft auswegslose Situationen entstehen bis hin zur Gefahr von Verzweiflungstaten. Die Bedingungen, unter denen zurzeit Abschiebehaft praktiziert wird, müssen dringend überprüft und verbessert werden."

Wenn es dann doch zur Abschiebung kommt, ist auch ihre Durchführung, meist durch Angehörige des Bundesgrenzschutzes, kein ethikfreier Raum: Die Achtung der Menschenwürde spielt auch bei der Abschiebung selbst eine zentrale Rolle. Diejenigen, die die Abschiebung durchführen, müssen alles vermeiden, was den Abzuschiebenden in seiner leiblichen Unversehrtheit schädigt.[30]

Abschiebeschutz im Einzelfall: das so genannte „Kirchenasyl"

Ein besonderer Aspekt, der in der Öffentlichkeit heftig diskutiert wurde, betrifft das so genannte „Kirchenasyl". Infolge der Verschärfung des Asylrechts und einer restriktiveren Auslegung dessen, was als „politisches Asyl" verstanden wird, „wird die Diskrepanz zwischen dem rechtlich anerkannten politischen Asyl und dem tatsächlichen Schutzbedürfnis von Flüchtlingen entsprechend der Genfer Flüchtlingskonvention und anderer internationaler Konventionen größer. Das führt zu einer wachsenden Kluft und bringt Christen zunehmend in Gewissenskonflikte."[31]

Die Kirchen nehmen für sich ausdrücklich keine rechtsfreien Räume in Anspruch. Die Migrationskommission der Bischofskonferenz unterstreicht aber in ihrer Erklärung aus dem Jahre 1998: „Die Bitte eines Flüchtlings um Beistand und Schutz im Falle einer angedrohten Abschiebung kann Christen

---

29 Ebd
30 Vgl. „Bestimmungen über die Rückführung ausländischer Staatsangehöriger auf dem Luftweg". Dienstanweisung an den Bundesgrenzschutz durch das Innenministerium des Landes Nordrhein-Westfalen, als Manuskript für den Dienstgebrauch, Düsseldorf 2000
31 Kommission XIV Migration der Deutschen Bischofskonferenz, Hilfe und Schutz bedrohter Menschen im Einzelfall. Eine Argumentations- und Entscheidungshilfe zum so genannten „Kirchenasyl", als Manuskript, Bonn 1998, 3

und Gemeinden in eine ethische Konfliktsituation führen. Gegenüber den rechtsstaatlich getroffenen Entscheidungen klagen sie deren mangelnde Legitimität ein: besonders im Hinblick auf fundamentale Rechte ..."[32], insbesondere das Recht auf den Schutz vor einer akuten Gefahr für Leib und Leben.

Selbstverständlich ist das „Kirchenasyl" auf lange Sicht kein angemessenes Mittel, um die Mängel im Flüchtlingsrecht auszugleichen. Dazu bedarf es entsprechender politischer und gesetzlicher Lösungen. Allerdings kann es im Einzelfall als ultima ratio ein legitimer Akt der Nothilfe für Flüchtlinge sein.

Im Referentenentwurf zum neuen Zuwanderungsgesetz sind zwar Härtefallregelungen vorgesehen.[33] Angesprochen sind damit allerdings nur die Einreise aus dem Ausland, die Gewährung eines Aufenthaltes durch Oberste Landesbehörden oder ein nur vorübergehender Aufenthalt. Insbesondere die Regelung, dass Oberste Landesbehörden einen Aufenthalt genehmigen können, wenn z.B. Kirchen oder Hilfsorganisationen die Kosten übernehmen, nimmt nur scheinbar das Anliegen derer auf, die mit Hilfe des sogenannten Kirchenasyls Menschen vor Abschiebung schützen wollen. Diesen christlichen Gruppen, Gemeinden und Ordensgemeinschaften geht es gerade nicht um eine humanitäre generöse Geste der Behörden, die dann nur noch von der Finanzierbarkeit abhängt, sondern darum, die *Rechte* einzelner Menschen einzuklagen, die ihnen von den staatlichen Behörden verweigert werden, obwohl ihnen ein staatlicher Schutz zustünde.

Förderung der freiwilligen Rückkehr

In dem Spannungsfeld der Interessen und Rechte der drei Parteien Aufnahmeland, Herkunftsland und Ausländer gibt es keine einfachen Rezepte. Die freiwillige Rückkehr und ihre Förderung ist einer zwangsweisen Rückführung aber immer vorzuziehen und wird den Interessen aller Beteiligten am ehesten gerecht.[34] Allerdings ist die Förderung der freiwilligen Ausreise in Deutschland bisher noch unterentwickelt.[35] Um der individuellen Situation des Migranten gerecht zu werden, muss sie für zielgerichtete finanzielle und andere Hilfen insbesondere eine Beratung einschließen, die seine individuellen Bedürfnisse berücksichtigt.

Eine wirksame Rückkehrförderung ist aber zugegebenermaßen immer auch ein Balanceakt zwischen der Hilfe zur wirtschaftlichen und beruflichen (Re-)Integration im Herkunftsland, die hinreichend Anreize zur Ausreise darstellt, und der Vermeidung von Anreizen weiterer Migration nach Deutsch-

---

32 Ebd
33 Art. 1 Kap. 2 Abschn. 5 §§ 22f. 5 Abs. 4
34 Zuwanderung gestalten (Anm. 1), 156-158
35 Ebd., 157

land. Auch hierfür hat die Süßmuth-Kommission detaillierte Vorschläge für differenzierte Lösungen gemacht.[36] Der Hinweis auf die Mitwirkung von Nichtregierungsorganisationen und Personen mit Kenntnissen der Situation der Herkunftsländer und -regionen für eine effektive Rückkehrförderungspolitik ist zu unterstreichen.

Fazit

Auf dem Hintergrund der Erfahrung struktureller Rechtlosigkeit im Deutschland der Nationalsozialisten hat sich die junge bundesdeutsche Demokratie dafür entschieden, das positive Recht grundsätzlich am Maßstab der Menschenrechte und der diesen zugrundeliegenden Menschenwürde zu messen. Das bedeutet eine besondere staatliche Selbstverpflichtung nicht zuletzt in so sensiblen Bereichen wie dem des Abschiebungsrechts.

Um angemessene, d.h. ethisch verantwortete Regelungen zu finden, ist die Kommunikation aller damit Befassten über die Grenzen der Zuständigkeitsbereiche hinweg notwendig. Der Austausch der Erfahrungen und Einsichten der verschiedenen Dienste, angefangen bei Juristen über Ärzte, Seelsorger und Mitglieder von Unterstützergruppen bis hin zu den verantwortlichen Politikern, kann die berechtigten Interessen des Aufnahmelandes und der betroffenen Migranten zusammenbringen. Ein solches Bemühen ist unverzichtbar, um die menschenrechtliche Grundorientierung des Grundgesetzes der Bundesrepublik Deutschland auch im Abschiebungsrecht durchzusetzen.

Eine für die Konzentration bestimmter Rückführungsaufgaben zuständige Bundesbehörde, wie sie die Zuwanderungskommission der Bundesregierung vorschlägt[37], könnte ein geeignetes Koordinationsgremium, bzw. eine Servicestelle für Bundes- und Landesbehörden und ein zentraler Ansprechpartner für Nichtregierungsorganisationen und Kirchen sein.

Abschiebung ist kein ethikfreier Raum, sondern ein hochsensibler Bereich, in dem sich gerade zeigen muss, wie die ethischen Prinzipien, auf denen die deutsche Rechtsordnung ruht, verwirklicht werden.

---

36 Ebd
37 Zuwanderung gestalten (Anm. 1), 154

Ausblicke aus kirchlicher Perspektive

Bischof Wolfgang Huber

Kein Mensch ist illegal

Der Auftrag der Kirchen gegenüber Menschen ohne Aufenthaltsstatus

Der Diskussion zur Stellung von Ausländerinnen und Ausländern in Deutschland sind durch den am 4. Juli 2001 veröffentlichen Bericht der Unabhängigen Kommission „Zuwanderung" – der sogenannten Süssmuth-Kommission – neue Möglichkeiten eröffnet worden. Ich sehe in diesem Bericht ein bedeutendes Dokument, das den gesellschaftlichen Konsens fördern kann und das nach Kräften politisch umgesetzt werden sollte. Bemerkenswert ist zunächst, dass eine Kommission innerhalb von neun Monaten eine so umfangreiche und anspruchsvolle Arbeit zum Abschluss bringt; jeder, der mit vergleichbaren Aufgaben zu tun hat, kann das nur mit großem Respekt zur Kenntnis nehmen. Wichtiger aber ist natürlich das inhaltliche Ergebnis dieser Arbeit.

Der Bericht der Süssmuth-Kommission, der die anstehenden Diskussionen in diesem Feld nun maßgeblich mitbestimmen wird, ist inhaltlich vor allem dadurch ausgezeichnet, dass er die Themen Zuwanderung, Asyl und Integration miteinander verbindet. Er plädiert dafür, der Integration von Ausländerinnen und Ausländern mehr praktische Aufmerksamkeit zu widmen als bisher. Er tritt dafür ein, das subjektive Recht auf Asyl gemäß Art. 16a des Grundgesetzes beizubehalten. Darüber muss heute auch derjenige froh sein, der seinerzeit den Asylkompromiss von 1993 nicht begrüßt, sondern als Abschwächung des Grundrechts auf Asyl kritisiert hat. Und er verhilft der Einsicht zum Durchbruch, dass Deutschland ein Einwanderungsland ist. Die wichtigste Folgerung besteht darin, dass diese Einwanderung gestaltet und nicht nur hingenommen werden muss.

Das in dem Bericht der Süssmuth-Kommission ausgesprochene Ja zur Zuwanderung hilft dabei, dass Arbeitsmigranten nicht mehr länger als Wirtschaftsflüchtlinge bezeichnet – oder auch diskriminiert – werden müssen. Vielmehr wird ihr Interesse daran, in Deutschland Arbeit zu finden, grundsätzlich anerkannt; nur auf dieser Basis kann geprüft werden, ob ihre Arbeitskraft in Deutschland benötigt wird und sinnvoll eingesetzt werden kann. Auch unter ethischen Gesichtspunkten halte ich diese Überlegung für richtig. Es ist nicht unethisch, Arbeitsmigration unter wirtschaftlichen und sozialen

Gesichtspunkten zu betrachten. Wenn sie der wirtschaftlichen und sozialen Stabilität zugute kommt, hat das auch insofern positive ethische Auswirkungen, als nur wirtschaftliche und soziale Stabilität uns dazu befähigen, auf humanitäre Herausforderungen – insbesondere durch Bürgerkriegssituationen oder durch politische Verfolgung – zu reagieren.

Freilich bedeutet ein positives Urteil über den Bericht der Süssmuth-Kommission nicht, dass man automatisch über die politische Umsetzung positiv denken könne. Hier ist vor allem der Widerstand der CDU/CSU sehr bemerkenswert. Sie kritisieren den Bericht dort am schärfsten, wo er Forderungen der Kirchen aufnimmt – zum Beispiel darin, dass Zuwanderung nicht nur zu begrenzen, sondern zuallererst zu gestalten sei, oder im Eintreten für ein Asylrecht ohne zusätzliche Einschränkungen.

Zugleich bedeutet eine solche positive Würdigung auch nicht, dass hiermit alle konzeptionellen Fragen einer menschenrechtlich orientierten Ausländerpolitik bereits abschließend positiv bearbeitet oder behandelt wären. Vielmehr bleiben mancherlei Wünsche offen. Das betrifft den Umgang mit ausländerrechtlichen Härtefällen; es betrifft die Uneinigkeit der Süssmuth-Kommission im Blick auf den wachsenden Bereich nichtstaatlicher Verfolgung – darunter insbesondere auch der Verfolgung aus geschlechtsspezifischen Gründen. Und es betrifft schließlich den Umgang mit illegalen Flüchtlingen. Die Vorschläge, die von den Kirchen im Blick auf diese Personengruppe gemacht worden sind, werden – im Unterschied zu anderen kirchlichen Vorschlägen – nur in engen Grenzen aufgegriffen. Der Bedeutung des Themas wird das nicht gerecht. Darin spiegelt sich eher eine Einschätzung der kurzfristigen politischen Möglichkeiten als ein angemessenes Urteil über die Bedeutung des Themas.

Genau aus diesem Grund aber freue ich mich darüber, heute zu Ihnen über Menschen ohne Aufenthaltsstatus und die kirchliche Verantwortung ihnen gegenüber sprechen zu können.

Es muss in Erinnerung gerufen werden: Die Gründe, aus denen Menschen ihre Heimat verlassen, sind vielfältig. Menschenrechtsverletzungen, Verfolgung oder Krieg, wirtschaftliche und ökologische Notlagen, die Globalisierung der Wirtschaft und nicht zuletzt der vermutete Bedarf an Arbeitskräften in den erhofften Aufnahmeländern prägen die weltweiten Wanderungs- und Fluchtbewegungen.

Ein Teil dieser Migration erfolgt illegal, weil die Migranten befürchten, mit einem Antrag auf die Genehmigung des geplanten Aufenthalts keinen Erfolg zu haben. Aus dieser Erfahrung nährt sich der Verdacht, dass die wohlhabenden Staaten sich gegen ungewollte Migration abzuschotten versuchen. Zwar kann man das Recht zu solcher Abwehr nicht bestreiten – es sei denn, zwingende Gründe in der allgemeinen Lage oder in der besonderen Situation des entsprechenden Bewerbers verpflichten zur Aufnahme. Und es ist richtig, dass in bestimmten Fällen die illegale Einwanderung sich mit kriminellen Handlungen – sei es durch Schlepper, sei es durch die Immigranten selber –

verbindet. Aber es besteht die große Gefahr, dass die Abwehr der illegalen Einwanderung auch die legitime Suche nach Schutz und menschenwürdiger Existenz in die Nähe der Kriminalität rückt.

Die nicht erlaubte Einreise in einen fremden Staat wird von den Vereinten Nationen und von der Internationalen Arbeitsorganisation (ILO) als „irreguläre Migration" bezeichnet. Der Ökumenische Rat der Kirchen spricht von „Entwurzelten" (uprooted people). Andere Begriffe sind „Menschen ohne Aufenthaltsstatus", „sans papier", „undocumented people", „de-facto Flüchtlinge", „clandestinos" etc. Begriffe dieser Art weisen vor allem auf das Dilemma des Aufenthaltsstatus hin, ohne damit zugleich die entsprechenden Migranten zu kriminalisieren.

Der Friedensnobelpreisträger und ehemalige Auschwitz-Häftling Elie Wiesel hat dies in seiner häufig zitierten Rede vor Menschen ohne Aufenthaltsstatus folgendermaßen ausgedrückt: „Ihr, die ihr sogenannte illegale Fremde seid, müsst wissen, dass kein menschliches Wesen „illegal" ist. Dies ist ein Widerspruch in sich. Menschen können schön oder weniger schön sein, sie können gerecht oder ungerecht sein, aber illegal? Wie kann ein menschliches Wesen illegal sein?"[1] Menschen können sich illegal verhalten, aber ihre Existenz kann nicht illegal sein.

Nach dem jüdischen und christlichen Glauben ist der Mensch ein Ebenbild Gottes. Trotz aller Unterschiede kommt daher allen Menschen die gleiche Würde zu. Auch das Grundgesetz teilt dieses Menschenbild: „Die Würde des Menschen ist unantastbar. Sie zu achten und zu schützen ist Verpflichtung aller staatlichen Gewalt", heißt es in Artikel 1 Absatz 1. Die Würde des Menschen kann allerdings schnell verletzt werden, wenn dieser Mensch für den Staat nicht existiert. Für die staatliche Ordnung existieren Menschen in der Regel nur dann, wenn sie über die notwendigen Dokumente verfügen.

Ein Beispiel: Eine vietnamesische Frau bringt im Krankenhaus einer brandenburgischen Kleinstadt ein Kind zur Welt. Diese Frau ist ohne das nötige Visum, also illegal, zu ihrem Ehemann und dem Vater des Kindes nach Deutschland eingereist. Der Vater ist ebenfalls vietnamesischer Herkunft und besaß zum Zeitpunkt der Geburt des Kindes eine Aufenthaltsberechtigung als ehemaliger Kontingentflüchtling. Inzwischen besitzt er die deutsche Staatsbürgerschaft. Trotz seiner Geburt in einem deutschen Krankenhaus, trotz seines aufenthaltsberechtigten und inzwischen sogar deutschen Vaters konnte dieses real existierende Kind weder eine Geburtsurkunde noch sonst eine amtliche Bestätigung seiner Existenz durch deutsche Behörden erhalten – mit allen negativen Konsequenzen für die Familie. In amtlichen Bescheiden wurde diesem Kind, das im Bauch seiner schwangeren Mutter in die Bundesrepublik kam, die Erteilung einer Aufenthaltsgenehmigung sogar mit der Begründung verweigert, es sei illegal eingereist. Nachdem der zuständige Landrat die bereits eingelei-

---

1   Übersetzung des Zitats Vf., aus einem Flyer der „No Human Being Is Illegal" National Campaign for the Civil and Human Rights of Salvadorans, Washington. D.C., 1988

tete Abschiebung zunächst gestoppt hatte, konnte inzwischen mit Unterstützung der EKiBB eine Lösung für die Familie gefunden werden.

Doch der Fall illustriert, was eine Erfahrung nahezu aller Flüchtlinge und vieler Migranten ist und was Bertolt Brecht folgendermaßen genannt hat: „Der Paß ist der edelste Teil des Menschen." Ohne seine Papiere ist der Mensch rechtlos und vogelfrei. Dies gilt durchaus nicht nur im übertragenen, sondern auch im existentiellen Sinn: Staaten entscheiden mit der Verleihung oder Verweigerung eines Papiers, mit der Einreiseerlaubnis oder Verweigerung über die Lebensumstände, u.U. sogar über Leben und Tod von Migranten. Und wie das Beispiel zeigt, stehen staatliche Institutionen in der Gefahr, Statusfragen höher zu bewerten als die menschliche Existenz.

Wo das geschieht, überhöht der Staat sich selbst. Der Satz „Kein Mensch ist illegal" weist auf diese Grundbestimmung des Verhältnisses von Individuum und Staat hin: Der Aufenthalt von Menschen in einem Staatsgebiet kann illegal sein. Der Staat kann gegen illegalen Aufenthalt vorgehen. Dies befreit ihn jedoch nicht von seiner Verpflichtung, auch in diesem Fall die menschliche Existenz über die Statusfrage zu stellen, die Menschenwürde der Statuslosen zu achten und grundlegende Rechte zu gewährleisten.

Nach ihren eigenen Erfahrungen mit dem Nationalsozialismus und der ihr aufgezwungenen Flucht hat Hannah Arendt als das grundlegende Recht des Menschen das Recht bezeichnet, überhaupt Rechte zu haben. Einen Menschen rechtlos zu machen, sah sie als die fundamentale Attacke auf die Menschlichkeit überhaupt an. Nicht dieses oder jenes Menschenrecht interessierte sie deshalb, sondern schlechthin das „Recht, Rechte zu haben". Dieses Recht aber muss sich in Papieren niederschlagen. Die „sans papier" leben ohne dieses Recht. Ihr Kampf geht nicht um dieses oder jenes Recht, sondern um den Status als Rechtsperson schlechthin.

Das allgemeine Problem ist oft behandelt worden. Es hat zuletzt in einer Ausarbeitung der katholischen Deutschen Bischofskonferenz, aber auch in einem Bericht der Freudenberg-Stiftung und an anderen Stellen eine ausführliche Behandlung gefunden. Sie will ich nicht wiederholen. Ich will mich vielmehr in einem nächsten Schritt der Frage zuwenden, wie die Evangelische Kirche in den vergangenen Jahren auf die Situation von Menschen ohne Aufenthaltsstatus reagiert hat.

1. Wie hat die Evangelische Kirche in den vergangenen Jahren auf die Situation von Menschen ohne Aufenthaltsstatus reagiert?

In den 1980er Jahren wurden die Probleme von Menschen ohne Aufenthaltsstatus vor allem im Hinblick auf die sogenannten de-facto Flüchtlinge diskutiert. Nach einer Statistik des Bundesinnenministeriums lebten 1986 neben den 68.000 anerkannten Flüchtlingen rund 270.000 de-facto Flüchtlinge in der Bundesrepublik Deutschland. Mit der seit Mitte der siebziger Jahre zunehmend restriktiver gewordenen Asylpraxis nahm die Zahl der Flüchtlinge zu, die nicht mehr als politisch Verfolgte anerkannt wurden. Flüchtlinge, die noch vor wenigen Jahren anerkannt worden wären, wurden plötzlich abgelehnt. Wie groß die zahlenmäßige Bedeutung dieses Problems war, ergibt sich aus einer Antwort der Bundesregierung auf eine kleine Anfrage der SPD aus dem Jahre 1985[2]. Darin teilt die Bundesregierung mit, dass 1984 bei 66,8% der Asylsuchenden eine Abschiebung auch bei einer Ablehnung des Asylgesuchs nicht in Betracht kam. In 8 der 10 Hauptherkunftsländer der Flüchtlinge werde derzeit nicht abgeschoben.

Diese de-facto Flüchtlinge besaßen damals keinen legalen Aufenthalt. Über viele Jahre lebten sie ohne Aufenthaltserlaubnis lediglich mit einer Duldung oder Meldebescheinigung. Sie unterlagen einem Arbeits- und Ausbildungsverbot und hatten keine Möglichkeit, sich in das gesellschaftliche Leben zu integrieren und ihr Leben und das ihrer Kinder eigenverantwortlich zu gestalten. Aus dem lediglich geduldeten Aufenthalt wurde häufig ein Daueraufenthalt. Dieser problematische Zustand hält bis in die Gegenwart an. Seit den 1980er Jahren fordern daher die Kirchen – bislang ohne Erfolg – die Erweiterung der Definition des „politischen Flüchtlings" bzw. die Einbeziehung von de-facto Flüchtlingen in den Schutzbereich des Grundgesetzes oder der Genfer Flüchtlingskonvention.[3]

Trotz der teilweisen Duldung von de-facto Flüchtlingen wurden seit Beginn der achtziger Jahre mit zunehmender Häufigkeit Abschiebungsandrohungen und Abschiebungen auch bei solchen Flüchtlingen verfügt, die durchaus begründete Furcht vor Gefahr für Freiheit, Leib oder Leben hatten. Im Bereich der Evangelischen Kirche in Berlin-Brandenburg (Berlin-West) kam es daher 1983 zu der ersten Aufnahme von zwei Flüchtlingsfamilien aus dem Libanon in der Kirchengemeinde Zum Heiligen Kreuz. In einer öffentlichen Veranstaltung zum Thema „Asyl in der Kirche" im März 1984 vertraten damals die beiden Vertreter des Evangelischen Konsistoriums die Auffassung, die Kirche müsse notfalls in Kauf nehmen, mit der Aufnahme solcher Flüchtlinge ohne Aufenthaltsstatus gegen geltende Gesetze zu verstoßen, wenn nur durch solche Regelverletzungen offenkundiges Unrecht verhindert werden könne.[4]

Kirchengemeinden, die in Berlin Beistand im Rahmen von „Asyl in der Kirche" gewähren, haben sich Mitte der achtziger Jahre zu einer ökumenischen Vereinigung „Asyl in der Kirche" zusammengeschlossen. Auf Bundesebene wird die Arbeit durch eine gleichnamige Bundesarbeitsgemeinschaft

---

2 Anfrage der SPD vom 14. Mai 1985, BT-Drs. 10/3346
3 Zur Entwicklung bis 1988 vgl. Manfred Karnetzki/Hanns Thomä-Venske (Hg.): Schutz für de-facto Flüchtlinge, Hamburg 1988
4 Vgl. Karnetzki/Thomä-Venske, a.a.O., S. 188f

koordiniert und unterstützt. Die Berliner Vereinigung betreibt eine Flüchtlingsberatungsstelle, eine Fluchtwohnung, um Menschen ohne Aufenthaltsstatus vorübergehend unterbringen zu können und eine Lösung für sie vorzubereiten, sowie in Kooperation mit dem südost Zentrum Berlin das Projekt NADA, ein Projekt für Flüchtlinge aus Bosnien und Herzegowina, die über keinen sicheren Aufenthaltsstatus verfügen.

Die EKiBB hat sich nicht nur in Einzelfällen, sondern auch bei größeren Flüchtlingsgruppen immer wieder für die Legalisierung von Menschen ohne Aufenthaltsstatus eingesetzt. Eine der ersten Initiativen, an denen die EKiBB mitwirkte, setzte sich für die Legalisierung der Bürgerkriegsflüchtlinge aus dem Libanon ein. 1987 beschloss der Berliner Senat die sogenannte „Berliner Regelung für abgelehnte Asylbewerber", durch die ein großer Teil der defacto Flüchtlinge nach vielen Jahren illegalen Aufenthalts erstmalig eine Aufenthaltserlaubnis erhielt. Doch auch diese Regelung wies Lücken auf. Deshalb koordinierte die EKiBB – mit Erfolg – gemeinsame Bemühungen von Beratungsstellen, Flüchtlingsinitiativen, Rechtsanwälten etc., die dazu führten, dass auch denjenigen de-facto Flüchtlingen ein Aufenthaltsstatus vermittelt werden konnte, die nicht alle Kriterien der „Altfallregelung" erfüllten.

Während der 1990er Jahre wuchs die Zahl von Menschen ohne legalen Aufenthaltsstatus auf schätzungsweise mittlerweile 1 Million im Jahre 2000. Dieser Anstieg ist auf verschiedene Gründe zurück zu führen: Wegen der Einschränkungen des Asylrechts durch die Asylrechtsreform im Jahre 1993 haben viele Asylsuchende keine Asylanträge mehr gestellt, weil diese aussichtslos waren. Statt dessen versuchten sie von Anfang an unerkannt illegal zu leben. Auf der anderen Seite kamen viele Migranten auf der Suche nach Arbeit nach Deutschland, weil die Nachfrage nach illegal Beschäftigten trotz Arbeitslosigkeit anstieg. Hierzu erklärten die Kirchen in ihrem Gemeinsamen Wort zu den Herausforderungen durch Flucht und Migration 1997:

„Auf eindeutige politische Vorgaben aufgebaute gesetzliche Zuwanderungsregelungen könnten nach alldem nicht nur die Rechtslage für Ausländer wie für Deutsche transparenter machen, sondern auch den Anteil der in Deutschland ohne Aufenthaltsstatus lebenden Menschen verringern und damit die Bereitschaft zur Achtung und Anerkennung des Gesetzes stärken. Dabei ist jedoch wichtig anzuerkennen, daß kein wie immer geartetes akzeptables Instrument unerlaubte Zuwanderung gänzlich verhindern kann und daß es für Folgeprobleme solcher Zuwanderung keine abschließenden Lösungen gibt. Dennoch gilt: Je größer der Migrationsdruck in Zukunft sein wird, desto wichtiger werden Rechtsklarheit und –sicherheit in allen Zuwanderungsbereichen."[5]

---

5   Rat der EKD/Deutsche Bischofskonferenz/Mitglieds- und Gastkirchen der Arbeitsgemeinschaft Christlicher Kirchen: „...und der Fremdling, der in deinen Toren ist." – Gemeinsames Wort der Kirchen zu den Herausforderungen durch Migration und

Die Kirchen versuchen die Arbeit mit Menschen ohne Aufenthaltsstatus als integralen Bestandteil ihrer Arbeit mit Migrantinnen und Migranten wahrzunehmen. Ziel der Initiativen ist zum einen eine Legalisierung der Statuslosen; zum anderen geht es darum, für Menschen in der Situation der Illegalität die Verbesserung eines Zugangs zu Basisrechten zu erreichen.

Doch die Aufgaben der Kirchen reichen über diese gesellschaftspolitischen Ziele hinaus: Es geht auch darum, die aus der Gesellschaft an den Rand Gedrängten in die Gemeinschaft, insbesondere auch konkret in die christlichen Gemeinden wieder hereinzuholen. Es geht darum, die befreiende Botschaft von der Liebe Gottes weiterzugeben, die Achtung vor der Würde des anderen zu erneuern und erlebbar zu machen, dass vor Gott alle Menschen gleich sind. Es geht darum, dass sich die Kirchen nicht nur „den Fremden mitten unter ihnen" zuwenden, sondern dass sie sich öffnen und sich im Sinne eines christlichen Kirchenverständnisses als „Kirche der Fremden" verstehen. Jede Gemeinde kann dazu beitragen. Dies kann geschehen in der Verkündigung, in öffentlicher Fürbitte, in den Gottesdiensten, durch Veranstaltungen und durch vielfältige Formen der Unterstützung. Mitmenschlichkeit zu erleben, kann Menschen retten, die ihr Leben im Verborgenen führen müssen.

2. Erscheinungsweisen und Hintergründe von Illegalität

Grundsätzlich können verschiedene Formen illegalen bzw. irregulären Verhaltens bei Einreise und Aufenthalt unterschieden werden: die Einreise ohne Papiere oder mit falschen Papieren und der anschließende illegale Aufenthalt sowie illegale Arbeitstätigkeit. Andererseits gibt es auch die Illegalisierung des Aufenthalts nach einer zunächst legalen Einreise bzw. einem legalen Aufenthalt aufgrund der Nichtverlängerung einer befristeten Aufenthaltsgenehmigung oder Wegfall des ursprünglich legalen Aufenthaltszwecks (z.B. bei Touristen, Geschäftsreisenden, Saisonarbeitern, Asylsuchenden, Ehegatten bei vorzeitiger Auflösung der ehelichen Lebensgemeinschaft).

Illegale Formen der Migration gibt es bei praktisch allen Migrantengruppen im Rahmen des Familiennachzugs. Ausländische Arbeitnehmer aus Drittstaaten, aber auch Asylsuchende und Flüchtlinge, die nicht als „politische Flüchtlinge" nach Art 16a GG anerkannt wurden, versuchen angesichts der teilweise kaum überwindbaren Schwierigkeiten bzw. langwieriger Genehmigungsverfahren ihre Familienangehörigen auf illegalem Weg nachzuholen. Bei Spätaussiedlern gibt es den illegalen Familiennachzug z.B. bei Verwandten aus bi-nationalen Ehen mit unterschiedlichem Rechtsstatus oder

---

Flucht. Bonn/Frankfurt am Main/Hannover 1997, Randnr. 181. Im folgenden zitiert als „Gemeinsames Wort".

bei der Einreise zum Daueraufenthalt schon vor dem Erhalt des Aufnahmebescheids, wobei das Antragsverfahren über eine ausländische Scheinadresse weiterbetrieben wird, während die Familienangehörigen verdeckt bereits im Inland leben.[6]

1997 veranstaltete die Ev. Akademie Berlin[7] im Rahmen des „Ökumenischen Jahres der Solidarität der Kirchen mit vertriebenen und entwurzelten Menschen" eine europäische Konferenz über Migranten in irregulären Situationen.[8] Auf dieser Konferenz wurde durch Vergleiche der Lage in Griechenland, Italien, Spanien, Portugal, Frankreich, Polen, Tschechien und Deutschland deutlich, dass sich die Zahl der Menschen ohne Aufenthaltsstatus überall in Europa in den letzten Jahren deutlich erhöht hat. Im Hinblick auf den Rechtsstatus und die soziale Situation gibt es z.T. jedoch deutliche Unterschiede beim Umgang der einzelnen Staaten mit diesem Problem. Während es in den süd- und mittelosteuropäischen Ländern durchschnittlich mehr Möglichkeiten gibt, Arbeitsstellen zu finden, die dann in der Regel allerdings irregulär und rechtlich nicht geschützt sind, werden in den west- und nordeuropäischen Ländern die gesetzlichen Regeln zur Unterbindung illegalen Aufenthalts und illegaler Beschäftigung strikter angewandt. Dies hat eine stärkere soziale und wirtschaftliche Ausgrenzung statusloser Migranten in diesen Ländern zur Folge.

In allen genannten Ländern nutzen Wirtschaft und Privatpersonen die Dienste von Statuslosen. Dabei befindet sich Deutschland mit seinem zunehmend deregulierten Arbeitsmarkt und mit einem wachsenden informellen Sektor wie viele moderne Sozialstaaten in einem doppelten Widerspruch: Einerseits fördern die verschärften Kontrollen gegenüber illegaler Einreise und illegaler Arbeitstätigkeit die Professionalisierung krimineller Schleuser und Vermittler und erhöhen ihre Profite. (Weltweit werden die Einnahmen aus diesem Geschäft höher als die aus dem Drogenhandel eingeschätzt.) Andererseits können alle Maßnahmen zur Eindämmung von Illegalität nicht darüber hinwegtäuschen, dass der expandierende informelle Sektor vielfach auf illegale Beschäftigungsverhältnisse zurückgreift. Der 6. Familienbericht der Bundesregierung kommt hier interessanter Weise zu folgender Einschätzung:

„Eine konsequente Bekämpfung der Illegalität würde deshalb manche ‚Grenzbetriebe' ruinieren, im Dienstleistungssektor zu folgenschweren Einbrüchen führen und in der Praxis zweifelsohne ‚mehr Staat, mehr Polizei, mehr Kontrolle, mehr Befugnisse für Polizei und Behörden, mehr Bürokratie und damit auch mehr Einengung oder sogar Unfreiheit für alle bedeuten, von

---

6 Vgl. hierzu auch: Bundesministerium für Familie, Senioren, Frauen und Jugend (Hg.): Familien ausländischer Herkunft in Deutschland, 6. Familienbericht, Berlin 2000, S. 62ff
7 gemeinsam mit dem Diakonischen Werk Berlin-Brandenburg und dem kirchlichen Ausländerbeauftragten der Ev. Kirche in Berlin-Brandenburg
8 Vgl. Kein Mensch ist illegal – Migranten in irregulären Situationen, epd-Dokumentation Nr. 8/98, und Norbert Cyrus: Menschen ohne Aufenthaltsstatus in der Bundesrepublik Deutschland, epd-Dokumentation Nr. 13/98, Frankfurt 1998

der allgemeinen Vergiftung der Atmosphäre durch eine Jagd auf ‚Illegale' ganz abgesehen". Und weiter heißt es dort:

„Einer Legalisierung von illegalen Beschäftigungsverhältnissen durch nachträgliche Aufenthalts- und Arbeitsgenehmigungen wiederum steht eine intensive Interessengemeinschaft von Arbeitgebern (Einsparung von Lohnnebenkosten) und Arbeitnehmern (Unsicherheit der Aufenthaltsverlängerung nach Erfassung, Steuern und Abgaben) entgegen."[9] Die Arbeitnehmer würden zudem ihren ‚Arbeitsmarktvorteil' in Gestalt der Selbstausbeutung als Billiglohnarbeiter verlieren.

Den Aufnahmestaaten entstehen allerdings wegen nicht abgeführter Steuern und Sozialabgaben erhebliche Einnahmeverluste in Milliardenhöhe. Kostenersparnis ist jedoch nicht das einzige Motiv für die Einstellung von Irregulären. Eine nicht unerhebliche Zahl offener Arbeitstellen kann selbst bei relativ hohen Arbeitslosenzahlen häufig nicht besetzt werden, weil die einheimischen Arbeitnehmer die ungünstigen Arbeitsbedingungen nicht akzeptieren. Außerdem können offene Arbeitstellen in der Regel schneller als bei einer Vermittlung durch die Arbeitsämter besetzt werden.

Für Menschen in der Illegalität ergeben sich aus ihrer Situation der sozialen und rechtlichen Ausgrenzung eine Reihe von Problemen, z.B.:

- *Verweigerung der Lohnzahlung:* Arbeitgeber verweigern immer wieder die Zahlung des vereinbarten Lohns oder überhaupt jegliche Lohnzahlung, Kranken- oder Unfallversicherung, weil Statuslose den Schutz der Gerichte nicht in Anspruch nehmen können.
- *Verweigerung der medizinischen Versorgung:* Selbst in Notfällen ist eine Behandlung im Krankenhaus häufig nicht möglich: Die Kostenübernahme ist nicht sichergestellt. Teilweise melden Krankenhäuser Hilfe suchende Ausländer ohne legalen Aufenthaltsstatus der Polizei und verweigern die Behandlung.
- *Verweigerung von Versicherungsleistungen im Fall von Arbeitsunfall, Invalidität oder Alter:* Statuslose können, selbst wenn sie einen Rechtsanspruch auf Leistungen bei Arbeitsunfall, Invalidität oder Alter erworben haben, diesen Anspruch faktisch nicht durchsetzen.
- *Verweigerung von Sozialhilfe:* Teilweise werden die Sozialämter verpflichtet, statuslose Ausländer erneut vorzuladen und diesen Vorsprachetermin der Ausländerbehörde mitzuteilen. Bei der erneuten Vorsprache sollen die Ausländer dann festgenommen werden.
- *Verweigerung des Rechts auf Unterkunft:* Beratungsstellen und Obdachloseneinrichtungen, die letzten Glieder in der Hilfekette, erhalten für ihre Hilfen für Irreguläre keine Mittel.
- *Verweigerung des Zugangs zu Schule und/oder Ausbildung:* Werden Schulen und Ausbildungsstätten verpflichtet, den legalen Aufenthalts-

---

9 Bundesministerium für Familie, Senioren, Frauen und Jugend (Hg.), a.a.O., S. 64

status zu überprüfen und Statuslose der Polizei zu melden, ist der Zugang faktisch verwehrt.
- *Verweigerung des Zugangs zum Recht:* Menschen ohne legalen Aufenthalt werden in der Regel nicht als Rechtssubjekte anerkannt. Wenn sie in ihren Rechten verletzt oder Opfer von Straftaten werden, können sie nicht den Schutz der Gerichte und der Behörden in Anspruch nehmen. Vielmehr droht ihnen in diesem Fall die Festnahme und Abschiebung.

Illegalität ist teilweise funktional für Wirtschaften unter dem Einfluss der Globalisierung und der Liberalisierung der Märkte. Die Nachfrage nach billigen, rechtlosen, disponiblen, ausbeutbaren Arbeitskräften ist groß. Eine Politik, die die „Illegalen" bekämpft und nicht die Illegalität, eine Politik, die den Irregulären jeden Zugang zu einem geregelten Aufenthalt und faktisch jeden Zugang zu Recht und Gesetz verweigert, dient in erster Linie den Interessen der ausbeutenden Arbeitgeber, der Schleuser und Menschenhändler. Eine solche Politik schafft geradezu erst die Voraussetzungen dafür, dass das große Geschäft mit der Illegalität möglich ist.

3. Strafdrohung

Mit dem Beistand für Statuslose bewegen sich kirchliche Mitarbeiterinnen und Mitarbeiter in einem Spannungsfeld zwischen dem christlichen Gebot der Nächstenliebe und der Beachtung von Gesetzen und Verwaltungsvorschriften. Die Beratung und Unterstützung von Menschen in Not, auch wenn sie Ausländer ohne legalen Aufenthalt sind, gehört zum christlichen Selbstverständnis. Andererseits verdienen auch die gesetzlichen Regelungen Beachtung, denn sie sollen dem Schutz des Gemeinwesens und auch des Einzelnen dienen. Im konkreten Fall ist also eine Entscheidung sowohl im Hinblick auf ihre ethische Begründung als auch auf ihre möglichen strafrechtlichen Konsequenzen sorgfältig abzuwägen.

Immerhin kann die Hilfe für Menschen in der Illegalität nach § 92a AuslG u.U. mit „Freiheitsstrafe bis zu fünf Jahren oder mit Geldstrafe" bestraft werden, wenn „wiederholt oder zugunsten von mehreren Ausländern" gehandelt wird. Von dieser Strafvorschrift sind damit potenziell alle bedroht, die sich, sei es nun haupt- oder ehrenamtlich, professionell oder mit längerfristigem freiwilligem Engagement für diese Menschen einsetzen. Dies gilt zumindest dann, wenn das Gericht in der Hilfeleistung eine Beihilfe zur illegalen Einreise oder zum illegalen Aufenthalt sieht. Dazu, ob der Vorwurf der Beihilfe juristisch begründbar wäre, will ich mich nicht äußern. Eine solche Beihilfe juristisch zu begründen, dürfte m.E. durchaus möglich sein. Verschiedene staatsanwaltliche Ermittlungsverfahren gegen Kirchengemeinden, die Gemeindeasyl gewährt haben, zeigen, dass die Sorge vor einer derartigen strafrechtlichen Behandlung des Themas alles andere als unbegründet und keineswegs aus der Luft gegriffen ist.

Menschen ohne Recht auf Aufenthalt leben wie in einer Schattenwelt. Sie vermeiden jede Auffälligkeit und Begegnung mit Menschen, die sie nicht kennen. Selbst vor Freunden und Unterstützern verbergen sie u.U. ihre Lage. In der Öffentlichkeit bewegen sie sich in ständiger Angst davor, aufgegriffen und abgeschoben zu werden. Sie können auch in einer Beratungssituation womöglich nicht einschätzen, ob sie ihrem Gegenüber Vertrauen schenken können. Auch die Institution der Kirche vermittelt nicht automatisch ein solches Vertrauen. Kirchliche Mitarbeiterinnen und Mitarbeiter müssen deshalb berücksichtigen, dass sie zumindest zu Beginn, bevor sich ein Vertrauensverhältnis entwickeln konnte, möglicherweise nicht alle notwendigen Informationen erhalten. Gleichzeitig müssen sie dem Hilfesuchenden vermitteln, dass unvollständige oder falsche Informationen ihre Bemühungen um Hilfe nachdrücklich gefährden können.

Eine Anerkennung grundlegender Rechte von Statuslosen durch den Staat hätte deshalb auch zur Konsequenz, dass Menschen, die den Statuslosen bei der Wahrnehmung solcher Rechte unterstützen, nicht unter Strafandrohung gestellt würden. Den Zugang zum Recht halte ich aber vor allem im Interesse der betroffenen Menschen für unerlässlich. Denn die Kriminalisierung gefährdet die Hilfe auch dort, wo sie möglicherweise auch vom Staat als notwendig angesehen wird.

Schließlich spricht für eine solche Öffnung aus meiner Sicht auch noch ein dritter Grund: Statuslose können umso erfolgreicher ausgebeutet werden, je stärker sie sozial ausgegrenzt und je weniger sie durch die Rechtsordnung geschützt sind. Demgegenüber kann durch einen besseren Zugang zum Recht das Risiko derjenigen erhöht und ihr Profit entsprechend begrenzt werden, die von der Ausbeutung Irregulärer und ihrer rechtlosen Position profitieren. Auf diese Weise könnte eine entscheidende Ursache für illegale Migration verringert werden.

4. Wie wird das Problem der Illegalität in der gegenwärtigen Zuwanderungsdebatte diskutiert?

Der Bericht der Unabhängigen Kommission „Zuwanderung" vom 4. Juli 2001 geht unter der Überschrift „Humanitär handeln" auf insgesamt zweieinhalb Seiten auf das Thema Illegale ein. Die Süssmuth-Kommission gibt dabei zwei Empfehlungen:
- Schulen und Lehrer sollten von der Verpflichtung befreit werden, den Behörden ausländische Schüler zu melden, die sich illegal in Deutschland aufhalten. Es sei mit dem Kindeswohl nicht vereinbar, wenn Eltern

aus Sorge um die Aufdeckung ihres illegalen Aufenthalts ihre Kinder nicht in die Schule schicken.[10]
- Personen und Organisationen, die sich aus humanitären Gründen um Illegale kümmern, sollen nicht dem Vorwurf der Beihilfe zum illegalen Aufenthalt ausgesetzt und nicht mit Strafe bedroht werden.[11]

Außerdem erkennt die Süssmuth-Kommission die Notwendigkeit zu weiterer Beschäftigung mit den Problemen der Sicherstellung medizinischer Versorgung und der Durchsetzung von Lohnansprüchen an, ohne hierzu jedoch weitere Empfehlungen zu geben.

Die SPD-Bundestagsfraktion hat ein Eckpunktepapier, das von einer Kommission unter der Leitung von Ludwig Stiegler erarbeitet wurde, am 6. Juli veröffentlicht. Unter der Überschrift „Eine Reform des Ausländerrechts ist notwendig"[12] geht das Eckpunktepapier in nur insgesamt 4 Zeilen auf das Thema „Illegale Migration" ein. Die SPD betont, dass sie illegalen Aufenthalt nicht dulden und die organisierte Kriminalität der illegalen Schleusung bekämpfen werde. Allerdings wolle sie diejenigen schützen, die aus humanitären Gründen menschliche Hilfe leisten. In einer Fußnote führt sie aus, dass die Mitteilungspflichten an die Ausländerbehörden dahingehend überarbeitet werden sollen, „dass hilfsbereite Ärztinnen und Ärzten, Lehrerinnen und Lehrern, Mitarbeiterinnen und Mitarbeitern von Jugendämtern, Kirchen, Gewerkschaften, Sozialverbänden usw. die Angst genommen wird, sich strafbar machen könnten (sic), wenn sie Illegalen helfen."[13]

Ein Positionspapier führender Politiker von Bündnis 90/Die Grünen, „Einwanderung gestalten, Asylrecht sichern, Integration fördern", geht davon aus, dass mit einer „modernen Einwanderungspolitik" das Problem der Illegalität zumindest gemildert, jedoch nicht vollständig beseitigt werden kann. Professionelle Schlepper und Menschenhändler müssten bestraft werden, „nicht aber Sozialarbeiter, Ärzte oder Privatpersonen, die Menschen ohne Aufenthaltsstatus bei der Bewältigung ihres Alltags unterstützen."[14]

Die CDU geht in einem Positionspapier, das von einer Kommission unter der Leitung des saarländischen Ministerpräsidenten Peter Müller erarbeitet wurde, unter der Überschrift „Regelungsbedarf bezüglich einzelner Zuwanderungstatbestände" in insgesamt anderthalb Seiten auf das Thema „Illegale"

---

10 Unabhängige Kommission „Zuwanderung": Zuwanderung gestalten – Integration fördern, Berlin, 4. Juli 2001, S. 197
11 Unabhängige Kommission ..., a.a.O, S. 198
12 SPD-Bundestagsfraktion: Die neue Politik der Zuwanderung – Steuerung, Integration, innerer Friede – Die Eckpunkte der SPD-Bundestagsfraktion, Berlin 6. Juli 2001, S. 16
13 SPD-Bundestagsfraktion: a.a.O., S. 19, Fußnote 11
14 Künast, Müller, Beck, Özdemir, Roth, Hanf: Einwanderung gestalten, Asylrecht sichern, Integration fördern, o. D. (8.11.2000), S. 10

ein.[15] Dabei beschränkt sich die CDU ausschließlich auf Überlegungen zur Bekämpfung der illegalen Einreise, des illegalen Aufenthalts und der illegalen Beschäftigung. Die sozialen Probleme von Menschen in der Illegalität werden konsequent übersehen. Die CDU scheint eine Verantwort für diese sozialen Probleme nicht festzustellen. Insofern fehlen auch jegliche Vorschläge.

Dies ist umso unverständlicher, als man von einer Partei, die sich dem christlichen Menschenbild verpflichtet weiß, mehr soziale Verantwortung erwarten darf und fordern muss. Es ist nicht hinreichend, wenn CDU und CSU sich in ihren Überlegungen auf restriktive Maßnahmen beschränken und im übrigen die Probleme der Menschen in der Illegalität aus der Wahrnehmung ausblenden. Medizinische und schulische Versorgung, Soziale Hilfe in Form von Obdach, Nahrung und Kleidung, effektiver Rechtsschutz müssen vom Staat wahrgenommen werden. Die CDU/CSU hat m.E. bei diesem Thema Nachbesserungsbedarf.

Im übrigen können wir feststellen, dass im Rahmen der gegenwärtigen Zuwanderungsdebatte erstmals eine Bundesregierung und die sie tragenden Parteien die Probleme von Menschen in der Illegalität offiziell zur Kenntnis nehmen. Dabei beschränken sie sich nicht lediglich, wie derzeit noch die CDU, auf den Aspekt der Bekämpfung von illegaler Einwanderung, Aufenthalt und Beschäftigung. Vielmehr deuten sie an, dass sie Illegalität generell für nicht vermeidbar halten. Deshalb werden, wenn auch noch in sehr begrenztem Rahmen, einzelne Maßnahmen zur Erleichterung der Situation von Menschen ohne Aufenthaltsstatus vorgeschlagen. Ich sehe dies durchaus als einen Fortschritt an. Weitere Schritte müssen noch folgen.

5. *Vorschläge, was unter anderem geschehen muss*

Der Schutz von Ehe und Familie muss gestärkt werden. Hierzu ist das Ausländergesetz zu ändern. Die Restriktionen, die den *Familiennachzug* zu Migranten und Flüchtlingen mit legalem Aufenthaltsstatus erschweren und die damit Ursache für zahlreiche Fälle von Illegalität sind, müssen beseitigt werden. Ich möchte dies am Beispiel der Flüchtlinge, die nach der Genfer Konvention aufgrund von § 51 AuslG anerkannt sind, erläutern. Bei ihnen wird – im Unterschied zu Flüchtlingen mit einer Anerkennung nach Art. 16 a GG – der Familiennachzug nur dann gestattet, wenn ausreichender Wohnraum zur Verfügung steht und der Lebensunterhalt aus eigenen Mitteln gesichert ist (§ 17 AuslG). Dabei wird nicht einmal berücksichtigt, dass GFK-Flüchtlinge

---

15 Bundesausschuss der CDU: Zuwanderung steuern. Integration fördern. 7. Juni 2001, S. 16ff

kein Kindergeld erhalten[16] und somit – insbesondere bei größeren Familien – kaum die Chance haben, ein ausreichendes Einkommen und eine Wohnung als Voraussetzung für die Familienzusammenführung nachzuweisen. Für eine solche Ungleichbehandlung ist ein rechtfertigender Grund nicht erkennbar. Für alle Flüchtlinge, seien sie nach Art 16a GG oder nach einer anderen Rechtsgrundlage anerkannt, gilt, dass sie auf den erhaltenen Schutz in Deutschland angewiesen sind. Sie können sich nicht ein anderes Aufnahmeland frei wählen, in dem sie als Familie zusammenleben können. Die nach dem Ausländergesetz derzeit geltenden Einschränkungen des Familiennachzugs bedeuten für diese Flüchtlinge eine Trennung der Familie auf unbestimmte Zeit oder sogar auf Dauer. Deshalb muss der Familiennachzug ohne solche Einschränkungen allen Menschen gestattet werden, deren Flüchtlingseigenschaft aus welchen Gründen auch immer anerkannt wurde und die sich aufgrund dieser Anerkennung für längere oder unbestimmte Zeit in Deutschland aufhalten.

Damit öffentliche Stellen wie Schulen, Krankenhäuser, Sozialämter, Gerichte etc. ihre eigentlichen Aufgaben auch gegenüber Menschen ohne Aufenthaltsstatus erfüllen können, muss die *Verpflichtung zur Mitteilung an die Ausländerbehörden* aufgrund der §§ 75 und 76 AuslG aufgehoben oder zumindest eingeschränkt werden. Sofern die Paragrafen 75 und 76 AuslG nicht gänzlich aufgehoben werden, empfiehlt sich aus meiner Sicht eine Änderung des Gesetzestextes in Anlehnung an die Regelung für die Ausländerbeauftragte der Bundesregierung nach § 76 Abs. 3 AuslG. Öffentliche Stellen wären dann nur insoweit zur Mitteilung an die Ausländerbehörden verpflichtet, „soweit dadurch die Erfüllung ihrer eigenen Aufgaben nicht gefährdet wird."

Zur *Vermeidung von Obdachlosigkeit* müssen Obdachloseneinrichtungen auch für Menschen ohne Aufenthaltsstatus offen stehen. Es ist nicht hinnehmbar, wenn in solchen Einrichtungen – wie dies derzeit in der Regel der Fall ist – die Betreuung von Illegalen nur unter der Hand und nur auf persönliches Risiko der Mitarbeiterinnen und Mitarbeiter möglich ist. Deshalb muss gewährleistet werden, dass die Kosten für die Betreuung von Obdachlosen von den Trägern der Sozialhilfe auch dann übernommen werden, wenn es sich um Menschen ohne Aufenthaltsstatus handelt.

Des weiteren müssen die *Strafvorschriften in den §§ 92a und 92b AuslG* dahin gehend geändert werden, dass Menschen, die in Ausübung ihres Berufes oder als Ehrenamtliche Menschen in der Illegalität betreuen, nicht mit Strafe bedroht werden. Dies muss zumindest dann gelten, wenn die helfenden Personen uneigennützig handeln. Deshalb muss der Satz in § 92a Abs. 1 Nr. 2 gestrichen werden, der Strafe auch demjenigen androht, die „wiederholt oder zugunsten von mehreren Ausländern handelt." Durch diese Regelung werden alle bedroht, die beruflich oder im ehrenamtlichen Engagement mehr-

---

16 GFK-Flüchtlinge nach § 51 AuslG erhalten lediglich eine Aufenthaltsbefugnis. Ausländer mit Aufenthaltsbefugnis haben keinen Anspruch auf Kindergeld

fach Menschen in der Illegalität beraten oder unterstützen. Das könnte möglicherweise auch für Kirchengemeinden gelten, die „Asyl in der Kirche" gewähren. Die Tatsache, dass diese Strafvorschrift bisher nur selten angewandt wird, kann nicht als Argument gegen die Notwendigkeit einer Änderung gelten. Noch weniger akzeptabel ist, dass sich der Staat auch mit Hilfe dieser Strafvorschrift wieder seiner Verantwortung entzieht. Statt diese wahrzunehmen, bedroht er sogar solche Personen mit Strafe, die mit Zivilcourage die staatliche Verantwortungslücke auszufüllen versuchen und sich dafür einsetzen, dem Verfassungsgebot des Schutzes der Menschenwürde (Art. 1 GG), das auch für Menschen in der Illegalität gilt, Geltung zu verschaffen.

Auch Menschen ohne Aufenthaltsstatus müssen Zugang zu sozialen Grundleistungen erhalten. Dabei muss der Grundsatz gelten, dass die Hilfsbedürftigkeit entscheidendes Kriterium für die Gewährung von sozialen Leistungen ist. Es ist nicht hinnehmbar, wenn ausreisepflichtigen Ausländern, die nicht abgeschoben werden können, die notwendige soziale Hilfe mit der Begründung versagt wird, um sie zur Ausreise zu zwingen.

In einigen europäischen Ländern wurden gute Erfahrungen mit *Legalisierungsprogrammen* gemacht. Auch in Deutschland hat es mehrere sogenannte Altfallregelungen gegeben. Häufig waren jedoch die Kriterien zu restriktiv, so dass viele potenziell Begünstigte keinen Aufenthaltsstatus erhalten konnten. Hier sollten in Zukunft die entsprechenden Regelungen großzügiger gestaltet werden.

Die Schaffung legaler Zugangswege für Asylsuche und Einwanderer und die *Öffnung von Zugängen zu Beratung, Hilfe, Rechtsschutz und legalem Status für Irreguläre* scheinen die entscheidende Grundvoraussetzungen dafür zu sein, dass die Ursachen der Illegalität, das Geschäft mit den Irregulären, beseitigt oder doch wenigstens eingeschränkt werden können. Deshalb setzen sich die Kirchen für solche *Wege aus der Illegalität* ein.

Literatur

Alt, Jörg/Fodor, Ralf: Rechtlos? Menschen ohne Papiere. Anregungen für eine Positionsbestimmung. Karlsruhe, 2001
Beauftragte der Bundesregierung für Ausländerfragen: Bericht über die Lage der Ausländer in der Bundesrepublik Deutschland. Berlin und Bonn, Febr. 2000
Bundesministerium für Familien, Senioren, Frauen und Jugend (HG.): Familien ausländischer Herkunft in Deutschland – Leistungen, Belastungen, Herausforderungen, 6. Familienbericht, Berlin 2000
Erzbischöfliches Ordinariat Berlin (Hg.): Rechtlos in Deutschland. Eine Handreichung und Einladung zum Gespräch über die Lage von Menschen ohne Aufenthaltsrecht. Migration, Nr. 3, Nov. 1997
Bundesausschuss der CDU: Zuwanderung steuern. Integration fördern, 7. Juni 2001
Erzbischöfliches Ordinariat Berlin (Hg.): Illegal in Berlin. Momentaufnahmen aus der Bundeshauptstadt. Migration Nr. 4, Dez. 1999

Evangelische Akademie Mülheim an der Ruhr: Menschenrechte für Menschen in der Illegalität. Dokumentation des Fachgesprächs mit den Bundestagsfraktionen der SPD und Bündnis 90/Die Grünen. November 2000
Flüchtlingsrat Niedersachsen (Hg.): Heimliche Menschen – Illegalisierte Flüchtlinge. Rundbrief Nr. 31/32. Hildesheim, Dez. 1995
Forschungsinstitut der Friedrich-Ebert-Stiftung (Hg.): Illegale Ausländerbeschäftigung in der Bundesrepublik Deutschland. Bonn, Nov. 1997
Forschungsinstitut der Friedrich-Ebert-Stiftung (Hg.): Neue Formen der Arbeitskräftezuwanderung und illegale Beschäftigung. Bonn, Nov. 1997
Foundation Against Trafficking in Women/International Human Rights Law Group/Global Alliance Against Traffic in Women: Menschenrechtsnormen für den Umgang mit Betroffenen des Menschenhandels. Berlin, Nov. 1999
Hanusch, Rolf/Naudritt, Kristina/Thomä-Venske, Hanns/Weller, Susanne/Wilpert, Czarina (Hg.): Kein Mensch ist illegal – Migranten in irregulären Situationen. epd-Dokumentation Nr. 8/98 und 13/98. Frankfurt 1998
Karnetzki, Manfred/Thomä-Venske, Hanns (Hg.): Schutz für de-facto Flüchtlinge. Hamburg 1988
Kirchenleitung der Evangelischen Kirche von Westfalen: Ohne Recht auf Aufenthalt – illegal. Eine Handreichung und Einladung zum Gespräch zur Situation von Flüchtlingen ohne legalen Aufenthaltsstatus. Bielefeld, Oktober 2000
Konferenz der Ausländerreferentinnen und Ausländerreferenten der Gliedkirchen der EKD und ihrer Werke: „Soll ich meines Bruders Hüter sein?", Fünf Jahre neues Asylrecht, Gedenken an Flüchtlinge, die schutzlos blieben oder zu Schaden kamen, 2. durchgesehene Auflage, Hannover, Juni 1998
Künast, Müller, Beck, Özdemir, Roth, Hanf: Einwanderung gestalten, Asylrecht sichern, Integration fördern, o. D. (8.11.2000)
Ökumenischer Rat der Kirchen: Ein Moment der Entscheidung: Solidarität mit den Entwurzelten. Erklärung zu entwurzelten Menschen. Genf, Sep. 1995
Ökumenischer Rat der Kirchen: Ein Moment der Entscheidung: Solidarität mit den Entwurzelten. Ein Handbuch. Genf, Dez. 1996
PICUM (Platform for International Cooperation on Undocumented Migrants): Working Paper on Undocumented Migrants in Europe. May 2001
PICUM: Mission Statement. Jan. 2001
Rat der EKD/Deutsche Bischofskonferenz/Mitglieds- und Gastkirchen der Arbeitsgemeinschaft Christlicher Kirchen: „...und der Fremdling, der in deinen Toren ist." – Gemeinsames Wort der Kirchen zu den Herausforderungen durch Migration und Flucht. Bonn/Frankfurt am Main/Hannover 1997
Senatsverwaltung für Arbeit, Berufliche Bildung und Frauen, Berlin: Europäische Strategien zur Prävention und Bekämpfung des Frauenhandels. Dokumentation der Internationalen Konferenz am 25 u. 26. Nov. 1998. Berlin, Nov. 1999
Skrobanek, Siriporn: Das Tagebuch der Prang. Hrsg. v. Ökumenischen Rat Berlin-Brandenburg. Berlin, 2000
SPD-Bundestagsfraktion: Die neue Politik der Zuwanderung – Steuerung, Integration, innerer Friede – Die Eckpunkte der SPD-Bundestagsfraktion, Berlin 6. Juli 2001
Unabhängige Kommission „Zuwanderung": Zuwanderung gestalten – Integration fördern, Berlin, 4. Juli 2001

Georg Kardinal Sterzinsky

Der Schutz der Menschenwürde ist Verpflichtung aller staatlichen Gewalt

„Leben in der Illegalität – Eine humanitäre und pastorale Herausforderung"

1. Problemanzeige. Suche nach Auswegen

Was macht Menschen zu sogenannten „Illegalen"?
  Ich möchte das anhand von vier Beispielen verdeutlichen, wobei die Namen verändert worden sind.

Alexander.
Er kommt aus der Ukraine, ist Ingenieur – hochqualifiziert –, in seiner Heimat aber arbeitslos und ohne Einkommensmöglichkeiten. Er hat eine Familie mit drei Kindern zu versorgen, schlägt sich in Berlin als Hilfsarbeiter von einer Baustelle zur anderen durch.

Nadja.
Sie kommt aus Russland. Naiv geriet sie in die Fänge von brutalen Frauenhändlern. Statt als Sekretärin arbeiten zu können – wie ihr versprochen wurde –, landet sie in der gewalttätigen Zwangsprostitution. Eine Sozialarbeiterin hilft ihr, sich zu befreien. Sie braucht eine kurzfristige, geschützte Unterbringung und Geld für die Rückreise.

Frau Jabbar.
Sie ist irakische Kurdin, die in ihrer Heimat lebt und ein Recht auf Nachzug zu ihrem Ehemann nach Deutschland hat. Ihr Ehemann ist eingebürgerter deutscher Staatsangehöriger irakischer Herkunft. Der Nachzug von Frau Jabbar gestaltet sich sehr schwierig aufgrund langer Bearbeitungszeiten deutscher Behörden; seit über drei Jahren schon lebt das Ehepaar gezwungenermaßen getrennt. Frau Jabbar beschließt, illegal zu ihrem Mann nach Deutschland zu ziehen.

Paolo.
Er kommt aus Angola, sein Asylantrag wurde abgelehnt, weil seine Rechtsanwältin nicht sorgfältig arbeitete und Fristen versäumte. Dadurch wurde er ausreisepflichtig, reiste aber nicht aus, weil er (zu Recht) befürchtete, in Angola umgebracht zu werden. Er zieht notgedrungen ein Leben in der Illegalität vor. (Ein anderer Anwalt bewirkt später ein Aufenthaltsrecht.)

In den letzten Jahren begegnen Mitarbeiterinnen und Mitarbeiter in fremdsprachigen Gemeinden und caritativen Einrichtungen der Kirchen immer häufiger Frauen, Männern und Kindern mit solchen und ähnlichen Schicksalen. Ihnen ist gemeinsam, dass sie in Deutschland ein Leben ohne Aufenthaltsrecht und ohne Duldung führen.

Sie kommen in pastoralen Anliegen – z.B. wenn sie ein Kind taufen lassen oder heiraten wollen – oder aufgrund einer finanziellen, sozialen oder rechtlichen Notsituation.

Sie meiden staatliche Einrichtungen, weil sie Festnahme und Abschiebung befürchten.

Um auf die Probleme von Menschen, die in Illegalität leben, hinzuweisen und um auf den dringenden politischen Handlungsbedarf aufmerksam zu machen, hat die Migrationskommission der Deutschen Bischofskonferenz eine Orientierungshilfe verfasst. Diese Informations- und Reflexionsschrift wurde Ende April mit Zustimmung des Ständigen Rates der Deutschen Bischofskonferenz verabschiedet und trägt den Titel „Leben in der Illegalität in Deutschland – eine humanitäre und pastorale Herausforderung"[1]. Da ich an der Erarbeitung mitgewirkt habe, möchte ich auf sie zurückgreifen. Sie wird Ihnen, meine Damen und Herren, kaum bekannt sein, so dass ich wohl nicht „Eulen nach Athen trage", auch wenn Ihnen die Anliegen vertraut sein dürften.

Im Laufe der letzten zehn Jahre sind die kirchlichen Dienste mit immer mehr Menschen nicht deutscher Herkunft und immer unterschiedlicheren Einzelfallkonstellationen konfrontiert worden. Dabei wurde deutlich: Es gibt eine nicht unbedeutende Zahl von Einzelfällen, deren rechtlicher Status durch unsere Rechtsordnung nicht vorgesehen ist.

Die Bereitschaft zur Hilfe stieß auf unüberwindbare Schwierigkeiten – wegen der Gesetzeslage. Die strikte Anwendung der Gesetze hätte aber gegen humanitäre Grundsätze verstoßen.

In der Öffentlichkeit erregte „Asyl mit der Kirche" Aufsehen. Es ging aber nicht um Verstoß gegen das geltende Recht, sondern um Überprüfung des Asylverfahrens und Hilfe dazu! Immerhin wurde das Kirchenasyl zum Problem, so dass die Migrationskomission der DBK kurz nach ihrer Konstituierung ein Arbeitspapier zum Kirchenasyl vorlegte.

Der Erarbeitungsprozess machte nochmals deutlich, dass wir Kommissionsmitglieder uns auch dem umfassenderen Thema des illegalen Aufenthalts stellen müssten.

Die „Problemanzeigen" aus der Seelsorge und der kirchlichen Sozialarbeit nahmen weiter zu. Parallel dazu zeigte sich, dass die Politik sich dieser Menschen nicht annahm und trotz Zuwanderungsdebatte sich bis heute nicht annehmen zu wollen scheint.

---

[1] Vgl. Pressemitteilung der Deutschen Bischofskonferenz vom 8. März 2001 (PRD-014)

Vor ca. zwei Jahren wurde dann eine Arbeitsgruppe der Migrationskommission gebildet, die das Problem untersuchen und Orientierungshilfen zur Lösung, aber auch Hinweise für eine ethisch verantwortbare Praxis vorlegen sollte. Die Kommission hat ihr Ergebnis dem Ständigen Rat der Deutschen Bischofskonferenz im April 2001 vorgelegt; dort ist es gebilligt worden.

Über die Ordinariate soll die Stellungnahme – in der Reihe „Die deutschen Bischöfe – Erklärungen der Kommissionen" veröffentlicht – als Orientierungs- und Arbeitshilfe den Einrichtungen und Personen zugestellt werden, die mit dem Problem des illegalen Aufenthalts („Illegalität") konfrontiert sind.

Von der Sache her sind natürlich nicht nur kirchliche/caritative Einrichtungen im Blick, sondern die breite Öffentlichkeit, insbesondere die, die in Politik, Verwaltung und Wirtschaft für den Umgang mit „Illegalen" Verantwortung tragen.

„Leben in der Illegalität" ist der einzige Text dieser Art, der von einem amtlichen Gremium in diesem Umfang zur Thematik der Illegalität in Deutschland bisher erarbeitet worden ist. Damit liegt erstmals in der katholischen Kirche ein Papier zu dem Problemkreis vor, der bisher in der gesamten Zuwanderungsdebatte nur unzureichend berücksichtigt, geschweige denn mit Lösungsvorschlägen angegangen worden ist.

Exkurs

Die 37 Seiten sind untergliedert in sieben Kapitel, denen eine Zusammenfassung und ein Vorwort der Vorsitzenden der Deutschen Bischofskonferenz, Kardinal Lehmann, und der Migrationskommission, Weihbischof Voß, vorangestellt ist.

Das *1. Kapitel „Das Phänomen der Migration"* reißt den Problemhorizont auf und macht deutlich, dass nicht nur Migration im allgemeinen, sondern gerade auch die irreguläre Migration ein zentrales globales Problem darstellt und nicht etwa eine Randerscheinung ist.

Nach Angaben internationaler Organisationen wird die Zahl der Menschen in der Illegalität weltweit auf 10 Millionen geschätzt; der Päpstliche Migrantenrat spricht sogar von 30 Millionen Menschen ohne Aufenthaltsrecht weltweit.[2]

Signifikant ist auch die Frage, wie Menschen, die in der Illegalität leben, in den einzelnen Sprachgebieten genannt werden.

Im anglophonen Bereich heißen sie „irregular migrants" bzw. „undocumented persons", womit ein administrativer Akzent gesetzt ist.

Im Französischen wird von den „(les) sans-papiers" gesprochen und auf die Wichtigkeit von Zertifikaten hingewiesen.

Durch den italienischen Ausdruck „clandestini" („die, die im Verborgenen leben") klingt die soziale und politische Heimlichkeit an.

---

2 Vgl. Migranti illegali: appello al primato della carita, ‚Citta' del Vaticano 1995, S. 7

Der im Deutschen üblich gewordene Begriff „Illegale" verweist auf den rechtlichen Aspekt und macht die Grenze zum Kriminellen fließend.

Das *2. Kapitel* beschreibt „*Illegalität in Deutschland*".

Das *3. Kapitel* beschreibt „*Ursachenkomplexe*".

Das *4. Kapitel* wendet sich wegen der Wichtigkeit und der herausragenden Bedeutung dem sich daraus ergebenden Problemkreis der „*Illegalen Beschäftigung*" zu.

Kapitel 5 versucht, „*Ethische Orientierungen*" zu geben. Dabei wird erinnert an biblische Leitlinien wie etwa an die Gottesebenbildlichkeit des Menschen (vgl. Gen 1,27) oder an die Aufforderung zur Nächstenliebe, wie sie im Gleichnis vom barmherzigen Samariter (vgl. Lk 10,25-37) zum Ausdruck kommt. Ausgehend vom ekklesiologisch bedeutsamen Bild von der Kirche als „Volk aus allen Völkern" (vgl. LG 13) wird nach Aufgaben von Kirche und Pastoral im demokratischen Rechtsstaat gefragt und werden die Menschenrechte als Maßstab für Recht und Politik erörtert.

Im *6. Kapitel* geht es um „*Möglichkeiten und Aufgaben der Kirche*", genauerhin um kirchliches Handeln für Illegale in Seelsorge, sozialen Diensten und Bildungseinrichtungen. Die Überlegungen sind Bestandsaufnahme dessen, was in verschiedenen Einrichtungen schon geschieht, aber auch Anregung für die, die neu vor der Problematik stehen.

Das abschließende *7. Kapitel* bespricht „*Handlungsfelder für die Politik*".

2. Illegalität in Deutschland

2.1 Betroffene Personengruppen

Eingangs habe ich anhand von vier Beispielen typische „Illegalenschicksale" skizziert. In der Systematisierung halte ich mich an die Darstellung des Kommissions-Papiers.

Dort sind *vier hauptsächliche Gruppen von Menschen ohne Aufenthaltsrecht* genannt:

1. Personen, die aus Sicherheitsgründen einen vorläufigen oder dauerhaften Aufenthalt in Deutschland anstreben (das sind die klassischen Asylbewerber und Flüchtlinge),
2. Personen, die dauerhaft oder zeitweilig eine Arbeit suchen und auch finden (das sind die klassischen Arbeitsmigranten),
3. Familienangehörige von hier legal oder illegal lebenden Ausländern,
4. Männer, Frauen und Kinder, die unfreiwillig Opfer von Menschenhandel, insbesondere Zwangsprostitution geworden sind.

Wenn man genau hinschaut, erkennt man, dass die „Illegalen" ein Spiegelbild zu den Bedürfnissen des deutschen (Schatten-)Arbeitsmarktes darstellen.

Lateinamerikanische, osteuropäische, asiatische Frauen sind vornehmlich im privaten und häuslichen Sektor tätig, asiatische Männer im kleingewerblichen und gastronomischen Bereich. Körperlich schwere Arbeiten leisten vorwiegend Afrikaner und Osteuropäer.

Freilich gibt es auch die, die nach Deutschland kommen, um als einzelne oder als Angehörige krimineller Banden Straftaten zu begehen. Um diese Menschen geht es dem Kommissionspapier nicht – sie wenden sich auch kaum an kirchliche Stellen.

Schon an dieser Stelle möchte ich jedoch ausdrücklich davor warnen, „Illegale" mit Kriminellen gleichzusetzen, wie das in manchen Medien und Stammtischrunden leider immer wieder geschieht. Das entspricht nicht der Wirklichkeit!

Mir ist wichtig, deutlich zu machen, dass Menschen aus unterschiedlichen Gründen kommen und dann hier illegal bleiben. Pauschalisierungen sind nicht angebracht. Deshalb fordern die Autoren der Schrift:
Eine differenzierte Sicht und Würdigung der Hintergründe und Motive der betroffenen Menschen ist notwendig.

2.2 Soziale Situation

Zur sozialen Situation der in Illegalität lebenden ist zusammenstellend festzuhalten: *Illegaler Aufenthalt bedeutet in erster Linie faktische Rechtlosigkeit auf allen Gebieten des täglichen Lebens.*

Es tritt eine Reihe von Problemen auf, von denen ich drei ausdrücklich erwähnen will.

Die gravierendste Sorge ist häufig die Existenzsicherung. Es gilt, nicht nur eine Arbeit zu finden, sondern auch einen entsprechenden Lohn dafür zu erhalten. Weil sie einen gerechten Lohn nicht einklagen können, ohne entdeckt zu werden, erhalten viele illegal Beschäftigte ein sehr geringes Entgelt zugesagt, das zum Teil noch nicht einmal ausbezahlt wird.

Die Wohnverhältnisse, die man sich folglich leisten kann, sind häufig katastrophal. Bekannte und Verwandte dienen sehr oft als erste Adresse. Sie haben eine „Brückenkopffunktion", bieten erste Hilfen beim Eingewöhnen in die neue Umgebung, bei Wohnraum- und Arbeitssuche.

Eine Schwierigkeit, die oft erst im Notfall auftritt, dann aber ein großes Ausmaß annehmen kann, ist die Gesundheitsfürsorge. Ohne eine Krankenversicherung wird es schier unmöglich, ambulante und erst recht stationäre Behandlungen zu bezahlen. Ähnliches gilt auch für Schwangere, denen Illegalität Anlass für heimliche Abtreibung ist. Entscheiden sie sich dennoch für das Kind, unterbleiben aus Kostengründen ärztliche Vorsorgeuntersuchungen, oder sie werden gemieden aus Angst vor dem Entdecktwerden. Deshalb kommt es auch zu Hausgeburten ohne Beteiligung von Arzt oder Hebamme.

Leben „Illegale" mit Kindern zusammen, ist auch die Beschulung der Kinder ein Problem. Die Gefahr des Analphabetismus ist ebenso gegeben wie die einer ungesunden psychischen und sozialen Entwicklung.

Da die Beschulung – auch der illegal in Deutschland lebenden Kinder – in die Gesetzgebungskompetenz der Länder fällt, könnten Bundesländer in dieser Frage großzügige Regelungen treffen, die den Notstand lindern.

2.3 Speziell: Illegale Beschäftigung

Ein außerordentlich bedeutsamer Aspekt der „Illegalität" ist der Bereich der illegalen Beschäftigung, weil nicht nur die illegal hier lebenden Personen davon profitieren, sondern auch gerade im besonderem Maße alle die (Deutschen), für die „Illegale" arbeiten. Die Schrift weist hin auf *sämtliche Beschäftigungsformen, bei denen gesetzliche Pflichten umgangen werden; im einzelnen sind dies die Fallgruppen Schwarzarbeit, illegale Arbeitnehmerüberlassung, illegale Ausländerbeschäftigung, Leistungsmissbrauch, Vorenthaltung von Sozialversicherungsbeiträgen und Verstöße gegen das Arbeitnehmer-Entsendegesetz.*

So ist es inzwischen dazu gekommen, dass nicht nur in Großstädten, sondern auch in Städten und Kommunen mittlerer Größe „Illegale" auf Grund des immensen Schattenarbeitsmarktes eine konstante soziale Größe darstellen.

Das Papier der Migrationskommission übernimmt Zahlen des Linzer VWL-Professors Friedrich Schneider, die dieser in einer ZDF-Sendung am 6.2.2001 genannt hat. Nach seinen Schätzungen sind in Deutschland *die Anteile, die Menschen in der Illegalität zum Umsatz verschiedener Branchen beitragen, sehr hoch:*

- In der Baubranche werden sie auf 12 Mrd. DM geschätzt,
- bei der Beschäftigung in Haushalten sowie im Gaststätten- und Hotelgewerbe auf jeweils 5,5 Mrd. DM und
- in der Landwirtschaft auf 3 Mrd. DM.

Dies ergibt allein in diesen Branchen zusammen 26 Milliarden DM.

Es profitieren also viele in der deutschen Gesellschaft, in hohem Maß auch Einheimische von der Arbeit der „Illegalen".

Und übrigens „mindestens 50 Prozent der Illegalen könnten sofort legalisiert werden", so schätzt Robert Henkel, Arbeitsmarktexperte beim Bundesverband der Deutschen Industrie.[3]

---

3 Robert Henkel, Spiegel online vom 7. Mai 2001

Exkurs: Über die Menschenwürde „Illegaler"

Auch Menschen, die in der Illegalität leben, stehen unter dem Schutz des Art. 1 Abs. 1 GG: „Die Würde des Menschen ist unantastbar. Sie zu achten und zu schützen ist Verpflichtung aller staatlichen Gewalt."

Was ist Menschenwürde?

Trotz vieler unterschiedlicher Versuche ist es bisher nicht gelungen, eine allgemein anerkannte Definition des Begriffs „Menschenwürde" zu finden.[4] Allgemein anerkannt ist aber,[5] dass der Begriff der Menschenwürde ein tragendes Konstitutionsprinzip im System der Grundrechte ist: Mit ihm ist der soziale Wert- und Achtungsanspruch des Menschen verbunden, der es verbietet, den Menschen zum bloßen Objekt des Staates zu machen und ihn einer Behandlung auszusetzen, die seine Subjektqualität prinzipiell in Frage stellt. Jeder Mensch besitzt sie – ohne Rücksicht auf seine Eigenschaften, Leistungen...; selbst durch „unwürdiges" Verhalten kann sie nicht verloren gehen. Sie kann keinem Menschen genommen werden.

Sie gilt als „unantastbar"; ich sage lieber: Sie ist „unverlierbar", denn wir wissen, dass sie eben leider doch angetastet und verletzt wird.

Wie kann diese „Unverlierbarkeit" der Würde eines jeden Menschen begründet werden?

Es ist meine Überzeugung: Dies geht nicht ohne Berufung auf ein Menschenbild, das metaphysische Wurzeln hat, d. h. auf ein Menschenbild, das nicht allein innerweltlich verstanden wird.[6]

Selbstverständlich kann auch der Staat dem Menschen eine „unverletzliche Würde" zusprechen; allerdings birgt dies die Gefahr in sich, dass dann derselbe Staat diese Würde auch wieder nehmen kann. Diese Gefahr ist nicht abstrakt; das wird deutlich an den „Illegalen", die zwar eine Menschenwürde „haben", diese aber nicht in vollem Umfang geltend machen können.

Zwar haben Menschen ohne Aufenthaltsrecht und Duldung keine legale Berechtigung, sich in Deutschland aufzuhalten; ihr Aufenthalt ist gemäß § 92 des Ausländergesetzes strafbar.[7]

Aber dennoch haben sie materiell-rechtliche Ansprüche bzw. Rechte. Dies hat ein Rechtsgutachten ergeben, das im Auftrag des Erzbistums Berlin erstellt und kürzlich veröffentlicht worden ist.[8] Danach haben Erwachsene für

---

4 Vgl. Hermann v. Mangoldt/Friedrich Klein/Christian Starck, Das Bonner Grundgesetz, Kommentar, München 1999, Art. 1 Abs. 1, Randnummern 3 ff
5 Vgl. Bruno Schmidt-Bleibtreu/Franz Klein, Kommentar zum Grundgesetz, Neuwied/Kriftel 1999, Art. 1, Randnummer 1, vgl. BVerfGE 30, 1 (25 f.), vgl. BVerfGE 87, 209 ff
6 Vgl. v. Mangoldt/Klein/Starck, a. a. O. Art. 1 Abs. 1, Randnummer 6
7 § 92 Absatz 1 Satz AuslG: „Mit Freiheitsstrafe bis zu einem Jahr oder mit Geldstrafe wird bestraft, wer (...) sich ohne Aufenthaltsgenehmigung im Bundesgebiet aufhält und keine Duldung (...) besitzt."
8 Vgl. Jörg Alt/Ralf Fodor, Rechtlos? Menschen ohne Papiere, Karlsruhe 2001, S. 125 ff

ihre geleistete Arbeit Anspruch auf Zahlung des vereinbarten Lohns und auch Ansprüche auf Leistungen des staatlichen Gesundheitswesens. Kinder haben ein Recht auf Beschulung.

Diese Ansprüche bzw. Rechte sind aber faktisch nicht durchsetzbar, denn es gibt die problematische Vorschrift des § 76 Ausländergesetz, wonach „öffentliche Stellen"[9] verpflichtet sind, das fehlende Aufenthaltsrecht bzw. das Fehlen einer Duldung eines Ausländers den zuständigen Ordnungsbehörden mitzuteilen.[10]

Das bedeutet doch, dass so diese Menschen faktisch gesetzlich „entrechtet" werden. Präziser: Der Staat nimmt ihnen „durch die Hintertür" des Datenübermittlungsrechts, was er ihnen zuvor im Zivil-, Sozial- und Schulrecht eingeräumt hat.

Was bedeutet dies für den Schutz der Menschenwürde, der vornehmste Aufgabe aller staatlichen Gewalt ist?

Es ist nicht hinnehmbar, wenn Kinder keine Schule besuchen dürfen und von ihren Eltern verborgen gehalten werden müssen, wenn Kranken und Schwangeren im Bedarfsfall nicht geholfen wird, und wie „illegale" Arbeitnehmer auf dem Arbeitsmarkt behandelt werden. Zumal es gerade die „Illegalen" sind, die von Arbeitgebern nicht selten für gefährliche und Gesundheit schädigende Arbeiten eingesetzt werden. Deshalb sprechen manche hinsichtlich des Umgangs mit ihnen sogar schon von „Sklaverei" bzw. einem „Sklavenmarkt".[11]

3. Handlungsfelder für die Politik

Alle diese faktischen Einschränkungen der Menschenwürde dürfen nicht fortgeschrieben werden. Deshalb wendet sich die Schrift der Migrationskom-

---

9 Der in § 76 AuslG verwandte Begriff der „öffentlichen Stelle" ist umfassender als der Begriff der Behörde (vgl. dazu Renner, Ausländerrecht, 7. Auflage, München 1999, § 76 AuslG, Randnummern 2, 9, 12

10 „Öffentliche Stellen haben auf Ersuchen (...) den mit der Ausführung dieses Gesetzes betrauten Behörden ihnen bekannt gewordene Umstände mitzuteilen" (§ 76 Absatz 1 Ausländergesetz).
„Öffentliche Stellen haben unverzüglich die zuständige Ausländerbehörde zu unterrichten, wenn sie Kenntnis erlangen von dem Aufenthalt eines Ausländers, der weder eine erforderliche Aufenthaltsgenehmigung noch eine Duldung besitzt" (§ 76 Absatz 2 Nummer 1 Ausländergesetz).

11 Der Journalist Jan Puhl betitelte seinen Bericht über den Problemkomplex „Illegalität" in der Wochenzeitschrift „Die Woche" vom 30. Juni 2000 mit: „Globaler Sklavenhandel"; und der schwedische Weihbischof Dr. William Kenney, ehemals Präsident von Caritas Europa, sprach bereits 1995 von „neuen Formen der Sklaverei".

Der Schutz der Menschenwürde ist Verpflichtung allen staatlicher Gewalt 161

mission auch an die breite Öffentlichkeit und die, die in Politik und Verwaltung Verantwortung tragen.

Schließlich wird bisweilen sogar von Politikern an die Kirchen und ihre Vertreter ausdrücklich der Wunsch herangetragen, dass sie „auf der Seite der Betroffenen entschiedener und konkreter Partei" ergreifen, dass sie ihre „Kritik an der Untätigkeit in der Politik gezielter" vorbringen und sich „nicht bis zur Unhörbarkeit leise, nicht bis zur Unwirksamkeit diplomatisch verfremdet" äußern mögen.[12]

Dieser Erwartung möchte ich heute Abend ausdrücklich entsprechen.

3.1 Zuwanderungsdebatte ohne die Problematik „Illegalität"?

Grundsätzlich bin ich froh, dass es endlich zu einer gesamtgesellschaftlichen Debatte über Fragen der Zuwanderung gekommen ist. Daran haben einzelne Politikerinnen und Politiker und die Parteien in unterschiedlichem Maße Anteil.

Warum wird aber in dieser Debatte der Problemkomplex der Illegalität so erfolgreich ausgeklammert?

Hat ein so bedeutsamer Teil der Wählerinnen und Wähler etwas gegen Änderungen in diesen Bereichen, weil sie von der Arbeit der „Illegalen" wirtschaftlich und finanziell profitieren?

Und gehen die Politikerinnen und Politiker deshalb dieses Phänomen nicht an aus Angst vor dem Verlust von Wählerstimmen?

Mancher – auch unter den politisch Verantwortlichen – versucht sich noch damit heraus zu reden, er habe nichts gewusst und es sei nichts bekannt.

Deshalb erinnere ich an Hinweise, die regierungsamtlichen Texten zu entnehmen sind.

Im *ersten Armuts- und Reichtumsbericht der Bundesregierung*, der kürzlich veröffentlicht worden ist, steht im Berichtsteil „Entwicklung der Zuwanderung", dass „zur Zahl der Menschen ohne Aufenthaltsstatus (...) keine zuverlässigen Daten vorliegen. Einen Einblick in die Lebenswelt dieser Gruppen geben lediglich Erfahrungsberichte von Kirchen, Wohlfahrtsverbänden und Gewerkschaften."[13]

Schon im *dritten Bericht der Ausländerbeauftragten der Bundesregierung* über die Lage der Ausländer in der Bundesrepublik Deutschland, aus dem Jahr 1997, also vor 4 Jahren, war von „ausbeuterischer Beschäftigung"[14] die Rede.

---

12 Herta Däubler-Gmelin, Menschenwürde in der Marktgesellschaft – Aufgabe der Politik und Erwartungen an die Kirche. In: Rudolf Weth (Hrsg.), Totaler Markt und Menschenwürde, Neukirchen-Vluyn 1996; S. 89 (103)
13 Kabinettssache, Datenblatt-Nr. 14/11/117, Fußnote 129 zum Berichtsteil IX.1
14 Bonn, Dezember 1997, S. 50 f

Im *vierten Bericht der Ausländerbeauftragten der Bundesregierung* vom letzten Jahr ist ein eigen Punkt „Ausländer ohne legalen Status" aufgeführt[15].

Im *sechsten Familienbericht der Bundesregierung* aus dem Jahr 2000 unterstützt die Bundesregierung ausdrücklich „zentrale Forderungen des Berichts". Dazu „gehört auch die Forderung, Kindern ohne legalen Aufenthaltsstatus in Deutschland einen Schulbesuch zu ermöglichen"[16].

Das *Bundesministerium des Innern* teilte mit, es sei „unstreitig, dass die Lebensumstände der betroffenen Menschen in vielerlei Hinsicht unbefriedigend" seien; gewürdigt wird das „humanitäre Engagement der Kirchen und Hilfsorganisationen für Ausländer ohne Aufenthaltsrecht" als „wertvolles Beispiel für notwendiges Bürgerengagement in einem funktionierenden Gemeinwesen"[17].

Kurze Bemerkungen meinerseits:
Nach Art. 1 Abs. 1 GG ist es nicht Aufgabe kirchlicher oder einzelner privater Stellen, die Würde des Menschen zu schützen, sondern „Aufgabe aller staatlichen Gewalt".

Ich erwarte Taten – und zwar in der Gesetzgebung! Nicht morgen, sondern jetzt, weil es Menschen und den Schutz ihrer Würde zu achten gilt, und weil das Problem der irregulären Zuwanderung nicht länger tabuisiert werden darf.

Was nutzt die Erstellung neuer „Regelwerke"[18] für legale Zuwanderung, wenn diese nicht auch die irreguläre Zuwanderung mitberücksichtigen? Deutschland hat weniger ein Problem bei der legalen Zuwanderung als vielmehr bei der illegalen Zuwanderung und den Lebensumständen dieser Zuwanderer.

3.2 Konkrete Handlungsfelder

Welche politischen Lösungsansätze gibt es?
Eines ist jedenfalls keine Lösung. Die Schrift der Migrationskommission sagt klar und deutlich:
Die Kirche will und darf nicht zur Stabilisierung von Illegalität in der Gesellschaft beitragen.
Inzwischen sind konzeptionelle Überlegungen und Ansätze für Lösungen zum Problemkomplex „Illegalität" vorgelegt worden z.B. von einem Arbeits-

---

15 Berlin/Bonn, Februar 2000, S. 177 f
16 Bundestagsdrucksache 14/4357, S. XXIV
17 Schreiben vom 14. Februar 2001 an den Petitionsausschuss des Deutschen Bundestags
18 So lautet der Auftrag des Bundesinnenministers an die Unabhängige Kommission Zuwanderung. Vgl. Bundesministerium des Innern, Pressemitteilung vom 12. Juli 2000

Der Schutz der Menschenwürde ist Verpflichtung allen staatlicher Gewalt 163

kreis, bestehend aus Bundestagsabgeordneten, Experten der Kirchen und ihrer Wohlfahrtsverbände, der Gewerkschaften, der Wissenschaft usw.[19]
Lösungsansätze müssen konzeptionell aufeinander abgestimmt sein und innerhalb des gesamten Rechtsgefüges schlüssige Antworten geben können.
Konzeptionell gefasste Ziele sind:
Im Aufenthaltsrecht müssen Illegalität vermindert und zukünftige Illegalität verhindert werden.
Im Arbeitserlaubnisrecht gilt gleiches für die Verminderung und Verhinderung von illegaler Beschäftigung.
Bestehende Rechte von Menschen ohne Aufenthaltsrecht und Duldung sind nicht nur zu erhalten, sondern sie müssen auch durchgesetzt werden können.
Vor diesem Hintergrund verweise ich auf Handlungsfelder für die Politik, die in der Reflexionsschrift der Migrationskommission benannt werden.

3.2.1 Für soziale Mindeststandards

Jedes Kind hat ein Recht auf Bildung. Die schulische und berufliche Bildung ist wegen ihrer unverzichtbaren Bedeutung für die persönliche Zukunft der Kinder unabhängig vom Aufenthaltsstatus sicherzustellen und darf nicht durch die Erhebung und Weitergabe von Daten und deren ausländerrechtliche Konsequenzen gefährdet werden.

Jeder Ausländer muss unabhängig von seinem Aufenthaltsstatus und seiner finanziellen Leistungsfähigkeit Zugang zu den erforderlichen medizinischen Leistungen des Staates erhalten. Es ist zu gewährleisten, dass Ausländer ohne Aufenthaltsrecht und Duldung nicht befürchten müssen, vom Personal der medizinischen Einrichtung angezeigt zu werden.

Auch Menschen, die weder ein Aufenthaltsrecht noch eine Duldung besitzen und demzufolge trotz Fehlens einer Arbeitserlaubnis Arbeitsleistungen erbringen, haben Anspruch auf den vereinbarten Lohn, der dann, wenn er teilweise oder vollständig vom Arbeitgeber vorenthalten wird, gerichtlich dergestalt einklagbar sein muss, dass für den Kläger dahingehend Rechtssicherheit besteht, dass er nicht befürchten muss, von der Justiz wegen des Fehlens eines Aufenthaltsrechtes oder einer Duldung angezeigt zu werden.

Zur Verhütung von Obdachlosigkeit müssen Notaufnahmeeinrichtungen auch Menschen ohne Aufenthaltsrecht und Duldung offen stehen und die Belegungsplätze bei Bedarf aufgestockt werden.

---

19 Der Arbeitskreis hat sich 1999 gebildet und umfangreiche konzeptionelle Lösungsvorschläge entwickelt, die im Mai 2000 der Öffentlichkeit vorgestellt worden sind. Vgl. auch Cornelia Bührle, Vortragsskript für eine Anhörung bei der Unabhängigen Kommission Zuwanderung am 26./27. April 2001

3.2.2 Im Asyl- und Ausländerrecht

Das verfassungsrechtlich verankerte Asylrecht ist zu bewahren... Es muss dem tatsächlichen Schutzbedürfnis politisch Verfolgter Rechnung tragen.
Bestehende Mängel des Asylverfahrens sind zu beseitigen. Das Asylverfahren muss politisch unvoreingenommen, zügig und sprachlich einwandfrei durchgeführt werden.
  Im Ausländerrecht bedarf es zur *Verminderung und Verhinderung von Illegalität einer größeren Berücksichtigung von menschlichen Härtefällen. Dies betrifft vor allem folgende Personengruppen:*
  Traumatisierte, Kranke und Behinderte, Opfer von Menschen- bzw. Frauenhandel, Kinder und Frauen in prekärer Lage.
  Gerade diese Personengruppen haben im Vergleich zu gesunden erwachsenen und uneingeschränkt arbeitsfähigen Ausreisepflichtigen kaum bzw. gar keine Perspektiven auf ein menschenwürdiges Leben in der Heimat.
  In der ausländerrechtlichen Praxis des Umgangs mit Menschen in der Illegalität ist eine stärkere Berücksichtigung des Verhältnismäßigkeitsgrundsatzes nötig.
  Hier ist die Frage einer großzügigen Altfallregelung akut. Dabei sollten vor allem Menschen berücksichtigt werden, die durch den Aufbau persönlicher Bindungen an Deutschland und nachgewiesene Sprachkenntnisse ihre Bereitschaft zur Integration gezeigt und sich gesetzestreu verhalten haben.
  Ebenso wird eine neue Härtefallregelung immer dringender. Eine effektive Berücksichtung menschlicher Härtefälle wird derzeit vor allem von den Bestimmungen der §§ 55, 30 AuslG verhindert. Sie bedürfen dringend einer Novellierung.
  Von den Übermittlungspflichten nach §§ 75, 76 AuslG müssen alle öffentlichen Stellen ausgenommen werden, zu deren Aufgabenerfüllung es nicht gehört, Kenntnis über den Aufenthaltsstatus zu erlangen bzw. Kenntnis hiervon zu nehmen.
  Frauen, die als Zeuginnen in Strafprozessen gegen Zuhälter wegen Zwangsprostitution oder Menschenhandel aussagen wollen, sollte ein entsprechender Abschiebeschutz auch nach Beendigung des Prozesses gewährt werden. Für aussagebereite Prostituierte und sonstige aussagewillige Opfer eines Abhängigkeitsverhältnisses, etwa aus illegaler Beschäftigung, sollte eine Kronzeugenregelung geschaffen werden.
  Eines besonderen Schutzes bedarf es von Ehe und Familie. Artikel 6 GG und Artikel 8 der Europäischen Menschenrechtskonvention schützen das Recht auf Achtung eines bestehenden Familienlebens. Der Schutz der gelebten Lebensgemeinschaft von Ehe und Familie darf nicht durch zu restriktive ausländerrechtliche Regelungen ausgehöhlt werden.

Der Schutz der Menschenwürde ist Verpflichtung allen staatlicher Gewalt 165

3.2.3 Arbeitsmarkt

Wenn der Arbeitgeber Subunternehmer auswählt, die Menschen in der Illegalität beschäftigen, dann sollte er im Wege einer Durchgriffshaftung nicht nur für sein eigenes Verhalten, sondern auch für das Verhalten der Subunternehmer haften.

Auch ein schwebend wirksames oder befristetes Arbeitsverhältnis für beispielsweise sechs Wochen oder drei Monate, bis sich ein bevorrechtigter Arbeitnehmer findet, verbunden mit einem Aufenthaltsrecht, wäre für viele eine Hilfe.

3.2.4 Rechtssicherheit für unterstützende Berufe

Es muss auch dahingehend Rechtssicherheit hergestellt werden, dass Menschen in Ausübung ihres legalen Berufes sich nicht strafbar machen, wenn sie durch Ausübung ihres Berufs Menschen in der Illegalität, die in Not sind, helfen.

4. Ausblick

Ich ahne schon – es wird heißen: Wie kann die Kirche so etwas fordern? Kennen die Bischöfe überhaupt die Gegenargumente?

„Altfallregelungen entfalten eine unverantwortliche Anreizwirkung auf Ausländer, die noch in ihrem Heimatland sind,"[20] heißt es.

Wie aber haben sich die bisherigen „Anreizverminderungen" ausgewirkt? Die Menschen sind trotzdem gekommen!

Allen, die auf den zu erwartenden Missbrauch hinweisen, sage ich: Missbrauch lässt sich auch in einem demokratischen Rechtsstaat nicht verhindern.

Dann heißt es: Sie sind „selber schuld" an ihrer Lage. „Sie sind ... selbst für ihre ‚Illegalität' verantwortlich", so etwa in einem Schreiben des Bundesinnenministeriums.[21]

Heißt dies: Kranke sollen krank bleiben, lebensgefährlich Erkrankte sollen sterben?

Oder es wird gefragt:

---

20 Wolfgang Bosbach, Zuwanderungsbegrenzung und Zuwanderungssteuerung im Interesse unseres Landes, Diskussionspapier, Luckenwalde, 21. Juni 2000
21 Schreiben des BMI an den Petitionsausschuss des Deutschen Bundestags vom 14. Februar 2001

Wie kann der Staat jenen Menschen, die sich ohne rechtliche Berechtigung unter uns aufhalten, trotzdem minimale Rechte und deren Durchsetzbarkeit zubilligen?

Wer soll das bezahlen? – Wer, wenn nicht jene, die davon profitieren – die gesamte Gesellschaft!

Ich habe mit der Skizzierung von vier konkreten Illegalenschicksalen begonnen. Ich möchte mit der kurzen Darstellung eines Falles enden, der dringenden Handlungsbedarf bei Hilfe in medizinischen Notfällen deutlich macht.

Yolanda.
Sie ist eine junge Lateinamerikanerin und von Geburt an schwer herzkrank. Ihr Ehemann – ein Latino – versucht in Deutschland das nötige Geld für eine Operation zu erarbeiten. Als sie nach einiger Zeit nachkommt, stellt sie fest, dass ihr Mann mit einer anderen Frau zusammen lebt. Ihr Besuchervisum läuft ab, sie verliert ihr Aufenthaltsrecht. Vor allem aber: Ihr Herz machte nicht mehr mit... Ein Sozialarbeiter der Caritas erkennt die lebensbedrohliche Lage, treibt mit einer privaten Spendenaktion 20.000 Mark für Krankenhauskosten auf, findet einen Operateur, der Yolanda ohne Entgelt operiert. „In letzter Minute" kann der Herzchirurg ihr Leben retten.

Leben und Würde von Yolanda ist auf grund privaten Einsatzes gerettet worden.

Wäre das aufgrund privaten Einsatzes nicht gelungen, hätte die staatliche Gewalt ihre Würde geschützt?

Autoren

Angenendt, Steffen, Dr., Deutsche Gesellschaft für Auswärtige Politik e.V., Berlin

Bade, Klaus J., Dr. phil., Professor für Neueste Geschichte an der Universität Osnabrück

Fuchs, Ottmar, Dr. theol., Professor an der Abteilung Praktische Theologie der Katholisch-theologischen Fakultät der Universität Tübingen

Huber, Wolfgang, Prof. Dr. theol., Bischof von Berlin-Brandenburg

Kruse, Imke, Deutsche Gesellschaft für Auswärtige Politik e.V., Berlin

Puschner, Uwe, Dr., Privatdozent am Fachbereich Geschichts- und Kulturwissenschaft der Freien Universität Berlin

Rethmann, Albert-Peter, Dr. theol., Lehrbeauftragter für Moraltheologie und Sozialethik an der Universität Passau

Schmid, Albert Maximilian, Dr., Staatssekretär a.D., Präsident des Bundesamtes für die Anerkennung ausländischer Flüchtlinge

Sterzinsky, Georg Kardinal, Erzbischof von Berlin

Telöken, Stefan, Pressesprecher, UNHCR Deutschland

Herausgeber

Blum, Matthias, Diplom-Pädagoge, hat promoviert in Katholischer Theologie an der FU Berlin, Wissenschaftlicher Mitarbeiter am Seminar für Katholische Theologie der Freien Universität Berlin

Hölscher, Andreas, Diplom-Theologe, Leiter des Instituts für Lehrerfortbildung im Erzbistum Berlin

Kampling, Rainer, Dr. theol., Professor für Biblische Theologie am Seminar für Katholische Theologie der Freien Universität Berlin

MIX
Papier aus verantwortungsvollen Quellen
Paper from responsible sources
FSC® C105338

If you have any concerns about our products,
you can contact us on
ProductSafety@springernature.com

In case Publisher is established outside the EU,
the EU authorized representative is:
Springer Nature Customer Service Center GmbH
Europaplatz 3, 69115 Heidelberg, Germany

Printed by Libri Plureos GmbH
in Hamburg, Germany